VOYAGES

DE GUIBERT

EN FRANCE ET EN SUISSE.

Les exemplaires voulus par la loi ont été déposés à la Bibliothèque impériale.

VOYAGES

DE GUIBERT,

DANS DIVERSES PARTIES

DE LA FRANCE

ET EN SUISSE.

FAITS EN 1775, 1778, 1784 et 1785.

Contenant 1.° LIBOURNE : Ville et Port. — 2.° BREST, Marine anglaise et française. Isthme et retranchemens de Quelerne, etc., etc. — 3.° LORRAINE, ALSACE, FRANCHE-COMTÉ, SUISSE, Villars à Sierck. Abbaye d'Orval. Turenne, Champ de bataille de Turckheim. Montagne du Ballon. Glacier de Grindelvald. — 4.° WEISSEMBOURG. — 5.° PARTIES MÉRIDIONALES, Bordeaux, Port et salle de spectacle. Parallèle entre les Alpes et les Pyrénées. Canal du Languedoc. Fontaine de Vaucluse, Déserts de Drais. Coup d'œil sur toutes les places et châteaux fortifiés de ces Provinces, leur situation et leur utilité; Génie de Vauban, etc., etc.

OUVRAGE POSTHUME, PUBLIÉ PAR SA VEUVE.

PARIS,

D'HAUTEL, libraire, rue du Bac, n.° 122, près les Missions; et rue Mézières, n.° 8, près S. Sulpice.

1806.

ERRATUM.

P. 88, l. 19. Ils citent tous deux, etc.; *lisez*, Busching cite, etc.

AVERTISSEMENT

DE L'ÉDITEUR (1).

Combien de voyages imprimés qui n'ont été faits que dans le cabinet des auteurs, et comme l'on compose des livres avec des livres ! Les voyages que Guibert fit *en Suisse et dans diverses parties de la France*, sentent le voyageur d'un bout à l'autre. On le voit, on le suit, on marche avec lui ; ce sont des coups de crayon rapides, serrés, pleins d'expression et de vérité. Ils sont tracés sur les lieux mêmes, au moment où l'on passe, et avec les premières idées qu'ils inspirent.

Il n'y a point là de phrases ambitieuses, ni de descriptions artisées ; il n'y a point là de sentimens factices, ni de ces mouvemens de style préparés avec tant de soin. Ce sont des analyses instructives ; c'est la pensée native de l'auteur ; c'est la sensation première de celui qui voyage :

---

(1) Le volume de Voyages que nous publions aujourd'hui, fait suite aux *OEuvres militaires de Guibert*, en 5 volumes in-8.°, imprimées, en 1803, chez Magimel.

ces pensées, ces sensations passent facilement dans l'ame du lecteur.

Lorsque le vénérable père de Guibert fut nommé *Gouverneur des Invalides*, il y avoit long-tems que les abus s'accumuloient sur ces établissemens répandus dans toute l'étendue de la France ; et nul gouverneur, nul ministre ne les avoit surveillés ou aperçus pour les réformer ou les détruire.

Ces hommes intéressans que le sort des combats avoit épargnés, languissoient dans des forts posés sur les Alpes, sur les Pyrennées, sur les bords de la mer, dans des lieux presque inaccessibles. L'inspection des *Compagnies détachées des Invalides* fut confiée à Guibert fils, qui l'entreprit avec un zèle et un dévouement qui ne peuvent être conçus que par ceux qui ont eu une connoissance personnelle de la sensibilité de son ame.

Guibert parcourut ces établissemens qui sont si précieux pour les amis de l'humanité, et que tout gouvernement juste doit surveiller avec une active reconnoissance. Il alla inspecter les compagnies des vétérans jusques sur les montagnes les plus escarpées, il visita tout par lui-même, et il scruta avec une attention touchante tout ce qui pouvoit être utile ou nuisible à ces respectables débris de nos armées.

Le résultat de cette inspection nous a laissé des *Journaux de Voyages dans la partie orientale et méridionale de la France.* Ce sont des notes précieuses pour le Ministre de la guerre, et pour le Gouvernement qui s'occupera un jour d'améliorer cette partie si intéressante de nos établissemens militaires. Là les abus de tout genre sont marqués et dénoncés, sans passion, comme sans indulgence. Ce travail, quoique fatigant et sans gloire, occupa Guibert avec le plus vif intérêt, parce qu'il aimoit la justice, et que tout ce qui avoit des rapports avec l'armée et avec l'humanité, avoit le droit de le toucher fortement. On l'a vu souvent attendri en citant des traits de ce Voyage d'inspection ; et comme, à cette époque, les nombreuses prisons d'Etat étoient presque toutes gardées par des invalides, il fut à portée de faire de justes observations sur ces abus de l'ancien gouvernement, et sur les cruautés du régime de ces horribles prisons, où le fils protégé par quelque Ministre, faisoit renfermer le père, et où l'homme puissant inhumoit sa victime vivante.

On voit Guibert parcourir aussi les champs de bataille sur lesquels triomphèrent Turenne et Villars. Il décrit les lieux, les positions, les mouvemens; et le militaire qui lit cette partie de ses voyages, croit être le témoin de ces victoires célèbres.

Nous ne pouvons mieux terminer cet Avertissement qu'en rapportant ici, au sujet du voyage en Suisse, ce que madame Necker, après en avoir entendu la lecture, écrivoit à Guibert lui-même *, « C'est vous qui, tous les soirs, en ren-
« trant chez vous, secouez votre plume,
« comme le petit chien du pélerin se-
« couoit sa patte, pour en faire tomber
« des perles et des diamans. Chaque mot
« de votre *Journal* a un charme nouveau
« qui s'attache à vous. Vous nous faites
« regarder par cette fenêtre du cœur de
« l'homme ; et jamais nous n'aurons un
« spectacle plus noble et plus touchant. »

---

* *Mélanges extraits des Manuscrits de Mme Necker*, Tom. II, pag. 156.

JOURNAL *

DE VOYAGES

DANS DIVERSES PARTIES

DE LA FRANCE.

~~~~~~~~~~~~~~~~~~~

LIBOURNE ET BORDEAUX.

Description de Libourne et de Bordeaux. Construction d'une salle de spectacle. — Inconvénient de bâtir un pont dans cette ville. — Rivalité de Rochefort et de la Rochelle. — Idée de la bataille de Coutras. — Château de M. de Goderville habité par Henry IV. — Renseignemens sur la maladie épizootique, et situation des pays qui en ont le plus souffert.

1.er juin 1775.

JOUR de mon mariage, commencement d'une vie nouvelle. Frémissement involontaire pendant la cérémonie; c'étoit ma li-

---

* Il a été imprimé en l'an XI (1803) un *Journal de Voyage en Allemagne*, fait par Guibert. Cet ouvrage en 2 vol. in-8.° se trouve à Paris, chez Treuttel et Wurtz.

berté, ma vie entière que j'engageois. Jamais tant de sentimens et de réflexions n'ont fatigué mon ame. Oh! quel abyme, quel labyrinthe que le cœur de l'homme ! je me perds dans tous les mouvemens du mien ; mais tout me promet le bonheur; j'épouse une femme, jeune, jolie, douce, sensible, qui m'aime, que je sens faite pour être aimée, que j'aime déjà.

Du 1.er au 8.

Jours passés comme un songe ; c'en est un, en effet, pour moi que cet état nouveau ; amour, amitié, candeur, amabilité de ma jeune femme. Son ame se développe chaque jour à moi : je l'aime, je l'aimerai ; je crois fermement que je serai heureux ; je la quitte avec regret.

Le 8.

Départ de Courcelles * avec mon père ; route par Gien et ensuite la traverse jusqu'à Vierson par Argent et Aubigny. Argent, terre à l'intendant de Bourges. Avant d'arriver à Argent, plantation d'aliziers, espèce d'arbres très-propres à des avenues et allées

---

* Terre du beau-père de Guibert.

de décoration. Mon intérêt pour tout ce qui est champêtre a redoublé ; déjà je rapporte tout au bonheur de vivre dans une terre, d'y vivre du moins une bonne partie de l'année ; si ma femme a le même goût, je serai heureux. — Aubigny, petite ville et terre au duc de Richemond. — D'Aubigny à Neuvi, pays sauvage, beaucoup de friches, beaucoup de pacages. Usage des habitans pour fermer leurs champs ; ils sont entourés de fossés plantés d'arbres, ils coupent les arbres à un pied de terre, les couchent ensuite sur le bord du fossé, entrelacent les branches, et cela fait une palissade vive et impénétrable. — Neuvi, petit village d'une terre à M. Dubuat, ancien ministre de France à Dresde. Le château est à 3 quarts de lieue de là ; regrets de n'y pouvoir pas aller : c'est un homme honnête, instruit, et qui m'a comblé à mon passage à Dresde. J'irai le voir : il m'avoit fait part à Dresde de ses projets d'achat d'une terre considérable, afin d'y introduire l'économie rurale de l'Allemagne, qu'il croit très-préférable à la nôtre. Les habitans du pays disent qu'il a déjà fait beaucoup de changemens, qui tous lui réussissent mal. Objet de curiosité et d'instruction pour moi à approfondir sur les lieux. De Neuvi à Vierson, grande forêt de Vierson, — appartient au Roi, qui n'en tire aucun parti. — Déplorable état de toutes ces forêts du Roi. Les paysans n'y ont pas même le droit de *mort-bois*; il pourrit sans que personne en profite. Vierson, terre des domaines, petite ville.

Le 9.

Par Châteauroux à Morterolles. Châteauroux, petite ville agréable; — autrefois à la Duchesse de ce nom, et érigée en Duché pour elle; pays des environs très-riant et très-fertile.

Le 10.

Par Limoges, chemin de Morterolles à Limoges, beau. Entrée du Limousin. Je me suis séparé à Limoges de mon père : lui est parti pour Montauban, et moi pour Libourne; séparation toujours triste. Continué ma route pour Périgueux; couché à Thiviers. — Parti de Thiviers : — jusqu'à Mussidan, mauvais, très-mauvais pays. Mussidan, jolie vallée, s'élargit à mesure qu'on s'avance, et ensuite jusqu'à Libourne

Le 11.

Arrivé à Libourne, pays superbe, un des plus beaux que j'aie vus ; soupé avec les officiers de la *Légion Corse* *.

Le 12.

Libourne, petite ville assez riante, assez bien bâtie. Superbes casernes, trop belles : le principal objet du maréchal de Richelieu en les faisant bâtir, a été d'avoir toujours des troupes à portée de Fronsac, et d'en faire un point de vue pour le pavillon de ce nom. l'Isle, rivière qui passe à Libourne : — été le soir en bateau à Fronsac, qui est à un quart de lieue de Libourne ; — c'est le village qui donne son nom au Duché. Pavillon, Remarquable par sa situation ; la plus belle vue qu'il y ait au monde ; — à peine bâti, est déjà dégradé. Mais ces superbes vues fatiguent bientôt ; j'aime mieux une habitation dans un vallon riant. J'aime à être de plein pied avec la nature.

Le 13.

Voyage à Bordeaux pour voir ma tante,

---

* Guibert en étoit le colonel-commandant.

madame de la Graulet, veuve depuis deux mois * : il falloit la consoler, et disoit-elle la conseiller ; épreuve tant de fois faite, qu'il ne faut conseiller aux gens que le parti qu'ils ont déjà arrêté dans leur pensée. Le sien étoit d'aller s'établir à Toulouse.

Chemin à travers les grandes Landes jusqu'à Bayonne, qui va se faire avec des troupes. Le régiment de Royal-Vaisseau vient pour cela y camper. Chemin inutile, dit-on; celui par les petites Landes seroit préférable. — Salle de spectacle de Bordeaux, superbe, mais trop chère pour cette ville ; il vaudroit mieux y faire un pont.

Le 15.

Revenu à Libourne.

Du 16 au 20.

Il est donc des jours, des semaines entières où l'on est sans penser, sans rien voir qui vous fasse penser ; ennui, langueur, paresse d'esprit : je ne puis pas même tra-

---

* M. de la Graulet étoit commandant du château Trompette.

vailler ; je tâche de tems en tems de reprendre ma tragédie des *Gracques*. Triste uniformité de la vie de garnison ; elle doit à la longue abrutir, ou dégoûter tout ce qui y est condamné.

Le 20.

Passage d'un détachement de 200 hommes du régiment d'Orléans, — donné à dîner aux officiers de ce détachement. Exemple étrange et presque unique dans ce régiment, de la lenteur de l'avancement depuis la paix. Il y a encore six capitaines réformés ; le 3.ᵉ lieutenant, qui étoit un de ces officiers, sert depuis 22 ans.

La croix de St. Louis a perdu toute sa considération ; mais elle est encore un appât pour les officiers : ils ne veulent pas se retirer sans l'avoir ; ils ne s'en tiennent pas honorés, mais ils veulent l'avoir, parce que les autres l'ont. Quelle nation que celle où un préjugé affoibli donne encore tant de prix au gouvernement !

Le 21.

Voyage à Bordeaux : trois rivières à passer de Libourne à Bordeaux, l'Isle, la Dordogne et la Garonne. Passage de la Dordogne à St. Pardouse, quelquefois dangereux, la rivière étant découverte des deux côtés, et exposée à tous les vents. — Phénomène du *mascaret*, espèce de trombe pareille à celles qu'on voit sur mer. Mauvaise manière d'embarquer les voitures ; pourquoi pas des volans sur ces rivières comme sur le Danube et sur le Rhin ? Projet, il y a quelques années, de construire un pont à Bordeaux. — Offre beaucoup d'inconvéniens ; d'abord, coûteroit fort cher, peut-être cinq ou six millions ; ensuite couperoit la rivière en deux, nuiroit à la navigation et au mouvement de ce port, toujours peuplé d'une grande quantité de vaisseaux. Il part tous les jours sept ou huit cents bateaux, allant vers le haut ou le bas de la rivière. Autre inconvénient, celui des courans qui deviendroient très-rapides avec une masse d'eau aussi considérable ; est prouvé par les courans qui se forment entre les vaisseaux dans le port.

Les sables engagent, dit-on, peu-à-peu la rivière, et menacent, d'ici à quelques siècles, le port de Bordeaux. Déjà certains bâtimens obligés de s'alléger avant d'entrer.

—Blaye deviendra important, quand cette révolution se fera; voilà ce qui rend la prospérité des villes, fondée sur le commerce seulement, si incertaine et si précaire.

Le 22.

Conversé avec le président de Verthamont, homme assez instruit, grand partisan des *Economistes;* — toujours quelque chose à retirer de l'entretien d'un homme qui a lu; c'est ainsi que je prétends qu'il n'y a point de livre qu'on ne puisse lire avec quelque fruit.

Parlé de M. du Laurens, ce maire de Rochefort, si louable par son zèle, connu par plusieurs mémoires présentés au Roi.

Relu ces mémoires que me prêta le Président : excellentes vues, — demande juste, que Rochefort pût faire le commerce des îles de l'Amérique; qu'il y fût établi un port pour la marine marchande, qu'on travaillât à assainir ce pays. Projet d'un canal pour réunir le Seudre et la Gironde, et pour le dessèchement des terres de la *Boullenne*, des deux côtés desquelles sont des marais immenses. Cette requête de M. du Laurens est appuyée par les représentations de la Saintonge et de l'Angoumois, et par les certificats de toute la marine militaire, qui dit qu'un port marchand lui seroit avantageux, loin de la contrarier.

Connoître ces projets et l'auteur, si je suis jamais à portée de Rochefort. Savoir, en attendant, où cela en est. — Situation déplorable, — insalubrité de l'air. — Rivalité de Rochefort et de la Rochelle. — Les intrigues de cette dernière ville auprès du conseil, ont toujours empêché que Rochefort n'obtînt ses justes demandes. Rochefort, bâti par Louis XIV, n'étoit qu'un bourg et un village; s'accrut au point qu'en 1752, on y comptoit 22,000 ames : n'en renferme pas plus de 12 aujourd'hui. Priviléges (violés depuis) accordés par Louis XIV, à ceux qui viendroient s'y établir. Rochefort ne devoit jamais payer plus de 12,000 francs de taille, en paye 20 aujourd'hui, et cette taille porte sur les pauvres habitans, tous ceux employés dans la marine du Roi en étant exempts. Avoir ces deux mémoires de M. du Laurens, et en faire usage dans mon grand ouvrage.

Suite de conversation avec le Président : abus de toute espèce, oppression par les impôts, paysans propriétaires. — Miracle comment ils peuvent subsister; — subsistent mal et misérablement; payent d'abord la dîme, ensuite terrage au Seigneur, puis, vingtième, corvée, sans compter un nombre prodigieux d'impôts indirects. Droits seigneuriaux; abus que le gouvernement devroit chercher à détruire en les rachetant; opération qui pourroit se faire peu-à-peu, si l'on y destinoit 4 à 5 millions par an. Commencer par racheter les péages qui gênent le commerce, ensuite les droits de moulins, fours banneaux et de corvée. Quel présent le Roi feroit à ses peuples! opération à entreprendre par les provinces elles-mêmes, si elles étoient mises en pays d'Etat. Commencer par le Languedoc et autres.

A propos de pays d'Etat, me procurer des mémoires et des renseignemens sur la diversité de leurs constitutions et de leurs abus. — Terres en décret, grand mal pour l'agriculture: restent pendant des siècles entre les mains de la justice, sont affermées et réduites à rien; — pourquoi pas comme chez les Romains? — biens chargés de créanciers, mis en vente au bout de l'année,

— argent mis en dépôt, et créanciers alors s'accommodent ; — les terres passent à un nouveau maître, et ne tombent pas en non-valeur.

Jurisconsultes : — il n'y en a jamais eu à Bordeaux, excepté M. Durenton. Les sciences en tout genre semblent fuir les villes de commerce et d'argent. En revanche, Toulouse, patrie des plus fameux jurisconsultes.

Reçu de Paris la réponse au livre de M. Necker ; j'en ai été parfaitement content : l'auteur prouve sensiblement les contradictions dans lesquelles est tombé M. Necker, et qu'il n'a donné aucun résultat. Le livre et la critique à conserver, comme une des pièces les plus curieuses de ce fameux procès sur les grains. Y joindre l'abbé Galliani, la réponse de L. M. et les ouvrages de M. le Trone, qui sont, disent les *Economistes*, les meilleurs sur cette matière.

Point d'instruction si l'on ne compare, si l'on ne questionne ; il faudroit toujours vivre en voyageur.

Visite au président de Verthamont ; vu sa bibliothèque : immense quantité de livres de de droit ; quel labyrinthe que celui de nos lois et coutumes ! Livre d'un nommé Clausanet, avocat au conseil lors de la réduction ordonnée en 1669, par Louis XIV. Préface assez ennuyeuse. Il nous manque dans cette partie un ouvrage bien essentiel ; ce seroit l'examen des lois modernes, comparées avec les lois anciennes, de manière à faire voir les différentes révolutions qu'a éprouvées la jurisprudence. Ce livre pourroit être intitulé, *Histoire de la législation*, ou bien *Théorie des lois*. Nécessité de me procurer quelques connoissances préliminaires sur cet immense objet, ou du moins, sur les abus de notre jurisprudence actuelle, et encore plus particulièrement, sur les abus de l'administration de la justice.

Le 23.

Revenu à Libourne ; passage du régiment Royal Corse ; repas de corps, ancien usage dans ces occasions.

Le 24.

Séjour de ce régiment, autre repas de corps. Visites, devoirs d'honnêteté. L'ennui m'accable : je ne l'évite que quand je suis seul.

Libourne, bâti par les Anglais, et une de leurs colonies, enceinte d'un mur de maçonnerie sans flancs, au confluent de l'Isle et de la Dordogne; port, quai, jolie promenade autour d'une partie de la ville; environs rians, fertiles, culture variée; vins d'excellente qualité, font la richesse et la principale branche de commerce du pays. Les chargemens se font dans l'arrière saison, et alors la rivière de l'Isle est assez vivante. Minots, farine, autre branche de commerce. Maisons à Libourne et dans la campagne, toutes bâties en pierres de taille, même celles des paysans.

Le 25.

Eté dîner au château de M. de Goderville, ancien capitaine de cavalerie. Charmante position de ce château, une des plus délicieuses que j'aye vues, situé sur une hauteur, superbe pays à ses pieds; rivière de l'Isle, beau moulin, belle passe pour les bateaux. Vue de la plaine de Coutras, position de Henri IV. — La gauche à Coutras et à la petite rivière qui se jette dans l'Isle, et la droite à l'Isle : avoit cette dernière rivière derrière lui; il avoit été forcé de recevoir la bataille dans cette position, combattoit pour régner, ou pour se noyer. Je n'ai pas pu avoir d'autres détails sur l'affaire; on n'écrivoit point alors. — Le pays étoit dans ce tems-là plus boisé, — s'est un peu découvert.

Du Puy-Guilleri, autre château à M. de Goderville. Henri IV y coucha la veille de la bataille de Coutras; cela m'explique un peu son mouvement. — Marchoit, par sa gauche, le long de l'Isle, pour gagner les hauteurs; fut sans doute prévenu par M. de Joyeuse qui ne lui laissa pas achever son mouvement, et le força de recevoir la bataille. Respect de M. de Goderville pour la chambre que ce Prince a habitée; — veut racheter le lit où il a couché et qui est dans un des châteaux des environs. Honnêteté, franchise, loyauté de ce bon gentilhomme, digne ami de la mémoire de Henri IV.

Antique simplicité du château de M. de Goderville : vieux meubles, aucune des recherches de la capitale. Chambre de sa femme toujours *fermée*; un jeune homme de la Légion eut l'indiscrétion de vouloir l'ouvrir, et les larmes lui vinrent aux yeux, il l'adoroit; trois enfans charmans le consolent. « On n'a point d'idée de ce lieu, me disoit-il, en essuyant ses larmes; voilà ce qui rend sage, voilà ce qui fait que je n'habite pas les villes, que je ne vais pas à Paris, que je ne retourne pas en Normandie où je suis né! » Mais je crains que cet honnête homme ne s'ennuie, il est souvent seul, et il n'a pas la ressource de l'étude; je n'ai pas vu dans son château trace de bibliothèque : il faut des livres pour se passer des hommes.

Le 26.

Promenade aux environs de Libourne, — bords de la rivière charmans, prairies; — mais je n'étois pas seul; — compagnie nombreuse, conversation vide et oiseuse. — Oh! que la vie seroit longue si elle étoit composée de pareilles journées! Culture des environs de Libourne, très-riche, très-variée, mais mal entendue; trop de haies et d'arbres dans les terres à grains; cela vient de ce que les propriétés sont très-divisées, et que la manie de tous les petits propriétaires est de réunir toute espèce de culture. Ainsi trop petites propriétés, favorables à la population, nuisent peut-être à l'agriculture, dont les bons principes veulent que les différentes cultures ne soient pas trop entre-mêlées.

Le 27.

Curiosité inspirée d'aller à Blaye; on y va dans une matinée. Objet de ce voyage, les marais de Blaye, concessions immenses faites autrefois à M. de St. Simon; ont été parfaitement desséchés, coupés par des canaux creusés comme ceux de Collioure, et convertis en possessions très-riches. Grand nombre de fermes répandues sur cette concession : on fut obligé, pour s'assurer la protection du Parlement, de donner des fermes aux gens du Roi; ces fermes sont attachées à leur place, et s'appellent encore aujourd'hui l'une, *la première Présidente*, et l'autre, *la Procureuse générale*.

Friches immenses dans le Médoc et sur la route de Bordeaux à la mer, vers la tête et le bassin d'Arcachon, objet aussi de curiosité et de promenade; je les verrai en allant voir avec M. d'Arcambal * les marais de Blaye.

---

* Colonel propriétaire de la Légion Corse.

Une compagnie de Paris avoit entrepris le défrichement de ces landes, avoit acheté 80 mille journaux de M. d'Arnaut, conseiller au parlement, — n'a pas réussi, peut-être parce qu'elle s'y est mal prise; — fit de trop grands établissemens et à trop grands frais; eut trop d'employés, et commença par des parties où l'eau manquoit; a été forcée d'abandonner, après des avances considérables, n'ayant fait d'utile que l'ensemencement de douze ou quinze mille journaux en *pignadas*, ou forêts de pins, qui rendront peut-être un jour.

Grandes landes de Bordeaux à Bayonne: autre objet de curiosité; elles ont 40 lieues de long sur 10 ou 12 de large, pays plus riche qu'on ne croit. Il y a des propriétaires très-aisés, tout y est propriétaire; — paysans s'y portent difficilement à défricher; se contentent du revenu assuré de leurs pignadas et de leurs bestiaux. Les pins viennent de semence, rendent dix ou douze sous par an, quand ils sont venus. Saignées à ces arbres, écoulement de résine, vaisseaux pour les recevoir; il s'en vend toutes les semaines pour plus de vingt-cinq mille livres dans les marchés de Dax, et des environs. Revenu des bestiaux, excellent aussi ; grand nourrissage de bœufs dans le Médoc. Pêche abondante au bassin d'Arcachon : il s'en vend pour plus de deux millions. Objet de curiosité que ce bassin. — Il y avoit un projet de port, impraticable, dit-on, à cause de la qualité des fonds : c'est un amas de monticules de sable; ici la sonde trouve ving-cinq brasses et quelques toises, à côté elle n'en trouve plus que six.

Le 28, le 29 et le 30.

Que de jours à laisser en blanc dans la vie !

Rentrée de mes détachemens : il y en avoit dans le Labour et jusques aux Pyrennées.

Conversation avec plusieurs officiers sur la maladie épizootique, fléau horrible ; — occasionnera un surcroît de dépense et d'impositions pour la province. Malversations et friponneries de toute espèce ; charlatannerie de la plupart des gens qui y ont été employés. Maréchaux de l'Ecole vétérinaire intéressés à prolonger le mal pour jouir de leur traitement ; de même ceux de la province qui leur ont été adjoints ; quelques-uns sont payés à raison de 8 liv. par jour, d'autres à 6 liv., et le tiers des bestiaux tués, payé comptant. Depuis le 1.er mars, traitement extraordinaire aux troupes. Corps-de-garde dans tous les quartiers détachés ; — surcharge nouvelle pour la province. — Troupes insuffisantes pour empêcher les villages infectés de se communiquer ; fosses mal faites et mal couvertes ; renouvellement de contagion ; essai de brûler les bêtes mortes, impossible, à cause de la quantité de bois qu'il faudroit ; — rien n'étoit si facile que d'empêcher le progrès de cette maladie l'année dernière, lorsqu'elle a commencé, en enfermant la maladie dans le Labour, où elle s'étoit déclarée. Le maréchal de Richelieu, alors dans la province, ne prit aucune précaution. Depuis, on y dépense l'argent à pleines mains, et on n'éteint pas le mal.

Le 1.er juillet.

Promenade aux bords de la rivière de l'Isle ; beaucoup de plantations de saules, arbres d'un bon produit dans les pays de vignobles ; usage de frotter de chaux les jeunes pieds afin de les garantir des bestiaux.

Le 2.

Renseignemens et entretiens concernant la maladie épizootique, et situation actuelle des pays qui en ont le plus souffert.

Le Labour et le pays de Dax ont été le berceau et le foyer du mal ; en ont encore le plus souffert, presque toutes les bêtes à cornes y ont succombé. Il en a péri plus de 30,000 dans le pays de Dax.

Maladie, point encore connue ; a des bizarreries qui ont déconcerté les plus habiles élèves de l'Ecole vétérinaire. M. Vicq-d'Azir est celui qui a donné les meilleures idées sur la manière de l'éteindre ; car, pour la guérir, on n'a pas trouvé de remèdes. Symptômes de la maladie, faciles à reconnoître : d'abord abattement, langueur, dégoût, ensuite écoulement d'une matière fétide par les nazeaux ; boutons dans le palais, poil boursoufflé sur le dos ; on a ouvert les cadavres et on a trouvé les alimens endurcis et comme pétrifiés dans les entrailles. Il paroît constant que la maladie se communique. Expériences de toute espèce faites à cet égard; n'ont pas toutes rendu les mêmes résultats. — Bœuf tué, au dernier degré de corruption, et sa peau mise sur une bête saine, sans que celle-ci ait été attaquée. D'un autre côté, fosses mal faites, pas assez profondes, et de-là, à ce qu'on croit, maladie communiquée. M. Vicq-d'Azir propose de les brûler dans la chaux; d'autres ont essayé de les brûler avec du bois; mais la chaux et le bois ont manqué dans la plupart des paroisses; d'ailleurs moyens très-chers. Fosses ordonnées de dix pieds, et bâties de trois pieds au-dessus du sol; précaution utile de les couvrir de pierres et de fagots de pignadas, ainsi que d'en éloigner les chiens.

Première faute qu'on a faite quand la maladie se déclara dans le Labour, de n'y porter aucune attention; ensuite, mesures mal prises, beaucoup de mémoires, beaucoup d'écritures et point de plan. — Parti, de tuer les bêtes malades, le seul pris trop tard; tiers des bêtes tuées, payées par le Roi à compter du 1.er mars seulement; mais plus de 70,000 bêtes étoient déjà mortes.

Désinfection des parcs, ordonnée, et mal

exécutée dans beaucoup d'endroits; c'étoit en frottant les bois d'eau chaude, de vinaigre, d'ail; c'étoit en allumant des feux au milieu de ces parcs, en y brûlant de la poudre, du salpêtre, et autres miasmifuges; eau jetée dans le feu, afin d'augmenter la fumée. Ce fléau est éteint presque par-tout, mais reparoît encore de tems en tems ; pourra renaître , puisqu'on ignore comment il est venu.

Déplorable état du Labour et du pays de Dax. Les habitans ont tout ensemencé à force de bras; mais, épuisés par le travail, ils n'y suffiront pas une autre année, si le Gouvernement ne vient à leur secours. Ce pays d'ailleurs est épuisé depuis nombre d'années par des maladies, notamment en 1752, par les impôts, par les vexations des fermes ; par des émigrations en Espagne : la ferme du tabac, son rétablissement dans ce pays, commencement de la décadence ; il se cultivoit autrefois beaucoup de tabac qui se vendoit fort cher à l'Espagne; abolition de cette ferme, et liberté de commerce de cette denrée, seuls moyens de réparer les maux de ce pays. Bayonne, autrefois commerçante et riche, tombe et se dépeuple chaque jour. Bilbao et St. Sébastien, ports francs, s'enrichissent de nos pertes. Faubourgs entiers peuplés de Français. Ouvriers, charpentiers, calfats, matelots y passent en foule ; la population de Bayonne étoit, en 1713, de 22,000 ames, est aujourd'hui à peine de 12,000. Bayonne, autrefois entrepôt du commerce de Lyon et du Languedoc, ne l'est plus aujourd'hui, les Espagnols allant se fournir sur les lieux. Bayonne, n'a plus que le petit salaire du transit ; Bayonne, qui devroit avoir toutes ses portes ouvertes et franches, pour attirer l'or de l'Espagne, est hérissée de barrières, de douanes, de commis qui repoussent le commerce.

Autres plaies du pays : impositions haussant toujours et arbitrairement, le pays étant en élection. Culture du blé d'Inde, qui est une des principales productions du pays, en souffrance depuis plusieurs années par les ouragans. Bois, autre branche de richesse, mal soignés, attaqués par le besoin. Liége, employé à brûler, à cause de la rareté du bois de chauffage, employé aussi au charbon ; se dépouilloit tous les neuf ans, et étoit un bon revenu. La misère a obligé les paysans à transgresser, dans cette contagion, les défenses du Gouvernement, pour continuer leur commerce à travers les pays infectés, et aller à Dax, vendre leurs résines et autres denrées; se sont attroupés malgré les représentations des officiers municipaux. Un de ces derniers demandoit à nos Basques de quel droit il désobéissoit aux ordres du Roi : — *Du droit que me donnent une femme et des enfans qui meurent de faim.* Réponse sublime !

Réunion de l'intendance de Bayonne à celle de Bordeaux, faute du Gouvernement; cette dernière étoit déjà trop grande, et Bordeaux certainement mal choisi pour être la résidence de l'intendant; est à l'extrémité de sa Généralité. — Observations applicables au royaume lui-même : plus on observe, plus on reconnoît cette vérité que les grands empires sont rarement bien administrés ; les yeux du Gouvernement sont trop courts, et ses leviers sont trop longs.

Pourquoi dans un fléau, comme celui qu'ont éprouvé ces provinces, ne pas faire secourir les pays l'un par l'autre, de proche en proche ? pourquoi ne pas faire céder l'excédent des bestiaux qu'ont les pays sains aux pays dévastés ? pourquoi payer également comptant le riche comme le pauvre ? pourquoi pas les deux tiers de l'estimation au paysan propriétaire, et le tiers seulement au paysan fermier; c'est sur le pauvre que tombent toutes les corvées, c'est lui qui est commandé pour enterrer les bestiaux, pour désinfecter les parcs; c'est lui qui loge les détachemens des troupes et qui les nourrit; car, moitié complaisance, moitié crainte, et envie d'être ménagés, les paysans ont nourri les soldats de la plupart de ces détachemens. C'est la taille qu'on augmentera, pour suffire aux frais de corps de-garde, de traitement aux troupes et autres employés, pour les désinfections, qui sont payées par la province; toujours le pauvre est l'âne, et le riche est le singe, que le pauvre est encore obligé de porter.

Le 3.

Voyage à Bordeaux. Salle de spectacle, commencée depuis deux ans, se continue avec la plus grande activité. Coûtera deux ou trois millions; sera, dans ce genre, le plus bel édifice de l'Europe. Conduite par un nommé *Louis*, architecte, homme de talent, et je crois de génie. J'ai été le voir : m'a communiqué ses plans, — comparés à ceux de Versailles, de Turin, de Parme et de Naples; projet du plus grand genre, superbes fondations, caves immenses au profit de la ville, qui les louera, péristyle régnant autour du bâtiment; boutiques bâties de tous côtés, réservoir, coupe intérieure elliptique, dont un grand tiers pour le théâtre. Superbe ordonnance au-dedans et au-dehors; péristyle d'entrée du meilleur goût; statues des Muses au-dessus de l'entablement. Je lui ai proposé d'y mettre celles de nos plus célèbres auteurs à la place de ces Muses, dont la plupart sont étrangères à l'objet. Proscenium d'une forme nouvelle, charpente ingénieuse. Autre nouveauté, colonnade du péristyle de face, composé de colonnes simples, même aux deux extrémités, où l'on met ordinairement des colonnes couplées; enfin, en tout, magnifique monument; auroit pu être plus beau encore par sa situation, si on l'eût enveloppé d'une belle promenade plantée, qui auroit été jusqu'à la grille du port, ainsi que le proposoit

Louis. Vues d'économie l'ont empêché, parce que c'est un terrain précieux, et que la ville vendra jusqu'à 400 francs la toise à des négocians. — Enthousiasme de ce Louis en me montrant ses plans : *voilà le trait du génie!* me disoit-il, sans s'en apercevoir, en me montrant son proscenium et l'ensemble de la décoration intérieure : *il étoit sous le charme*, et moi j'y étois aussi. Je voyois cet homme enivré de son projet et de son talent ; non, il n'y a que l'amour des arts et des lettres qui rendent souverainement heureux, il n'y a pas de malheur pour un homme passionné par un grand talent.

Archevêché : nouveau palais qu'on bâtit actuellement, contraste avec la noblesse, avec le goût de la salle de spectacle. Grand édifice sans effet.—Cour en péristyle, à l'imitation de celle de l'hôtel Soubise, donnant sur un amas de maisons neuves, bâties aussi par l'Archevêque, et placées trop près de son palais, parce qu'il a voulu tirer parti du terrain. Décoration extérieure à l'italienne ; distribution mal entendue, rue qui y conduit, bâtie à neuf toute en petites maisons et en boutiques. — Fouilles dans

dans les fondations des anciens murs de la ville, auprès desquels l'archevêché est situé, ont rendu beaucoup de belles pierres, — débris d'anciens édifices du tems des Romains. Il devoit y en avoir de superbes, à en juger par la beauté des pierres, par les proportions immenses de différens fûts de colonnes. On y trouve des médailles, des bas-reliefs, où paroissent des figures de grandeur naturelle ; mais jusqu'à présent les fouilles ont été conduites avec si peu d'adresse et de soin, qu'on n'a rien tiré d'entier. Peut-être étoit-ce là, plus véritablement, le palais *Galien*, que les ruines de ce nom, qui n'annoncent que les vestiges d'un cirque médiocre, et non celles d'un palais. — Que les moindres monumens des anciens portent une empreinte auguste ! C'étoit dans le fond des Gaules, que des colonies ou des légions romaines élevoient des édifices dont les restes nous étonnent aujourd'hui ; que devoient être ceux de l'Italie et de la capitale ! Ces ruines de l'antiquité, au milieu de nos édifices modernes, me paroissent des squelettes de géans environnés de pygmées. — Visite à ce prétendu palais *Galien*; je m'y suis confirmé dans l'idée que ce n'étoit qu'un cirque, et qui n'avoit rien de remarquable; il n'y avoit point d'architecture extérieure, on n'y admire pas même la beauté des pierres; il est presque tout en briques. Si cet édifice est du tems de *Galien*, c'étoit celui du Bas-Empire, et déjà les Romains ne faisoient plus rien de grand. Rome n'étoit plus.

BREST.

Parallèle de la rade de Brest et de celle de Toulon. — Description de la rade et du port de Brest. — Les vaisseaux s'y conservent mal : Cause de leur dégradation. — Portrait du Duc de Chartres. — Détails militaires sur la Marine et les Marins. — Bagne des Galériens. — Un mot sur MM. de Kersaint, d'Orvilliers, de la Clocheterrie, etc., etc. — Opinion sur la Marine Française et sur la Marine Anglaise. — Fortifications de Quelerne.

Le 8 août 1778.

Parti de Morlaix et arrivé à *Brest*. Chemins assez beaux, mais mal entretenus. Toujours vilain pays, — devient meilleur en approchant de Brest. *Landernau* assez joli port sur la rivière de ce nom. Le régiment de Chartres y étoit en garnison. Ce que j'en ai vu assez beau et assez bien tenu. — Approches de Brest : — mes yeux cherchoient, dévoroient le pays, pour découvrir la rade. La vue de la mer agit toujours sur moi : elle agrandit ma pensée, elle l'attriste, enfin elle la remplit; mais ce n'est jamais d'un sentiment doux : son résultat est toujours de tomber dans le vague, dans le sombre, dans l'infini; c'est comme la vue du ciel et la pensée de l'éternité. Oh! que les charmans ruisseaux que j'avois vus la veille et les jours précédens, me fournissoient des songes plus rians! ils me rapprochoient de moi, ils agitoient mon cœur, ils me donnoient tous le désir de les attirer dans ma retraite ou de m'en bâtir une sur leur bord.

On ne voit la rade de Brest qu'en approchant tout-à-fait de la ville, et on ne la découvre qu'imparfaitement; celle de Toulon offre sans comparaison un plus beau développement; elle a l'air d'un beau lac, et les montagnes qui l'enveloppent semblent la rendre plus sûre. Quelques vaisseaux épars, et perdus dans l'immensité de la rade, y formoient un spectacle assez mesquin. Je m'attendois à un coup-d'œil plus imposant, et ma vue fut trompée.

La réception du maréchal de Broglie [*] se

---

[*] Guibert étoit employé dans l'état-major de l'armée de M. de Broglie, au camp de Bayeux, et il l'accompagnoit dans sa tournée sur les côtes.

fit avec appareil. Il ne vouloit pas d'honneurs, et je trouve qu'il auroit mal fait; dans une ville où la marine est prédominante, il étoit à-propos que le général des armées de terre, y jouît de tous ses droits. Il mit pied à terre à la porte, et traversa la ville entre deux haies de troupes bordant les rues; le canon tiroit. M. d'Orvilliers arrivoit au-devant de lui, avec tous le corps de la marine : un monde infini étoit aux fenêtres. Pourquoi cette pompe militaire me fait elle toujours une impression dont je ne puis me rendre compte ? jamais je n'y assiste sans que mon ame soit en mouvement, et mes yeux en larmes. Seroit-ce qu'elle me rappelle les anciens triomphes ? seroit-ce que les honneurs rendus par la multitude à un seul homme, me donnent toujours l'illusion de croire qu'ils sont mérités, et la chimère secrète d'y prétendre un jour pour moi-même.

Diné chez M. de Langeron, homme d'esprit et capable de détails. Je le connoissois déjà par M. de la Rosière, dont il a eu le mérite de sentir la capacité et d'adopter les idées. J'aurai occasion d'y revenir en parlant du plan de défense de Brest.

M. d'Orvilliers, d'une enveloppe commune, mais ayant, dit-on, de l'esprit et de la finesse, tous les officiers de marine, paroissant se réunir à donner de grands éloges à la manière dont il a manœuvré dans le combat contre Keppel. — Tâcher de me procurer des lumières plus positives sur ce point; il a du moins fait une grande faute, celle de ne pas tenir la mer et de rentrer dans Brest. — Point important à approfondir. — L'après-midi visité le port à la suite de M. le Maréchal; il y avoit trop de monde, et l'on passoit trop rapidement sur les objets, pour que cette visite pût me suffire. J'en ferai une en détail, avec mon ami la Rosière qui a tout vu, tout détaillé, tout jugé, tout réduit en résultats profonds et lumineux.

Le port de Brest est formé par la *Penfel*; il a d'abord, au premier coup-d'œil, une majesté qui impose par la beauté de ses quais, par l'immensité des établissemens de toute espèce qui le bordent; mais il offre ensuite à l'examen de grands inconvéniens. Il est trop étroit pour contenir une marine telle que celle qu'il renferme. Les vaisseaux y sont ordinairement sur trois files qui se touchent presque. De-là il ne circule pas assez d'air entre les vaisseaux, ce qui contribue à les pourrir en fort peu de tems. La file du milieu est surtout exposée à cet inconvénient; depuis quelque tems on prend la peine de les retourner de fois à autres afin de les faire frapper tour-à-tour plus également par l'air extérieur; mais cette opération ne se fait pas encore assez souvent; elle seroit d'ailleurs un moyen insuffisant, soit que l'eau du port ait une qualité peu propre à la conservation des vaisseaux, ou que les vers y soient communs et y attaquent le bois, ou enfin que les bois que nous employons à la construction ne soient pas choisis avec assez de précaution. Il est constant que les vaisseaux ne durent à Brest que huit ou neuf ans au plus, résultat ruineux pour la marine et pour les finances du Roi. Aussi nombre de vaisseaux ont pourri dans le port sans en être jamais sortis. *La Bretagne* a déjà été refondue depuis sa construction. *Le Citoyen* est actuellement dans les formes. *La Ville de Paris*, qui n'a paru qu'au dernier combat, est rentrée dans le port et sera entièrement refondue; tous ses membres étoient pourris, et plusieurs coups de canon l'ont percée d'un bordage à l'autre. — Demandé si les autres ports du Royaume auroient, relativement à la conservation des vaisseaux, les mêmes inconvéniens; — réponse unanime, que c'est à Brest qu'ils se détruisent le plus vîte. A Toulon un vaisseau dure communément quinze ou seize ans, et à Rochefort dix ou douze. L'eau de la Charente qui est extrêmement vaseuse est, dit-on, plus propre à la conservation des bois que celle de Brest. La marée contribue aussi, m'a-t-on ajouté, à la prompte dégradation des vaisseaux, parce qu'en haussant et baissant tour-à-tour, elle les expose à des alternatives d'humidité et de sécheresse qui précipitent la pourriture des bois. Les ports de la Méditerranée ont par conséquent cet inconvénient de moins.

L'extrême reserrement du port de Brest, fait que tous les ateliers et établissemens y sont trop entassés : les ouvriers dans l'activité d'un grand armement y sont tous l'un sur l'autre. Cet inconvénient d'entassement est encore plus nuisible aux matériaux, en ce qu'il doit en résulter beaucoup de méprises, de versemens et de reversemens inutiles ; enfin de perte de tems et de main-d'œuvre.

Le port de Brest offre d'abord en ateliers

de construction quatre calles et quatre formes pour les carénages et radoubs. Ces dernières sont trop serrées; celles qui sont adossées à la montagne des Capucins, sont trop exposées au soleil d'un côté, et trop à l'ombre de l'autre. De-là les vaisseaux s'y dégradent même en se construisant.

Les formes sont belles, l'eau y entre facilement et à la hauteur nécessaire, au moyen d'écluses; une seule est couverte, il vaudroit mieux qu'elles le fussent toutes.

Magasins de toute espèce; sont d'ailleurs prodigieux par leur étendue: corderie surtout remarquable; en tout, magnificence et grandeur de Louis XIV, empreintes à chaque pas. Mais cette magnificence est-elle nécessaire? la simplicité des établissemens anglais dans leurs ports, n'est-elle pas préférable? au lieu de superbes bâtimens en pierres de taille, embellis de frontons et de décorations, offrant au-dedans de beaux escaliers ornés des bustes de Louis XIV en pierre et en bronze, on ne voit chez eux que des édifices simples et sans aucune espèce de décoration; tout y paroît fait pour l'usage seulement, et chez nous on a beaucoup sacrifié à l'ostentation.

Quel siècle que celui de Louis XIV! en envisageant que tout cela est son ouvrage; qu'à quelques édifices près, ajoutés depuis, c'est lui qui a créé Brest, et qui, indépendamment de Brest a créé Rochefort, l'Orient, le Havre, Dunkerque, Toulon. On commence enfin à devenir juste et à rendre à ce Prince l'hommage qu'il mérite. Il a laissé 300 millions de dettes; mais presque tout ce qui frappe nos regards dans le royaume, presque tous les monumens publics en tout genre ont été élevés sous son règne. Son successeur n'a pas moins dépensé, et l'Ecole militaire et le petit Trianon, voilà ce qui nous en reste.

Le port de Brest paroît difficilement pouvoir être agrandi; il ne peut rien gagner en largeur, étant resserré entre des montagnes; — pourroit être prolongé jusques dans la branche droite que forme la *Penfel*; il en a, dit-on, été question : il seroit possible de pratiquer de nouvelles calles du côté de la montagne des Capucins, en la creusant; et il y a une partie de cette montagne qui en paroît susceptible. On avoit, dit-on, proposé à Louis XIV de faire un nouveau port dans la rivière de Laudeveneck qui offre bien plus de profondeur et de largeur que celle de

Penfel; peut-être y a t-il des inconvéniens ?
objets à voir en visitant la rade.

Est-ce un avantage ou un vice d'avoir ainsi dans l'Océan un seul grand établissement de marine ? car on ne peut presque pas compter Rochefort et l'Orient à côté de Brest. Les anglais ont un système absolument opposé, et il paroît préférable : c'est celui d'avoir douze ou quinze chantiers de construction, indépendamment de leurs ports de la côte. Toute la Tamise, depuis son embouchure jusqu'à Londres, est un grand port; mais cet avantage tient à leur position; ils habitent une île, cette île est étroite ; ainsi de tout côté, la mer les enveloppe et les appelle ; elle est leur élément, leur barrière, leur nourrice ; et leur active industrie a mis toutes leurs côtes, *en ports de mer.*

Les marins les plus éclairés et M. de la Rosière, dans lequel j'ai surtout beaucoup de confiance, pensent que ce qui nous convient le plus, c'est de faire toujours de Brest notre grand port d'armement et de magasin, et de multiplier nos ports de construction. Le ministère, d'après cette opinion, paroît vouloir faire usage de l'Orient; il a fait construire et armer des frégates à S. Malo; mais ce que les marins réclament par-dessus tout c'est un port dans la Manche, qui pût servir en même tems de port de construction et d'asile pour nos escadres. Nous aurons occasion d'en parler dans la tournée que M. le Maréchal fera dans cette partie de nos côtes.

Conversations successives dans la journée, et à diverses reprises, avec M. de la Rosière, avec M. de Langeron, avec M. de la Porte intendant, et avec plusieurs officiers de marine. Questions en foule; je suis entouré d'objets que j'ignore; ce n'est que par degré que je puis arriver à des résultats. Faute d'avoir écrit, j'ai recueilli peu de fruit des huit jours que j'ai passés il y a quelques années à Toulon; mais à mesure que les même objets frappent mes yeux, mes idées se renouvellent et les anciens renseignemens que j'avois pris, viennent se placer dans ma mémoire. — Questions faites sur le combat, sur la manière dont il s'est passé; ne m'ont encore rendu rien de clair ni de précis. Tout le monde s'accorde à dire que M. d'Orvilliers a bien manœuvré pendant le combat; — sur tout le reste variations, contradictions sans nombre; et puis on écrit et on lit l'histoire!

Le 9.

Matinée passée en inutilités, c'est-à-dire en visites et en choses de devoir; grande parade, beaucoup de spectateurs; foule et pompe dans le quartier-général. M. le Duc de Chartres y étoit arrivé la veille au soir, et même avec l'ordre prochain de faire ressortir la flotte. Visites réciproques du Maréchal à lui et de lui au maréchal : contenance de ce Prince comme à Paris; mélange de légèreté et d'honnêteté, de hauteur et de familiarité; de la grace, de l'esprit, des velléités passagères de s'instruire, mais nulle suite, nulle tenue; soupant tous les soirs chez le vicomte de L*** en petit comité, et tant qu'il peut, avec les gens de sa société de Paris, quand la curiosité en amène à Brest; jouant au billard, voyant des filles, traînant à sa suite M. de G. Du reste assez bon ton sur son bord, ne paroissant pas s'y ennuyer, vivant bien avec les officiers, les caressant ; parlant aux matelots, s'étant fort bien montré au combat; au total, faisant moins de mal et moins de bien qu'il ne peut en faire : voilà ce que j'en ai résumé, d'après mes premières informations. — Régimens de la garnison médiocrement tenus, au régiment d'Auvergne près, qui l'est parfaitement. Ce régiment est aussi celui qu'on dit le mieux instruit; il a cependant quelque chose de forcé et de contraint sous les armes; mais c'est lorsque le vicomte de L*** veut lui donner de la roideur, de la contraction, de l'affectation dans son port de tête, et il dresse les soldats sur son modèle.

Le régiment d'Auvergne, — mon berceau, ma famille, y ayant passé quinze ans de mon enfance et de ma première jeunesse; — réveilloit il y a quelques années en moi la même impression que celle de son pays natal, quand on le revoit après une absence; j'ai senti cette impression moins vivement, soit qu'une partie de mes camarades de ce tems-là n'y fût plus, soit que les années ayant déjà agi sur ce sentiment comme sur tous les autres, soit enfin qu'à trente cinq ans le cœur n'ait plus cette délicatesse, cette nuance de sensibilité; hélas! je m'en aperçois! beaucoup de parties de mon cœur ont déjà vieilli.

La garnison de Brest a beaucoup d'inconvéniens, pour les régimens qui y sont: d'abord, prépondérance absolue du corps de la Marine, levain toujours subsistant de jalousie et d'altercation entre les deux corps ; mais ensuite fâcheux et commun 'exemple d'indiscipline et d'insubordination sous les yeux ; rien n'y est comparable, nulle obéissance d'un grade à l'autre ; elle existe à peine à bord ; dès qu'un garde-marine est fait enseigne, il se croit libre, indépendant. Enseignes, lieutenans, capitaines, chefs-d'escadre, lieutenans-généraux, tous camarades. Quand les chefs déplaisent, on les met en quarantaine. M. d'Orvilliers lui-même n'en est pas exempt. Les capitaines y ont été mis par les officiers de leur propre équipage.

La première source de ce désordre est dans la manière dont se composent les officiers d'un vaisseau. Quand il est commandé en armement, le capitaine les choisit tous ; de-là est obligé de plaire, de se ménager des créatures, de rendre la vie douce et agréable aux officiers qui font campagne avec lui, de leur faire faire bonne chère. Exemple de plusieurs capitaines, obligés d'aller solliciter de porte en porte des officiers qui voulussent bien s'embarquer avec eux ; essuyant sur cela des refus, des humiliations, et forcés de prendre le rebut de tous les autres capitaines. M. le chevalier de Monteil l'a éprouvé en dernier lieu. De-là tous le corps de la marine divisé en petites factions; chaque capitaine a ses amis, ses créatures; presque tous se haïssent, s'envient, se déchirent; il ne peut plus subsister aucun rapport de grade, en ne servant pas avec le capitaine qui a déplu; tout est dit, on peut lui disputer tout, et passer dans une faction opposée. Les officiers de marine les plus raisonnables défendent cet abus, en disant qu'un capitaine répondant de son vaisseau, il faut qu'il choisisse et qu'il soit sûr des gens qui en partagent avec lui le commandement; qu'il lui faut nécessairement des officiers avec qui il ait l'habitude et la volonté de bien vivre, et de même de ces derniers avec lui; que les incompatibilités, les haines, les divisions sont insuportables à bord; que la vie qu'on mène, l'espace étroit où l'on est renfermé, la nécessité de se voir toute la journée, les font fermenter, les allument, les aigrissent, et les porteroient aux plus grands excès.

Le chevalier de Kersaint, entr'autres, a insisté beaucoup avec moi sur cette raison; m'en a raconté des effets extraordinaires.

Des

Des amis se brouillant, des indispositions ou des préventions, devenant des haines; les meilleurs caractères s'altérant; un vaisseau enfin, renfermant tous les inconvéniens de la vie claustrale, et, par conséquent, tous ceux des passions et des caractères toujours en présence et en mouvement. Ainsi tout se défend. L'esprit ou le préjugé est l'apologie des plus grands abus. Celle-là ne m'a pas convaincu; la subordination, la discipline sont des avantages si supérieurs, si indispensablement nécessaires, qu'il faut tout y sacrifier.

On doit sentir encore qu'au moyen de cette funeste coutume, les mauvais ou médiocres capitaines doivent souvent avoir des officiers mauvais ou médiocres comme eux; mais les bons mêmes y sont exposés, s'ils ont tenté de se faire obéir avec sévérité, s'ils ont fait une chère trop simple, si enfin ils ont voulu conserver à terre quelque rapport de supériorité sur les grades inférieurs.

Matelots et soldats de marine assez obéissans à bord; mais d'une indiscipline effrénée dès qu'on est en relâche ou à terre. Remplissent les rues de Brest, s'y rencontrent par douzaine. Le soir, ivres-morts, ne rejoignent pas quelquefois le bord de plusieurs jours; les soldats des détachemens d'infanterie prennent bientôt le même esprit et se corrompent avec eux.

Hauteur, impolitesse, licence d'une partie des officiers de marine; gardes-marine à l'abandon; la plus détestable école pour les mœurs. Personne ne veille sur eux; les aspirans se logent où bon leur semble, rentrent à l'heure où ils veulent; sujets nécessairement perdus, si la nature ne les a pas étrangement privilégiés.

Les conflits d'autorité entre la terre et la mer doivent être continuels, parce qu'ils renaissent toujours de la même source; cela va assez tranquillement dans ce moment-ci, parce que la guerre fait diversion. — L'après-midi visité de nouveau le port, et tout ce qui en dépend, avec le duc de la Rochefoucault; il m'a fourni beaucoup de renseignemens parce qu'il en prend beaucoup pour son compte, et qu'il a lui-même beaucoup de connoissances.

Les inconvéniens du port me frappèrent encore plus que la veille; visité en détail tous les ateliers et bâtimens. — De tous côtés abus énormes, déprédations de matériaux, perte de journées; les ouvriers ne sont surveillés par personne; résultat nécessaire de la nouvelle constitution, qui en confiant tous les travaux aux officiers, n'a pas prévu que dans le tems des grands événemens, tous les officiers seroient à la mer : exemple actuel; ils y sont presque tous. Ainsi cinq ou six mille ouvriers qui remplissent les ateliers, ne sont plus surveillés que par les officiers du port, au nombre de cinq ou six; mais, même hors du tems d'armement, le sont mal et sans vigilance. Les officiers français sont en général peu capables de la patience qu'exigent ces détails; mais surtout les officiers de marine que leur éducation, leur service habituel, leur insubordination à terre, leurs préjugés contre toute espèce d'ordre et de discipline, rendent peu propres à servir, à l'heure et à la minute, à des choses qu'ils regardent comme minutieuses, qui leur sont indifférentes, et que la plupart dédaignent; ces officiers s'en occuperont, tout au plus, quand il s'agira de l'armement particulier de leurs vaisseaux; mais les ateliers de préparation et de fabrication seront toujours abandonnés à eux-mêmes : ils le sont d'une manière pitoyable. Tous ces abus m'ont été généralement confirmés.

Les forges ne vont pas non plus fort bien depuis qu'elles sont confiées à des officiers de marine. Chacun son métier. Les connoissances de marine, en supposant qu'ils les aient, ne remplacent pas celles de la pratique qu'ont les gens de l'art. De-là, consommation de fer très-augmentée, épreuves fausses, combinaisons toutes faites aux dépens du roi; le meilleur fer de Suède devenant mauvais entre leurs mains. M. de la Porte m'a aussi parlé de cet abus. — Fers coulés manquent ainsi que les canons. Ces derniers se tirent de deux endroits; Réal, auprès de Bayonne, pour les canons de 12, et les forges de Saintonge et d'Angoulême pour ceux des autres calibres.

Les calibres employés ordinairement pour la marine, sont du 8, du 12, du 18, du 24 et du 36. Les anglais emploient du 42; mais la livre chez eux n'étant que de 14 onces, cela revient à-peu-près au même.

Les canons de bronze ne s'emploient plus; le *Soleil royal* et le *Royal Louis* sont les derniers vaisseaux où l'on en ait fait usage. La première batterie du *Royal Louis* étoit en canons de fonte de 48, formant actuellement la batterie royale qui est à l'entrée du port.

Formes : inconvéniens que j'avois déjà observés hier, de n'être pas couvertes. Une seule l'est, c'est l'ouvrage de M. *de Ruis*, ancien intendant. Il avoit le projet de les couvrir toutes de même, il éprouva beaucoup d'obstacles dans le tems. — Singulière beauté de la charpente de celle qui est couverte. Les calles pourroient être couvertes aussi, mais surtout devroient être placées de manière à ce que l'air circulât autour d'elles. En tout, défaut d'air, grand vice du port de Brest; tout y est serré, encombré, et y présente le coup-d'œil de l'embarras et du désordre.

Bagne des galériens, bâtiment superbe : car nous mettons de la magnificence à tout; et nos maisons de force, qui sont la plupart sans usage, ont toujours l'apparence des palais. Forçats; ils sont au nombre de deux mille cinq cens environ : ils font les travaux forcés du port, les font mal et mollement. On pourroit en tirer un plus grand parti; ils sont inhumainement traités et coûtent cependant fort cher au roi; reviennent, l'un portant l'autre, avec tous les frais, à 18 sols par jour ; abus sans nombre aussi dans cette partie ; mais le premier de tous, celui qui serre le cœur et qui fait couler des larmes, est celui d'entasser, d'accoupler à la même chaîne ces malheureux, sans distinction de fautes ou de crimes ; ainsi le contrebandier, le religionnaire imprudent et le scélérat, sont quelquefois sur le même grabat ; l'infortune et l'innocence sont souvent à côté du crime.

L'homme innocent doit en mourir de désespoir, et celui qui est à demi-corrompu achève de se corrompre. On classe les maladies, dans les hôpitaux bien gouvernés ; et l'on confond ici pêle-mêle ces malheureuses victimes ; mais un spectacle plus affreux encore, c'est celui des enfans arrêtés en contrebande avec leurs pères et condamnés avec eux. Des enfans ! la plume me tombe des mains, en pensant combien nos lois sont féroces et absurdes, et combien ceux qui les font exécuter sont encore plus absurdes et plus féroces qu'elles !

Punition de ces malheureux, poussée souvent jusqu'à la barbarie. — Désertion fréquente parmi eux. Ceux qui ont des métiers d'industrie, comme charpentiers, serruriers, etc., plus ménagés, mieux payés et moins malheureux. Les plus robustes aussi employés à des travaux de choix, à la mâture par exemple, et par conséquent mieux aussi.

Fond du port, jusqu'à ce qu'on appelle l'*arrière-garde*, se resserre de plus en plus, et aboutit au ruisseau de Penfel. Vrai cloaque, sujet à être envasé par toutes les chutes d'eaux des montagnes. C'est-là qu'on tient les bois; y sont mal, y sont trop serrés et rangés avec trop peu d'ordre; de cette confusion il doit nécessairement résulter des déchets et des méprises. Il passe pour reconnu que les bois se conservent sous l'eau; mais ils cessent d'y être toutes les fois que la mer baisse : ainsi ils éprouvent alors des alternatives de sécheresse et d'humidité qui doivent les dégrader; rien de si aisé que de trouver dans le fond du port des moyens de les tenir toujours à flot.

Enceinte du bout du port, reculée depuis quelques années et fermée par un mur; ne l'étoit la guerre dernière et précédemment que par une mauvaise palissade. Il est inouï qu'on n'ait jamais tenté d'y mettre le feu.

On a remédié à cet inconvénient, et l'on fait actuellement, en avant de cette enceinte, des ouvrages qui occuperont et envelopperont les hauteurs qui la dominent. Brest étoit de tout côté susceptible de bombardement; le grand projet de M. de la Rosière, qu'on exécute actuellement, l'en mettra à l'abri; nous devons aller visiter après-demain ces travaux. Grand objet d'étude et d'intérêt par l'importance de la chose et par le combat des opinions à ce sujet.

Casernes pour les matelots, commencées sous le ministère de M. de Choiseul, et interrompues; sont élevées jusqu'au-dessus du premier cordon. Edifice indispensable, les matelots n'ayant pas un asile; et, dans le tems des armemens, ils encombrent la ville et les faubourgs de Brest, et les remplissent de désordre; mauvais sort de ces malheureux quand ils arrivent.

On a pris pour prétexte que ces casernes seroient trop près du port, à cause des accidens du feu. D'abord, comme elles sont au haut de la montagne, je ne le crois pas. D'ailleurs, il n'y avoit qu'à défendre d'y faire des cuisines, ou les pratiquer derrière dans des bâtimens séparés. La véritable raison est que le ministre étant tombé, ses projets sont tombés avec lui.

Le soir soupé chez M. de Kersaint, lieutenant de vaisseaux, commandant la frégate l'*Iphigénie*; je l'avois vu à Paris. Homme d'esprit, plein de feu et de courage, et en tout sujet de grande espérance. A pris en dernier lieu le *Lively* corvette de 22 canons, et quelque tems auparavant deux corsaires Jernésiens; on lui reproche d'avoir, par cette dernière prise, perdu de vue l'objet de sa mission, qui étoit d'observer la sortie de *Byron*; je ne sais s'il a eu tort ou raison, mais ce qu'il y a de sûr, c'est qu'on a été mal informé; c'est que Keppel, à sa première sortie, vint audacieusement croiser à Ouessant avec 15 ou 16 vaisseaux; que pendant ce tems-là Byron filoit derrière lui; que nous avions alors 24 vaisseaux en rade; qu'on n'osa pas sortir, parce que l'on crut que Byron pouvoit être en mesure de se réunir à lui. Que Keppel remplit encore par-là l'objet de couvrir la rentrée de deux grandes flottes marchandes, richement chargées, et dont l'une venoit de la Jamaïque que ces flottes ramenèrent des matelots, que ces matelots complétèrent l'armement de Keppel et le mirent en état de sortir la seconde fois avec trente vaisseaux. Que si l'on avoit été informé de la direction prise par Byron, on pouvoit battre Keppel, ou du moins le forcer à regagner la Manche, et peut-être enlever en tout ou en partie les deux convois.

Cet évènement eût pu décider le sort de la guerre. Si le reproche qu'on fait à M. de Kersaint est fondé, dans tout autre pays, dans un pays militaire du moins, cette faute l'eût perdu. Fautes de cette espèce se peuvent commettre quand on a de l'ardeur et de l'ambition; mais la récidive prouveroit une tête qui n'est pas organisée pour les grandes opérations.

Convives de ce soupé, trois ou quatre officiers de marine, gens instruits et estimés, M. de la Clocheterrie, M. de Marigny. Ce premier m'a plu infiniment; homme à-la fois froid, modeste et d'une tournure agréable; n'a parlé, ne s'est développé que peu-à-peu; j'aime les gens qui ne se montrent ainsi qu'à mesure, et dont la conversation s'anime par degrés : ils font toujours plus d'impression; un trait, une réflexion qui jaillit au milieu de leur silence, produit l'effet d'un coup de lumière dans un tableau : j'envierois ce genre; mais il faut conserver le sien, et moi je suis tout de mouvement : je ne prépare rien, je n'amène rien, je ne sais que me taire ou m'épancher.

M. de la Clocheterrie nous raconta son combat, et le raconta avec simplicité : les belles actions n'ont besoin ni d'ornemens ni d'exagérations : a été en effet long et sanglant, s'est passé à la portée du pistolet, et par un calme qui empêchoit la frégate ennemie et la sienne de se séparer; a tiré la première bordée, en est convenu avec moi; prétend que l'anglais lui avoit à-la-vérité tiré un coup de canon à boulet qui avoit cassé la cuisse à un de ses matelots; vouloit se battre, je crois, et n'a pas été fâché d'en faire naître l'occasion; a eu près de la moitié de son équipage tué ou blessé : cela est prodigieux pour un combat de mer. Mais ce que ces combats ont de plus affreux que les combats de terre, c'est que le danger et la mort y sont concentrés dans un petit espace; c'est que les symptômes en paroissent plus effrayans et plus prochains; c'est qu'il y a moins de mouvement, moins d'action, moins de dissipation par la vue des objets extérieurs; au reste la cour, le ministre,

Paris, le royaume ont mis trop d'importance à ce combat. La lettre de M. de Sartine étoit ridicule : il auroit suffi de faire M. de la Clocheterrie capitaine au bout de quelque mois. Les têtes ont tourné à Brest comme à Paris ; on y a été au-devant de lui ; on l'a entouré, couronné, applaudi. Au fait, la partie étant demeurée nulle, la frégate angloise ayant essuyé la première bordée, et ayant deux canons de moins, elle avoit acquis autant d'honneur, et l'officier n'a eu de lettre ni du roi l'Angleterre, ni de l'Amirauté. Les gazettes n'ont été remplies ni de son nom, ni de ses récompenses. Il y a eu dans les papiers anglois une relation de dix lignes avec cet éloge simple : *le capitaine et son équipage ont parfaitement fait leur devoir.* Manière noble et que je préfère mille fois. On donne trop d'éclat à un très-petit évènement ; c'est ne pas connoître la mesure, c'est décréditer la monnoie dont on doit payer de grands succès. Ainsi, ridicule enthousiasme de Paris pour M. le Duc de Chartres à son retour ; ridicule article de la gazette de France à son sujet ; ridicules honneurs rendus à Voltaire ; ridicules applaudissemens à tout le monde ; et à propos de tout, pour le Roi, pour la Reine, pour le combat des Princes, pour l'un et pour l'autre alternativement, et également, et jusques pour l'objet de leur querelle, dont l'inconsidération et l'étourderie ne méritoient rien moins qu'un bel accueil : transports également passionnés et dans la même langue, pour un souverain, ou pour un auteur, pour un opéra, ou pour une pièce de Corneille; lesquels partant d'un même principe et tendant au même but, annoncent une nation qui est déshabituée de voir du grand et du beau, qui a perdu le sentiment des convenances, qui confond tout, qui n'a plus pour tout qu'une expression exagérée, monotone et par conséquent affoiblie; ou enfin, pour dernier trait, qui met autant de prix au *bien dire qu'au bien faire.*

Ton des trois officiers de marine qui étoient de ce souper, meilleur que je ne croyois; beaucoup d'autres et presque tous, bonne conversation; questions sans nombre, de-là bonne discussion, douce et instructive dispute, enfin soirée bien remplie. Le chevalier de Bouflers étoit du souper: en perdant quelque chose du côté de la gaieté, son esprit en devient plus propre aux objets sérieux; il a plus d'instruction et de *solidité* qu'on ne lui en croit.

Je reviens à notre dispute; un de ses résultats, et de l'opinion de tout le monde, fut que la marine française ne pouvant jamais lutter avec égalité de force, contre celle des anglais, il n'y avoit que la supériorité d'audace et de courage qui pût nous faire parvenir à une guerre heureuse. Le chevalier de Boufflers fit à l'appui une réflexion bien juste, que presque toutes les grandes batailles ont été gagnées par les armées inférieures et par les généraux les plus jeunes; l'histoire le prouve en effet, et nous en fîmes la récapitulation. — Dissertation si cela peut-être sur mer comme sur terre. — Convenu que passé un certain nombre de vaisseaux, la supériorité n'a plus les mêmes avantages; qu'ainsi douze vaisseaux doivent en combattre hardiment 13, 14 et 15; 20, encore plus hardiment 22, 23; de 40, à 45, de 50 à 60 les différences ne marquent presque plus. En effet, sur une longue ligne il y a mille hasards, il y a mille évènemens pour celui qui étant inférieur est plus brave ou plus habile; tout n'est pas en action, et qu'importent alors les forces restées dans l'inaction? — Exemple de M. de Tourville confirmant cette opinion; exemples de Duguay-Trouin, de Jean-Bart en faveur des combats moins nombreux; ils ne comptoient presque jamais l'ennemi. Il n'y a plus de gloire, plus de grandes actions, quand on admet un autre principe. L'esprit de la marine a tout-à-fait changé sur ce point plus que dans nos troupes de terre, où l'on compte cependant encore trop aussi les forces ennemies.

Le résumé de cette conversation fut que la France ne peut se remettre en équilibre avec l'Angleterre, qu'en réunissant ses forces. — Inculpation du parti forcé d'envoyer M. d'Estaing en Amérique; nécessité de faire revenir dans ce cas l'escadre de M. de Fabry. Exposition du plan de guerre tel que je le ferois; quoique tout paroisse manqué, tout peut se réparer encore : mais il faut de la constance, de la suite; il faut ne pas vouloir la paix, n'en pas entretenir sans cesse tous les esprits; il faut ne pas poser les armes qu'on n'ait fait une paix glorieuse. — De-là, conversation; pesé sur des objets de détails de notre marine, sur le rapport des vaisseaux de différentes espèces entre eux, sur l'espèce de nos frégates, toutes mauvaises voilières, toutes inférieures en ce point à celles des anglois; cela ne vient point de la coupe, qui vaut au moins la leur, mais des dunettes dont on les embarrasse. Ces dunettes sont les chambres des officiers; ordre de M. de Sartine de les raser, ne sera pas suivi, parce que l'esprit de commodité et de mollesse prévaudra. En tout, nous ne savons tirer aucun parti de nos frégates. Reproches à faire à ce sujet à M. d'Orvilliers, tant avant que pendant et après ce combat. Ignorance inouie des mouvemens de la flotte angloise. Défaut de petits bâtimens observateurs, tels que les anglais en ont un grand nombre, comme lougres, cutters, etc., etc — Ils couvrent les mers, en protégeant leur commerce. En tout, enfin, marine au berceau, et bien moins avancée qu'on ne le croit. Evènemens du combat, commencent à s'éclaicir à mes yeux; n'a été qu'une canonnade; une seule bonne manœuvre et elle est, dit-on, l'ouvrage du chevalier du Pavillon, major-général de la flotte. Conduite de M. d'Orvilliers, médiocre. Je n'avois pas pu la juger autrement, à l'entendre la veille expliquer le combat au Maréchal. Pitoyable après le combat, pitoyable en ce qu'il est

rentré,

rentré; toujours pitoyable dans l'esprit et dans toutes les autres parties du commandement. Ce ne sont pas ces Messieurs qui m'ont appris cela, car ils se sont expliqués avec modération; ils ont laissé percer leur opinion sans la montrer; mais c'est tout le monde, c'est tout ce qu'on rassemble, c'est tout ce qui se dit et ce qui ne se dit pas. — Est incapable de remettre dans la marine l'esprit de volonté, de discipline et de subordination qui y manque. Il faut à la tête de ce corps une tête de fer et de feu.

Mauvaises manœuvres pendant le combat; il y en a eu plusieurs; je ne sais qui a tort ou raison, mais voici le résultat; deux vaisseaux perdus pendant quatre jours; une division qui n'obéit point aux signaux, car le tort du *Diadéme*, commandé par M. Lacardonie, est celui de la division entière. Qui empêchoit en effet les autres vaisseaux de cette division d'exécuter ce qu'un seul vaisseau de cette division n'exécutoit pas? M. le Duc de Chartres lui-même qui commandoit la division, pourquoi n'a-t-il pas exécuté le mouvement? Grande querelle, grand sujet de procès, si M. de la Cardonie est jugé. — *L'Amphion* rentrant à Brest après le combat, sans ordre, sans avoir fait signal d'incommodité ; il étoit, dit-on, maltraité ; mais cela peut-il être une excuse? — Une frégate touchant le *Sphinx* et le désemparant de tout son avant, maladresse horrible, et qui nous est fréquente. — La flotte entière se trouvant, sans le savoir, quinze lieues plus près d'Ouessant qu'elle ne le croyoit. Je puis me tromper, mais je vois dans cette journée le germe de beaucoup d'erreurs, surtout si rien n'est tiré au clair, si rien n'est puni ; rien ne le sera. La foiblesse, la nullité du ministre, la crainte de s'engager dans de grandes affaires, celle de compromettre beaucoup de monde, couvriront, pallieront, envelopperont tout. Un Roi ministre ou un Ministre Roi, voilà ce qu'il faudroit pour juger toutes ces fautes, et où faudroit-il les juger ? ce ne seroit ni à Versailles, ni dans son cabinet, ce seroit sur les lieux, et dans le moment même ; ce seroit par la voie arbitraire et despotique, peut-être, et en ne s'arrêtant qu'aux résultats ; malheur à qui les auroit contre lui ! — *Bing* alléguoit mille bonnes raisons pour n'avoir pas battu les Français, et il fut condamné.

Le 10.

Ordre arrivé la veille de ressortir le plutôt possible. — Ignorance absolue sur le sort de Keppel, toujours objet de ma surprise, quand on a des frégates qui ne font rien dans la rade, quand on a une division à la mer, quand on a enfin des ports dans la Manche, d'où devroient partir tous les jours de petits bâtimens pour aller aux nouvelles. La flotte se répare lentement ; paris ouverts qu'elle ne partira pas : c'est le désir de presque tous les officiers de marine ; étrange révolution faite dans les esprits : ils vouloient tous combattre, tout tenter, il y a quelques jours, feu de paille allumé par l'action de M. de la Clocheterrie, et éteint par le combat d'Ouessant. Disent tous hautement qu'ils est dangereux de sortir ; que les Anglais seront supérieurs ; que c'est compromettre la flotte ; qu'ils sont bien heureux de s'en être heureusement tirés la première fois ; ne peuvent pas dire qu'ils étoient inférieurs en vaisseaux dans ce combat, puisque la tempête en avoit forcé un des Anglais (*le Thunderer*), à rentrer ; mais se rabattent sur la force des vaisseaux, comptent les canons, disent que nous en avions 730 de moins, ajoutent que si l'on est battu, c'en est fait de la marine; et que si l'on bat, elle ne peut pas se réparer d'un an, craignent enfin également la défaite et la victoire, ne veulent pas se battre, voilà le résultat.

Divisions, altercations, cabales plus fortes que jamais. Le combat d'Ouessant, et les conseils de guerre dont il est question, ont mis tout en feu. Si ces conseils de guerre ont lieu, tout sera encore en feu; et s'ils n'ont pas lieu, tout sera perdu dans un autre genre.

Mécontentement de M. de Guichen, chef d'escadre qui commandoit la *Ville de Paris*; a en effet porté tout le faix du combat, et il n'en a pas été question dans les détails de M. d'Orvilliers, ni dans la lettre du ministre; il veut donner sa démission, — mauvais effets de tous ces mouvemens intérieurs.

Les réparations de la flotte n'ont commencé que le lundi, et elle est rentrée le mercredi; à peine rentrée, officiers tous à terre, beaucoup à la campagne, quelques-uns à plusieurs lieues, presque tous voulant faire rentrer leurs vaisseaux dans le port, l'un sous un prétexte, l'autre sous un autre;

presque tous exagérant leurs avaries : lenteur et inutilité de la plupart des réparations; une partie de ces réparations pouvoit se faire à la rade ou même en mer. Il n'y a que les grands mâts qui ne puissent s'y réparer. Mais *tenir la mer*, est l'art que nous ignorons. On veut des vivres frais, on veut revoir ses femmes, ses maîtresses, la comédie. Cela me rappelle ce gouverneur Espagnol qui rendit Gibraltar; on lui demandoit pourquoi il avoit capitulé : *La neige nous manquoit*, répondit ce sybarite Castillan.

Officiers de marine motivent leur répugnance à ressortir, sur la supériorité que donnent aux Anglais leurs vaisseaux à trois ponts. Il y a trois semaines cependant qu'ils disoient que ceux à deux ponts étoient plus avantageux. M. Duchafaut, dont c'étoit l'opinion, a en conséquence préféré la *Couronne* de 74, à la *Ville de Paris* de 90; peut-être en effet nous en faudroit-il quelques-uns, trois ou quatre pour servir de contre-fort à notre ligne; mais il falloit le dire plutôt; il falloit éclairer le ministre sur cela, il y a deux ans. Il est coupable de mettre actuellement en avant qu'on ne peut s'en passer; de le répandre dans le public, dans les équipages; de ne joindre à cela aucun propos d'audace et de courage. Il en est de même de l'affectation, de l'indécence avec laquelle ils répandent que tout nous manque, qu'encore une action, et l'on ne pourra plus se réparer. J'ai voulu approfondir, j'ai approfondi l'état au vrai de nos moyens; ne sont pas ce qu'ils devroient être, sans doute, mais peuvent suffire assurément à la plus grande bataille perdue, et à plus forte raison gagnée. M. de la Porte m'en a montré les états; est scandalisé de tout ce qui se débite à ce sujet; veut aller en parler publiquement à M. d'Orvilliers.

Bois de construction; il y en a de quoi construire deux ou trois vaisseaux de 2.ᵉ ordre, sans compter beaucoup d'autres matériaux pour radoubs, et il en arrive tous les jours. Mâtures qui est l'objet sur lequel on est le plus en souffrance, et que les officiers de marine disent nous manquer tout-à-fait; il y a de quoi mâter à neuf quatorze ou quinze vaisseaux; cordages, voilures et autres agrets sont en assez grande abondance; voilà l'état au juste, cela ne s'appelle pas être pourvu; cela est loin d'une marine de rechange; mais il n'y a pas de quoi justifier l'opinion généralement et indécemment établie qu'il ne faut plus rien hasarder.

Les officiers avec lesquels j'ai soupé, M. de Lamothe-Piquet, et quelques autres, mais en petit nombre, font seuls exception à cette opinion. M. de Lamothe-Piquet dit qu'on peut aller ; si l'on est inférieur, on peut éviter le combat ; qu'avec une flotte, on peut toujours l'éviter ; mais disent les autres, pourquoi s'y exposer ? pourquoi se battre enfin s'il n'y a pas d'objet ? — et l'opinion, et l'honneur des armes, et la protection du commerce, et la rentrée de nos bâtimens des Indes, qui nous portent pour plus de 30 millions de marchandises, et celle des bâtimens ennemis dont, honteusement, nous n'avons encore enlevé aucun ?

Examen de la nouvelle administration, comparée à l'ancienne ; l'ancienne avoit ses abus sans doute ; mais celle-ci en a mille fois davantage. Dissipe plus de tems, de matériaux et d'argent. — Armemens, se font avec plus de lenteur. Comparaisons de différentes constructions prises sur divers vaisseaux, et à différentes époques. Toutes au désavantage de l'administration actuelle. Administration impossible à soutenir ; ce sont les officiers qui doivent veiller sur tout ; mais quand ils sont à la mer, qui les remplacera ? Il en reste à peine aujourd'hui trois ou quatre pour veiller sur 5 ou 6000 ouvriers. Inconvénient qui résulte aussi du passage de l'inspection de tous les détails d'une main à l'autre; cela doit tout perdre à la longue. L'expérience acquise par la connoissance, étant toujours sans fruit pour celui qui en remplace un autre. — Sagesse de Louis XIV, ou plutôt de Colbert, en établissant une administration permanente, pour servir de contre-poids à la marine militaire; il pouvoit y avoir à réformer, à corriger, mais le fond du principe étoit juste.

Les militaires ne sont jamais propres à une certaine espèce de détails ; s'ils s'y absorbent, ils cessent d'être militaires, et alors le principal est sacrifié à l'accessoire ; quelques parties auroient dû être confiées au militaire, ainsi que les détails de grément, d'arrimage : mais tout ce qui est préparation, fabrication, construction, ne doit pas être de son ressort ; on a faussement cité sur cela l'exemple de l'Angleterre ; c'est le bureau de l'Amirauté qui ordonne tout, qui fait tout. M. de Sartine a cédé au vœu de la marine militaire, et je crains qu'il n'ait fait une triste expérience. A cru ranimer, remonter le corps, et n'aura fait que le perdre. C'étoit le moral, la constitution du corps même, la discipline, la subordination qu'il falloit refondre; et tous ces abus n'ont fait qu'accroître. Ce qu'on a accordé aux officiers de marine a encore augmenté leur confiance et leur haine de tout ordre. Labyrinthe où s'est jeté le Gouvernement; difficulté d'y apporter des remèdes; danger presque égal de revenir sur ses pas ou de persister. On prendra des modifications, des tempéramens. Affectera-t-on des officiers à demeure à tous les détails d'administration? alors ces officiers cesseront d'être militaires, et cependant participeront à toutes les graces militaires; ils deviendront l'objet de la jalousie et du mépris de tous les officiers en activité. Etablira-t-on quelques officiers de plus, afin de balancer la prépondérance des officiers de marine dans les conseils d'administration? alors l'égalité rétablie amènera les dissensions et les cabales. Reviendra-t-on enfin, après bien des tâtonnemens et des variations, à l'ancien systême ? La marine militaire se révoltera ; comment lui enlever, en effet, une autorité dont elle se sera accoutumée à jouir ? est telle dans la main du Gouvernement cette marine indisciplinée, désordonnée et constituée, comme elle l'est? M. de Choiseul, tout fort, tout puissant qu'il étoit, a échoué contre elle, et M. de Sartine ne la conduit aujourd'hui qu'en louvoyant, en la flattant, en la caressant, et en lui sacrifiant tout. Un Roi seul peut, je le répète, mettre la main à cette mauvaise machine; et pour la réparer, il faudra la rebâtir jusqu'aux fondemens. Oui, au défaut d'un Roi, si de grands moyens ne rendent pas un ministre grand homme, supérieur à tout, et maître de tout, le ministère de la marine entraînera nécessairement tous les ministres qui s'en chargeront ; il sera pour eux le char du soleil.

Le 11.

Visité la rade et les retranchemens de *Quelerne*.

Rade de Brest immense, la plus belle de l'Europe; trois rivières y aboutissent. La rivière de Penfel, qui forme le port, celle de Landernau et celle de Châteaufin, ou

Laudeveneck. Cette première est la plus petite et la plus étroite, mais la plus abritée, et ce qui a sans doute déterminé autrefois la préférence pour l'assiette du port ; l'entrée de celle de Landernau est étroite et environnée de bas-fonds; celle de Laudeveneck, ou de Châteaufin, magnifique, profonde, plusieurs lieues de bon mouillage. Les flottes de Louis XIV y ont souvent mouillé, et avant tout ce qu'on a fait depuis pour en défendre la rade, c'étoit en effet le point où elles étoient le plus en sûreté. La rade n'est pas également bonne partout. Il est bien connu que depuis quelques années, ayant été vérifiée par-tout par des sondes exactes, et pratiquée successivement par le mouillage de plusieurs escadres, la meilleure partie, sans contredit, est celle qui est auprès de l'Ile ronde, et l'entrée de la rivière de Laudeveneck. Là, deux cents vaisseaux de ligne seroient à l'aise ; là, je suis même persuadé qu'on pourroit, en tems de paix, tenir les vaisseaux désarmés ; ils y auroient plus d'air, et se conserveroient mieux que dans le port. Quand les projets donnés par M. de la Rosière sur la défense de cette rade, seront totalement achevés, elle sera battue dans toutes ses parties par un feu formidable, et qui ne permettra à aucun vaisseau ennemi, en supposant qu'il eût forcé le goulet, de pouvoir s'y maintenir. M. de Langeron doit lire à M. le Maréchal un mémoire qu'il a fait sur la défense de cette rade, d'après les idées de M. de la Rosière.

Débarqué en canot à la pointe des Espagnols, et suivi toute la côte orientale de la presqu'île de Quelerne, jusqu'au retranchement de ce nom.

Ces retranchemens sont destinés à former l'isthme de Quelerne; d'une côte de la presqu'île à l'autre, 900 toises en forment la largeur, et c'est ce développement qu'on donne aux nouveaux ouvrages qu'on y construit. M. de Vauban y avoit construit un retranchement dans le même objet, en terre seulement, et qui, placé plus en arrière, n'avoit que 700 toises de développement; cela valoit mieux, et on auroit pu suivre le même tracé, en élargissant les fossés, en revêtissant de pierre ce qui étoit fait. Les fossés eussent fourni la pierre, et cet ouvrage eût coûté une soixantaine de mille francs. La manie de faire du neuf et de donner du sien a déterminé M. de Caux, ingénieur en chef, à proposer un plus grand plan; en conséquence, c'est un front régulier, une grande place, c'est Gibraltar enfin qu'on y construit; digue et demi-lune en avant de la gauche, surtout parfaitement inutile. Cette gauche est un peu dominée, et M. de Vauban l'avoit évité en se tenant 200 toises plus en arrière; ces ouvrages, à moitié finis, coûteront 400,000 francs au moins, et puis il y faudroit des casernes, des magasins et toutes les suites. M. de Langeron et M. de la Rosière se sont inutilement opposés à ce qu'on fît à Quelerne des travaux de cette cherté et de cette importance, partant toujours de ce principe juste, qu'il suffisoit de se mettre à l'abri d'un coup de main, et que jamais Brest ne pouvoit être dans le cas de siége. M. de Caux, ou plutôt M. Thierry, valet-de-chambre du Roi, et beau-père de M. de Caux, l'a emporté. Enfin l'objet sera rempli, mais plus que rempli, et avec cinq ou six fois plus de dépense, qu'il n'en auroit fallu.

Côte occidentale de la presqu'île jusqu'à la pointe des Espagnols, inaccessible, par un escarpement à pic dans le rocher.

Ouvrages de la droite, battront le mouillage de Camaret, où les Anglais débarquèrent en 1694. — Auront pour objet cette défense. Mais, défendront-elles l'anse de Toulinguet, qui est à une demi-lieue plus loin, celle de la Tourelle, celle de Dinan, points de débarquement tous aisés et commodes, voilà des réflexions que ne font jamais les ingénieurs, parce que la manie de fortifier les aveugle. Un paysan disoit à Louis XIV, qui faisoit toujours de nouvelles enceintes pour enfermer dans son parc de nouveaux terrains : *S. M. a beau faire, elle aura toujours des voisins.* — On pourroit dire aux ingénieurs : *Vous aurez beau faire, il y aura toujours un point ouvert à côté d'un point fortifié.*

Sort de Quelerne ne mettra pas au surplus la presqu'île à l'abri d'un coup de main, si l'ennemi avoit une fois forcé le goulet ; car la côte orientale étant platte, est susceptible de débarquement, et les ouvrages de Quelerne n'étant composés que d'un seul front, ils tomberoient alors sans coup férir. Le projet de M. Dajot, ingénieur en chef à Brest, avant M. de Caux, étoit, pour y remédier, de faire un retranchement tout le long de cette côte jusqu'à la batterie des Espagnols ; ce retranchement auroit eu plus de 1500 toises ; la muraille de la Chine n'est pas plus folle ni plus absurde. — Batterie de la pointe des Espagnols auroit besoin d'être fermée à la gorge ; bat d'ailleurs à fleur d'eau le goulet, et croise son feu avec les batteries du Porzick, qui sont à la côte opposée, éloignées de 900 ou 950 toises.

A 250 toises environ de la batterie des Espagnols et vers le goulet, roche de la Coromandière, autre folie d'un homme qui avoit usurpé quelque réputation, de M. d'Hérouville ; il vouloit faire bâtir sur ce rocher un vaisseau de pierre à double voûte avec lequel il prétendoit battre les deux côtés du goulet, fit sonder, et fut obligé d'y renoncer, cette roche n'ayant pas assez de base. Les hommes médiocres aiment les idées extraordinaires, et sont sujets à prendre le bizarre pour le sublime. Au reste, le fond de cette idée, et ce qui en étoit bon, c'est-à-dire, de fortifier une roche pour battre le goulet, n'étoit pas de l'invention de M. d'Hérouville : Vauban avoit voulu faire une batterie, mais une batterie tout simplement sur le Mingaud, autre roche au niveau du goulet que l'eau recouvre presque toujours, et que pour cet effet M. *Aroin* de *Baliser* y fit couler à fond plusieurs bâtimens chargés. La violence du courant les entraîna, et il fut obligé de renoncer aussi à ce projet

Après avoir visité Quelerne, dîné en rade sur la *Bretagne*. M. d'Orvilliers y donna une fête à M. le Maréchal; cent couverts, flotte toute pavoisée, tente dressée sur le gaillard de la *Bretagne* qui est immense, le plus beau vaisseau qui existe, dit-on, de 100 canons. Les proportions m'en ont en effet paru admirables. Beauté singulière des entreponts; on aperçoit à peine un homme de l'avant à l'arrière; on passe par tout sans se baisser; ce sont de beaux entresols. Soldats sous les armes au passavant et sur les gaillards; matelots les uns à cheval sur les vergues, et comme suspendus, les autres aux huniers; tous jettant un cri de *vive le roi*, quand le Maréchal descendit du canot; c'est le cri d'honneur; gardes de la Marine à l'entrée de la tente sous les armes et en haie. M. d'Orvilliers venant au-devant avec son état-major; grande chère, musique, santés du roi et de M. le duc de Chartres bues au bruit du canon de toute la flotte; à un signal donné,
chaque

chaque vaisseau tira la première fois 19 coups
et la seconde 17. Je quittai la table, et cou-
rus la première fois au gaillard d'avant, à la
seconde fois aux batteries; superbe spectacle : la fumée et les éclairs cachoient et dé-
couvroient successivement les vaisseaux ; sur
la *Bretagne*, c'étoit la première batterie, celle
de 36 qui tiroit; et cette énorme masse en
recevoit à peine une légère commotion; nouveauté toujours plus étonnante pour moi
que la construction, l'assemblement, le grément, l'ordonnance d'un vaisseau de cette
force ! qu'il y a loin d'un arbre creusé, à ce
prodige de l'art! que de siècles ont dû s'écou-
ler ! l'antiquité du monde ne peut être mieux
prouvée que par de semblables chefs-d'œuvres. L'architecture navale a même bien gagné depuis trente ans. Les vaisseaux de la
marine de Louis XIV étoient des gabarres
auprès des vaisseaux modernes. La construction n'est pas encore avec cela assujettie à
des principes certains ; chaque ingénieur a
son système et sa coupe. M. Bouguere le premier commença à en établir, mais ne les a
pas fixés. Varangues plattes, employées par
les constructeurs modernes depuis quelques
années, donnent plus de légèreté, dit-on,

et en même tems plus de capacité à la première batterie ; — proportion des mâtures, autre problème ; gréement, arrimage, sciences nécessaires à l'officier qui commande un vaisseau ; c'est surtout la pratique qui la donne.

Conversation à bord de la *Bretagne* avec divers officiers, avec un lieutenant de vaisseau qui m'a paru homme d'esprit et d'instruction ; avec le chevalier du Pavillon, capitaine major-général de la flotte, qui m'a lui même expliqué la nouvelle théorie des signaux, qu'il a imaginée ou du moins proposée, et qui est en usage pour la première fois cette campagne. Elle est simple et ingénieuse, c'est la table de *Pytagore* ; avec 24 pavillons variés, on donne un nombre infini de signaux. Le vaisseau, d'où se fait le signal, arbore deux pavillons variés, et les vaisseaux qui le reçoivent, n'ont qu'à consulter la table qui leur sert de clef. Le point d'instruction où les lignes de ces deux pavillons se croisent, donnent une case où le signal est expliqué. Avantage de cette nouvelle théorie qui, déplaçant les pavillons seulement, en change toute la table, et qu'ainsi l'ennemi qui en auroit eu connoissance, est entièrement dérouté. — Devroit, je crois, être adoptée pour toute la marine du Roi. Chaque commandant d'escadre ou de flotte, pourroit, s'il le jugeoit à propos, changer le chiffre, mais le fond resteroit le même.

Revenu à Brest avec M. le Maréchal; — été visiter avec lui le château à l'entrée du port; vieux bâtiment construit par le duc Charles; inutile comme fortification, bon à abattre; donneroit une grande esplanade, en conservant les bâtimens intérieurs seulement, et permettroit d'étendre le quai jusqu'à la batterie de la Rose. Cette idée fait partie du plan général de M. de la Rosière, pour l'agrandissement et l'embellissement du port de Brest; donneroit aussi un emplacement commode pour le parc et les travaux d'artillerie de terre. Petit équipage de campagne de 12 pièces étoit là, — venu de Strasbourg par terre et par la voie de l'entrepreneur Biétrix. Son transport a coûté plus qu'il ne vaut; horrible abus de cette partie d'administration : on ne sait faire usage ni des rivières, ni du cabotage par mer. Les commis dirigent ces convois, comme s'ils ne savoient pas la géographie du royaume, ou comme s'ils s'entendoient avec l'entrepreneur. Toute l'artillerie destinée à ce fantôme d'armées de Bretagne et de Normandie venus par cette voie de M. Biétrix. Nous avons rencontré les affûts enchaînés trois à trois, attelés par deux chevaux, et c'est à la livre que ces transports se payent.

Il en est de même de tous les agrets militaires qui sont en Bretagne, et il en sera de même de tous ceux qu'on sera forcé d'y faire venir, si la guerre continue; — fers coulés, se sont jusqu'ici tirés par terre d'Ayanges, auprès de Thionville. Nouvelle forge de canon de fers, et de fers coulés, établie en Bretagne par les soins d'un Anglais et l'entremise de M. de Langeron. Bon projet, et auquel il est étonnant qu'on n'ait pas plutôt pensé; mais depuis trois ans, il faut lutter contre des obstacles sans nombre.

Nouvel affût de siège, de M. de Gribeauval; est le double plus cher que les anciens; à grandes flasques, et tournant sur une petite roue au centre et sur une bande demi-circulaire; n'a pas besoin d'embrasure, et se dirige avec plus de facilité, n'étant par conséquent pas gêné par des merlons.

Le commandant d'artillerie, employé à Brest, est en même tems colonel du régiment d'Auxonne, M. le comte de Rostaing, celui qui a été à l'Ile de France, celui qui a inventé les petites pièces de son nom, est aussi l'inventeur de plusieurs autres projets, mais qui resteront tous sans faveur et même sans essai, parce qu'ils sont attachés aux anciens principes. L'artillerie coûte des millions, et ce qu'on appelle *le corps* n'existe pas. Les compagnies sont à 34 hommes; il faudra y incorporer des bataillons de milice, si la guerre s'allume.

Le soir, longue conversation avec M. de *** homme instruit, travailleur et faisant, dit-on, fort bien les fonctions de sa place. Sa femme d'une figure agréable, mariée il y a six mois seulement; tombée tout-à-coup au milieu du tumulte de Brest et de tout ce qui le remplit. — Avoit d'abord toute la timidité de l'innocence; a l'air de commencer un peu à la perdre; cette nuance est sensible; elle est celle de la rose du matin à la rose du soir : effet nécessaire de la vie qu'elle mène au milieu de beaucoup d'hommes. — De l'esprit, le goût de l'étude, de l'amour pour son mari, et plus que cela, une certaine hauteur d'ame et de sentiment, voilà ce qui peut seul défendre une femme dans cette position ; m'a paru, n'avoir rien de tout cela. Oh! que le parallèle m'attache à celle que le sort m'a donnée pour compagne ! charmante, aimable et douce créature, le ciel t'a formée selon le vœu de mon cœur : il t'a donné pour premier charme la bonté, et ensuite la grace plus belle que la beauté, la modestie, la simplicité, la raison; et tout ces attraits croissent à l'ombre de la vie que tu mènes. La solitude de la campagne les perfectionne, ton esprit s'y développe, tes talens s'y cultivent, ton ame surtout, (car ton ame est ce qu'il y a de meilleur en toi) ton ame s'y agrandit, s'y élève, et s'y fortifie. Oui, dans quelques années, tu ne seras plus une femme ordinaire. Tu réaliseras pour moi un de ces êtres imaginaires créés par l'immortelle imagination des *Richardson*, des *Sterne*, des *Jean-Jacques*; tu me rappelleras *Clarisse*, *Sophie*, *Elisa*; tu seras l'objet exclusif de mon culte. Tous mes autres sentimens se seront réunis sur ta tête, et mes ennemis pâliront d'envie, en me voyant un bonheur qu'ils ne pourront ni m'ôter ni affoiblir.

VOYAGES
DANS DIVERSES PARTIES
DE LA FRANCE
ET EN SUISSE.

LORRAINE. — ALSACE. — FRANCHE-COMTÉ. — SUISSE.

Coup-d'œil général sur la Lorraine : Bitche et ses habitans. — Pirmsenz : troupes et revue du Landgrave. — Camp de Sierck : Villars et Malborough. — Tableau de l'Abbaye d'Orval. — Duché de Bouillon. — Manœuvre des Carabiniers. — Cause de l'intempérie de Marsal. — Eloge du comte de Broglie. — Sainte-Marie-aux-Mines : anecdote touchante. — Champ de bataille de Turckheim : Turenne. — Mines de Geromani : description pittoresque de la montagne du Ballon. — Suisse : vallée de Thunn. — Glaciers de Grindelvald. — Fortifications de Berne.

Le 27 juin 1784.

Parti de Paris pour aller à Bitche, passer trois semaines à mon régiment, et de-là commencer ma tournée d'inspection des compagnies détachées des invalides.

Par Claye et Meaux, couché à Château-Thierry. Rien qui m'ait frappé. Point de beaux paysages, point d'aspects à citer.

Meaux m'a rappelé Bossuet. Mais quelle différence du doux souvenir qu'inspire Cambrai !

Inscription sur la porte de Meaux, remarquable par sa concision et par son objet. C'est la ville qui parle, et qui se glorifie d'avoir été la première à reconnoître Henri IV :

PRIMA HENRICUM AGNOVI,
EST EADEM ILLI QUAE FUIT ANTÈ FIDES.

Comment peut-on vouloir opposer du Français à cette noble et laconique simplicité ?

Je suis la route avec Büsching et Piganiol. Tous deux bien loin d'être exacts, mais bons à consulter. Piganiol est déjà trop vieux. Ils citent tous deux ce Dictionnaire de l'abbé Expilly, qui est un bien mauvais ouvrage, et l'ouvrage d'un fou sans esprit, et d'un compilateur à préjugés.

Un jeune homme de mes parens est dans ma voiture. Je regrette la douce solitude à laquelle je suis habitué en voyageant. La présence de quelqu'un, même la présence muette, interrompt ma pensée. Elle n'erre plus dans l'espace ; elle ne se sent plus seule et libre ; il n'y a plus ni illusion ni charmes. Ma ressource est alors de fermer les yeux et de tâcher d'oublier ce qui m'environne ; mais on perd alors la vue de la nature et l'avantage d'être inspiré par elle.

Le 28.

Route de Château-Thierry à Châlons, fort belle par la nature du pays. Beaucoup de petites villes et de villages au milieu de vignobles qui sont les plus réputés de la Champagne. Quelques beaux points de vue en approchant de Châlons ; mais le cours de la Marne est toujours encaissé, et par conséquent cette rivière n'anime le paysage que quand on la voit de haut en bas, et qu'on domine sur elle.

En pensant aux ravages des inondations, je me suis rappelé une idée de M. de Pesay dans un mauvais ouvrage de lui, intitulé : *Soirées alsaciennes, francomtoises, helvétiennes.* Cette idée lui avoit été donnée par des Anabaptistes allemands, qui la pratiquoient tous dans leurs héritages au bord d'une rivière. Elle consistoit à mettre tous les bords des ruisseaux ou rivières en talus ou glacis d'une largeur proportionnée à l'encaissement des rivières. Ces glacis eussent formé de belles prairies, et empêché les terres d'être emportées par les inondations. Que d'excellentes choses à exécuter, en commençant par les plus simples et les plus faciles, si un souverain s'avisoit jamais de s'occuper de son royaume comme de son patrimoine, et de vouloir qu'il fût tenu comme son jardin ! Cette fantaisie pourroit n'être ni aussi chimérique, ni aussi impossible à réaliser qu'on le croit. Il s'agiroit seulement de la concevoir avec force, et de s'en occuper avec suite ; il s'agiroit de travailler d'abord une seule province dans ce genre autour de soi, et ensuite de la donner pour modèle. Les administrateurs, les grands, les riches, les gens de bien, les gens légers même, qui, en France, suivent les bonnes impulsions par air et par imitation, se piqueroient bientôt de concourir à cette grande régénération.

A propos de cette idée de M. de Pesay, faire venir ses *Soirées*. Je crois me rappeler qu'à travers beaucoup de choses de mauvais goût et d'un petit bel esprit, il y avoit encore quelques idées ; car il n'y a pas de livre absolument mauvais pour qui a la patience de tout lire, le don de lire vîte, et le talent *d'aller à la chasse aux pensées*, comme dit Sterne. D'ailleurs ce voyage de M. de Pesay a été fait en Alsace, en Franche-Comté et en Suisse, par conséquent dans les pays que je vais parcourir. Il est toujours piquant pour moi d'observer et de comparer ; et plus les esprits peuvent être dissemblables, plus les caractères peuvent être opposés, plus il en résulte quelquefois des contrastes curieux.

Couché à Clermont en Argonne. C'est la capitale du pays appelé Clermontois, que M. le Prince de Condé vend au Roi 16 millions. Il se réserve la justice, les bois et la seigneurie : il vend au Roi le droit d'étendre dans ce malheureux petit pays la ferme, la gabelle, la milice et tous les impôts qui dévorent les pays voisins. Exécrable affaire pour le Roi qui n'en tirera jamais l'intérêt de son argent, mais plus affreuse encore pour ce petit coin du royaume. C'est un pays pauvre et stérile et où les immunités avoient augmenté la population, et jeté un peu d'aisance. Il va tomber dans la misère, et le nom de la maison de Condé, qui étoit respecté, va y devenir en horreur; on y appeloit M. le prince de Condé, le *Prince* tout court. Ainsi nos princes appauvris par le luxe ne conserveront bientôt plus aucune trace de leur ancienne grandeur. Ils n'auront plus, comme les grands seigneurs, que des dettes, des valets et des terres.

Ce Clermont, ainsi que Ste Menehould, autrefois fortifiés, autrefois pris et repris, avec des postes importans. Alors tout l'étoit, tout pouvoit l'être. Le canon a produit l'effet de rendre ces postes plus rares, et il n'y a du moins plus que ce qu'on appelle les villes de guerre, qui soient exposées à en éprouver les horreurs.

Hermitage au-dessus de ce Clermont dans le terrain de l'ancien château, et dans la chapelle de ce château qui étoit la forteresse : *Nunc ruinæ ubi Troja fuit.* Toute la noblesse du pays habitoit cette montagne. Il n'y a plus que des ruines et un malheureux hermite qui ne cultive rien, quoiqu'il ait beaucoup de terrain, et qui préfère de vivre d'aumônes.

Pourquoi des hermites ? une famille seroit beaucoup mieux dans cet établissement, et l'on se consoleroit de voir des enfans et des troupeaux se jouer en paix, au milieu de ces débris de nos anciennes guerres.

Le 29.

Pays entre Verdun et Metz, maigre et vilain. Chemins mal tenus, plus étroits qu'ailleurs; seroient bien assez larges, s'ils étoient bien réparés. Pourquoi la police de *tenue* du Languedoc et du Limosin, c'est-à-dire, l'entretien journalier et par entreprise, n'existe-t-elle pas dans tout le royaume? On ne s'accoutume pas, quand une pratique est reconnue pour la meilleure, à l'indifférence du Gouvernement à l'établir par-tout. Ce seroit un bureau d'administration bien nécessaire, que celui qui auroit pour objet de ramener tout, autant que les circonstances locales le permettroient, à un régime uniforme.

Fortifications de Verdun mal tenues. Il y en a peu dans le royaume qui le soient bien, soit défaut de fonds, soit aussi défaut de vigilance des personnes préposées à leur entretien. On fait toujours assez en France, mais on néglige ce qui est fait, et il faut recommencer sans cesse. Quand je me rappelle la propreté des places étrangères, celle de leurs corps-de-garde. de tous leurs édifices militaires; il ne faut pas traiter de minutieuse cette propreté, elle est conservatrice, et ces dépenses de recherche apparente sont des économies réelles.

Arrivée de Metz fort belle. Superbe point de vue. La Moselle enrichit ce paysage, qui est heureusement encadré par des côteaux couverts de vignobles et ornés de beaux villages. Le nouvel édifice du Gouvernement ajoute encore à la masse de la ville qui fait le fond du tableau, en est une masse lui-même. Bâtiment manqué, sans goût, sans noblesse dans sa décoration. Ce sont nos ingénieurs militaires qui en ont été les architectes, et c'est le maréchal de Broglie qui en a choisi le plan. Il en a coûté plus de cent mille écus au Roi, ou à la province. L'intendance en a coûté au moins autant. Il n'y a que la France d'assez robuste pour soutenir de pareilles dépenses ; car il faut penser que dans chaque province, chaque gouverneur et chaque intendant se sont aussi donné des palais. Ajoutez à cela les maisons épiscopales, les hôtels de ville, les bâtimens inférieurs sans nombre ; car c'est dans tous les emplois de l'administration, tant civile que militaire, à qui se logera aux dépens du Roi, c'est-à dire, du peuple qui paye en mille manières différentes.

Le 30.

Par Bouquenon et Sarcelle à Bitche. — Avant d'arriver à Bouquenon, Putelange, gros bourg, résidence de la comtesse de Linanges. Descendu de voiture pour m'approcher du château, de ces vieux corps-de-logis, qui ont plutôt l'air de maisons de régisseurs que de princes souverains. Grands potagers mal tenus comme la maison. Partout l'air du délabrement.

Du 30 au 15 juillet.

Tems uniquement consacré aux minutieux détails d'un régiment, et à se préparer à la revue d'inspection du duc d'A.... Le régiment avoit grand besoin de ma présence. Tout s'y étoit d'étendu et relâché par la négligence ou le dégoût de mes anciens officiers supérieurs, et par dix mois d'absence de ma part. Lieutenant-colonel et major nouveaux y étoient arrivés depuis quinze jours seulement.

Le hasard va souvent plus loin que la prudence.

Je crois que je serai fort content de ces

deux officiers, ou plutôt qu'on en sera content après moi ; ils ont du zèle et de l'intelligence et les qualités propres au commandement.

Le régiment se rétablit et se remonte à vue d'œil. Avantage des bons principes et d'une bonne méthode ; la mienne n'a jamais varié, et je n'ai qu'à faire exécuter ou rétablir ce qui se négligeoit.

Journées employées sans relâche, de la théorie à l'exercice, et de-là aux menus détails et aux objets de finance et d'administration. A peine quelques instans de repos ou de promenade dans la journée. Grande activité de corps, — sommeil absolu pour l'ame et pour l'esprit.

Bitche, au milieu des bois dans un pays stérile et sablonneux, est une ville naissante. En 1740, il y avoit fort peu d'habitans ; c'est à cette époque qu'on a commencé à fortifier régulièrement le château, bâti sur une montagne. On y a dépensé plusieurs millions. Inutile et curieuse fortification : *inutile*, parce que cette petite place ne remplit pas l'objet qui est d'être la clef de plusieurs vallées ; qu'on la laisseroit sans inconvénient derrière soi, ou qu'on passeroit

à

à côté. C'est le maréchal de Belle-Isle, qui l'a fait construire, et il avoit, en fait de fortification, tous les préjugés du siècle où il étoit né. *Curieuse*, par la beauté des souterrains et par le bel entretien des remparts, et de toutes les parties de la fortification ; c'est la seule place en France qui m'ait rappelé la tenue des places étrangères. Il y avoit eu jusqu'à présent cinquante mille francs affectés à l'entretien ou à l'augmentation des fortifications du château ; M. le maréchal de Stainville en a fait distraire les deux tiers, pour les appliquer à l'embellissement de Nanci. Ainsi cet inutile fort se dégradera lentement, et le tems en fera justice.

Bitche contient environ 2,000 ames. Les bois commencent à s'éclipser par la culture qui est cependant encore peu florissante. Habitans en général paresseux : on distingue seulement dans les environs quelques Anabaptistes, et on reconnoît leurs habitations à l'aisance et à l'industrie, et leur personne à une longue barbe qui descend jusqu'à leur poitrine. Bons et paisibles Anabaptistes ! je voudrois vous voir rassemblés en corps de nation ; vous n'êtes qu'une secte, je voudrois que vous fussiez un peuple.

Vu de mes fenêtres un petit jardin anglais, formé par la nature. Une prairie d'environ 200 toises de long, sur 12 ou 15 toises de large; un petit ruisseau au milieu, deux côteaux couverts de légumes, de jardins et de petites baraques de bois, une chapelle sur la hauteur; dans le fond quelques hauteurs plus marquées qui bornent la vue; le grand chemin de Weissembourg monte sur cette hauteur, et l'œil le suit assez long-tems pour que rien ne lui échappe. Les jardins anglais ne sont que la nature imitée, et laissée ou transportée à la porte d'une habitation; mais tout me confirme qu'il faut pour cela peu de chemins, peu d'art, et qu'on ne produit d'effet que par des masses rares, par des clairs bien ménagés, et des oppositions bien entendues.

Du 15 au 18.

Inspection de M. le duc d'A... Exercices, détails, minuties accumulées de toute espèce. Je ne peux plus avoir de zèle : il faut donc que ce soit le devoir et un peu d'amour-propre qui me soutiennent; mais on pourroit croire, à l'activité et à l'intérêt que j'y mets, que cela est encore du goût.

Le duc d'A... a l'air d'être dans son élément. Les détails sont sa véritable sphère : il s'est attaché principalement à connoître l'ordonnance des manœuvres. La connoît, mais y met de la prétention; jouit quand, par une question insidieuse, il fait donner dans une méprise l'officier qu'il interroge, le relève alors avec appareil, et avec une multitude de paroles. A trouvé le régiment, sur tous les points, mieux qu'il n'auroit voulu trouver un régiment qu'il voit pour la première fois. — Petite manie des inspecteurs, leur est commune à tous ; croient qu'il ne faut louer que la seconde ou la troisième, année, et par conséquent ce qu'ils paroissent avoir formé.

Le duc d'A... a beaucoup lu, sait beaucoup de choses, a quelque esprit, mais cet esprit est fort au-dessous de ses prétentions, et il n'y a rien de pire qu'un peu d'esprit et beaucoup d'envie d'en montrer. Cette disposition augmente encore quand il se rencontre avec quelqu'un à qui il fait l'honneur d'en croire. Alors efforts prodigieux et continuels, flux de paroles, choc d'idées ébauchées, réponses toujours à lui-même. Il n'a pas de justesse dans l'esprit, et il a encore faussé cet instrument par une mauvaise habitude de métaphysique qui perce toutes les fois qu'il veut analyser, croyant prouver et entraîner.

Le 17 été avec M. le duc d'A.... à Pirmsenz, voir le Landgrave de Hesse-d'Armstadt, et particulièrement ses troupes, qui sont la plus bizarre chose qu'on puisse voir. Pays de Bitche à Pirmsenz, stérile et couvert de bois. Cependant de tems en tems quelques jolies vallées. Dans les pays médiocres, mais qui sont en même tems montagneux et boisés, c'est dans les vallées que la nature se réfugie et se dédommage; il s'y trouve des sites, des paysages, et même des parties de culture que pourroient envier les pays les plus riches et les plus favorisés.

Embarras de M. le duc d'A.., quand je le déterminai à cette visite. Il s'agissoit d'informer le prince de notre projet, et surtout du désir que nous avions de voir ses troupes. Ne savoit s'il écriroit ou s'il n'écriroit pas; ne savoit comment il écriroit. Je démêlai bientôt que c'étoient ses prétentions de Duc, et peut-être même encore davantage celles de son nom, qui le mettoient dans cette petite perplexité. Il alloit, il venoit : il s'enferma dans ma chambre pour écrire, et au bout d'un quart-d'heure, il vint me consulter sur une lettre en forme de billet, adressée au Landgrave, écrite presque au haut de la page, et dans laquelle il avoit évité soigneusement l'*Altesse* et le *Monseigneur.* Je pris la liberté de lui faire observer que ce billet pourroit fort bien ne pas remplir son objet, qui étoit sans doute d'être bien reçu de ce Prince, et de voir ses troupes. J'ajoutai qu'au fait ce Prince étoit souverain, qu'il étoit chez lui, et que c'étoit de plus le beau-père du grand Duc de Russie et du Prince royal de Prusse. M. le Duc redouble d'embarras ; enfin, comme le tems se perdoit, j'ouvris l'expédient d'envoyer son aide-de-camp faire un compliment verbal, et demander *à son Altesse* la permission de lui faire *sa cour* le lendemain, et la grace de voir ses troupes. L'aide-de-camp partit. La grandeur de M. le duc d'A... respira librement, et le lendemain nous eûmes un fort bon accueil.

Pirmsenz, petite ville, autrefois une simple et chétive maison de chasse, s'est formée et agrandie successivement par le Prince actuel, qui a fait bâtir toutes les maisons. Il n'y a que des soldats, des officiers et leurs familles. — Me rappelle Postdam qui ne s'est ainsi peuplé que par les troupes. Mais à Postdam tout est en grand; tout annonce la colonie militaire du plus grand souverain guerrier de l'Europe. Ici tout est petit, mesquin, et par-là voisin du ridicule. Il n'y a de remarquable qu'un grand bâtiment, appelé *maison d'exercice*, dans lequel est une salle immense, chauffée l'hiver par 25 poëles, et dans laquelle le Landgrave exerce ses troupes. Un bataillon peut y manœuvrer en entier, et plus de deux en détail et par compagnie. Cette salle immense est d'ailleurs sans aucun luxe. Il ne faut en effet dans un bâtiment pareil, que de la simplicité et de l'espace. Le rez-de-chaussée de ce bâtiment est destiné à faire un manège, si jamais le Prince prend la fantaisie de troquer ses bataillons contre de la cavalerie. Le dessus est un immense grenier. Il seroit à désirer que le Roi eût de pareils bâtimens dans toutes ses villes de guerre, en les proportionnant à la force de la garnison. Ces bâtimens renfermeroient à-la-fois le manège pour les exercices à cheval, la salle pour les exercices de l'infanterie, et les greniers pour l'avoine et pour les grains du munitionnaire.

Curieuse journée d'un bout à l'autre. Nous descendîmes à l'auberge. Un conseiller intime du Prince, se disant en même tems son chambellan, vint nous y offrir une voiture pour nous rendre au château. Etrange caricature de cette voiture, comme on les avoit il y a deux siècles ; un véritable coche en cuir noir et bordé de clous autrefois dorés, attelé de deux grands vilains chevaux hauts de six pieds, trois ou quatre valets de pied aux portières, avec des habits à la livrée du Prince, et qui avoient l'air d'être sortis du magasin pour cette occasion.

Château, le plus vilain possible. Beaucoup de barrières peintes en blanc et en noir, suivant l'usage allemand. Beaucoup de lanternes sur des poteaux de même couleur. Garde de grenadiers et deux sentinelles à la porte du Prince. — Il vint au-devant de M. le duc d'A... sur le perron du dehors ; le Prince lui-même, la plus ridicule caricature qu'on puisse imaginer, en uniforme de ses troupes avec de larges brandebourgs en or, mal brodés et de mauvais goût, sept ou huit rangs de petites boucles d'un côté et deux de l'autre, à cause du chapeau ; d'ailleurs le chapeau, la queue, les bottes, la canne, la coupe de l'habillement, tout cela de manière à me rappeler, comme si je me fusse retrouvé à Berlin, un officier général Prussien. Nous fit entrer et asseoir dans un petit sallon indignement meublé, sans antichambre, et qui est cependant sa pièce de représentation ; peu de gens, aucun luxe, deux ou trois heiduques ou hussards, mais par-tout des sentinelles. Indépendamment de celles du perron, il y en avoit dans l'intérieur du vestibule. Celles-là avoient six ou sept pieds de haut, et faisoient un bruit effroyable avec des mouvemens d'armes continuels. Ce bruit augmentoit tous les quarts-d'heure parce qu'on venoit les relever avec un grand appareil ; c'étoit alors à ne plus s'entendre dans le sallon.

Le Landgrave, à travers ses formes ridicules, d'une bonne figure encore ; il a environ 60 ans, d'une politesse extrême, parlant assez bien françois, ne disant rien avec trait, mais tout avec justesse et avec sens. Nous raconta qu'il avoit été au service de France ; qu'il y avoit eu le régiment de

Royal-Allemand ; que son père l'avoit forcé de quitter ce service, pour passer à celui de Russie ; qu'il avoit hésité s'il lui obéiroit, parce que c'étoit en tems de guerre. *J'avois alors*, dit-il, en se tournant vers M. le duc d'A.., *l'honneur de servir dans l'armée de M. le Maréchal de N.... et il avoit beaucoup de bontés pour moi. J'allai le trouver, et je le priai de me laver, à la tête de l'armée, du tort que me faisoit mon père et mon Souverain, en m'empêchant de faire avec elle la campagne qui alloit s'ouvrir.* Je cite cette phrase, que le courtisan le plus poli et le françois le plus délicat, n'eussent pas faite meilleure. La conversation dura environ trois quarts-d'heure. On vint l'avertir que ses troupes étoient en bataille, et nous le suivîmes.

Rien de plus bizarre au monde que le coup-d'œil de ces troupes. Il nous fit voir deux bataillons, faisant environ 1500 hommes. Il a encore un 3.ᵉ bataillon, qui ne prit pas les armes, et qui servit, je l'imagine, à completter les deux bataillons qu'il nous montra. Le reste de ses troupes consiste en trois bataillons, qui sont en garnison a d'Armstadt et à Gienen, et en quelques compagnies de hussards.

La première vue de ces troupes me transporta d'abord en Prusse : c'est la même formation, la même apparence de tenue, le même costume pour les officiers surtout, et le même ton de commandement. Mais en s'approchant de plus près, en voyant la composition des officiers, et surtout aux premiers mouvemens militaires, on voit bientôt que ce n'en est que la ridicule imitation. Tout y est en charge et grossièrement exagéré; c'est la tragédie jouée chez Nicolet. Rien de simple, rien de militaire. Beaucoup de mouvemens d'armes, exécutés avec fracas; hommes d'aile gigantesques; armes bien brillantes, bien retentissantes, parce que tous les fers et tous les cuivres y jouent; baguettes à cylindres; fusils extrêmement lourds, ils pèsent jusqu'à 21 livres; crosses échancrées, font au moyen de ce poids, dans les feux, la bascule avec une facilité très-grande, mais tombent extrêmement bas, par conséquent tous les coups partiroient sans être ajustés et mourroient dans la poussière à quelques pas. Chez les Prussiens cet inconvénient n'est pas tout-à-fait aussi grand, mais peu s'en faut. Aux mouvemens d'armes, succédèrent beaucoup de feux de pelotons, tant de pied ferme qu'en avançant et en retraite. Incroyable précision dans ces difficiles et inutiles feux. Marche en bataille, ensuite pas ridicule, jambes une demi-minute en l'air, pointes du pied à hauteur de la ceinture, se rabattant ensuite comme des ressorts et n'avançant pas de six pouces. On défila ensuite cinq ou six fois. Aucune autre manœuvre : je doute qu'ils en sachent. La manie du Landgrave, qui a quitté le service depuis 25 ans, et qui n'a pas de troupes pour les faire combattre, ne lui fait mettre de prix qu'aux mouvemens de parade. Tout s'exécute à de simples signes imperceptibles qu'il fait d'un ou de deux doigts. Son Général a les yeux sur lui, et fait les commandemens en conséquence.

Plus de la moitié des soldats du Landgrave, étrangers et déserteurs, beaucoup de français. Il y en a plusieurs du régiment, que nous avons perdus cet hiver. Un officier qui étoit avec moi, prétend en avoir reconnu deux en défilant. Il est sûr que, malgré la bizarrerie du costume qui les déguise, les talons, ou plutôt les échasses sur lesquels ils sont montés, les faux molets, les ventres et les poitrines de carton, les frisures ridicules, le caractère du visage français perce encore. Horreur de l'esclavage auquel ils sont réduits ; la discipline de fer sous laquelle ils gémissent les a consternés sans les abrutir. Je les voyois en défilant jeter sur nous un regard plus profond. Après avoir défilé, ils tâchoient de retourner la tête, et ce regard prolongé, jusqu'à ce qu'ils nous eussent perdu de vue, me sembloit souvent exprimer le remords et l'attendrissement. Ce n'est point mon ame qui leur prêtoit ce mouvement : il nous a tous frappés de même, et un de nous m'a confirmé qu'il avoit vu les yeux de plusieurs de ces malheureux mouillés de larmes. En Prusse, j'ai de même reconnu des visages français : j'ai vu de la tristesse et du repentir, mais la douleur de nos transfuges n'avoit pas ce caractère d'humiliation. La grandeur de cette armée, la beauté de la machine, les idées et les images de guerre dont on les nourrit continuellement, sans doute aussi la gloire et le génie de Frédéric, dont tous les individus s'énorgueillissent, sans s'en douter, empêchent la honte de se mêler à leur désespoir. Ils détournoient la tête en me voyant, mais ils ne baissoient pas les yeux. Ils paroissoient affligés, mais ils ne rougissoient pas. A Pirmsenz, rien ne les dédommage, ne les console, ne les relève. Ils se sentent emprisonnés pour leur vie.

Le 28.

De Sarre-Louis à Rodemack, passant par Thionville, et delà à *Sierck*.

J'avois pour objet, en passant par *Sierck*, d'y voir le château et un détachement d'invalides des deux compagnies qui sont à Rodemack, mais encore plus d'y visiter le fameux camp de Villars, devant lequel échouèrent les projets de Malborough, dans la campagne de 1705. Je montai sur un bidet de poste, après avoir passé le village de Koenismaker, et j'envoyai ma voiture en avant à *Sierck*. Heureusement pour moi, j'avois un plan de cette position, que m'avoit prêté l'ingénieur de Thionville, et avec lequel je le reconnus parfaitement. Après avoir passé le village de Métrich, je me dirigeai sur celui de Kerling, en avant duquel étoit la droite, et de-là je parcourus jusqu'à *Sierck*, qui en étoit la gauche, tout le front de cette formidable position. Je conçois qu'en effet Malborough n'ait pas pu l'attaquer : c'est une de ces citadelles formées par la nature, tels que le camp de Plawen au près de Dresde et quelques autres de ce genre, mais en fort petit nombre à ce degré de bonté et de commodité; car indépendamment de l'escarpement prodigieux, de la hauteur et d'une enveloppe de rochers qui lui sert de revêtement dans presque tout son front, il y a dans le fond un vallon, ou plutôt un ravin immense, dont la contrescarpe est peut-être d'un abord aussi difficile. La position a beaucoup de profondeur. Elle a derrière elle un pays riche et abondant. La Moselle, qui est à sa gauche, peut y amener de Thionville beaucoup de moyens de toute espèce; enfin la position, quoiqu'ayant une bonne lieue d'étendue, offre un développement circulaire, se rapproche par les extrémités, et la corde de l'arc n'a, pour les secours qu'on porteroit d'une aile à l'autre, guères plus de trois-quarts de lieue. Ce n'est pas ce camp en lui-même qui fait honneur au Maréchal de Villars : car une fois déterminé à prendre la position de Sierck, celui-là est d'une évidence qui frappe les gens les moins éclairés; mais le talent du Maréchal de Villars (et cette circonstance agrandit à mes yeux l'opinion que j'en avois,) a été de choisir, dans sa ligne de défense, ce point de Sierck pour point principal. Son objet étoit de couvrir à-la-fois Thionville, Sarre-Louis et Luxembourg. Il se plaçoit par-là en avant de Thionville et entre Sarre-Louis et Luxembourg. Si Malborough se fut avancé par la rive gauche de la Moselle, le Maréchal avoit préparé des passages à Sierck, à Retel et à Malingue. Dans ce dernier point, il avoit même jeté un pont, dont la tête étoit fortifiée par plusieurs ouvrages, et il marchoit au secours de Luxembourg. Si Malborough eût marché par sa gauche, pour menacer Sarre-Louis, il s'étoit de même préparé des débouchés par la forêt de Caldroven, qui étoit à sa droite, et la disposition du pays, qui est extrêmement couverte dans une partie, lui donnoit beaucoup moins de chemin à parcourir qu'à Malborough, pour arriver au secours de cette Place, et prendre alors une position derrière la Nied petite rivière qui se jette dans la Sarre au-dessus et en avant de Sarre-Louis. Etrange singularité de cette position : — c'est qu'elle offre à l'ennemi une position parallèle, qui est aussi très-formidable; mais pour l'ennemi, elle ne peut avoir aucun objet. Malborough s'avança le 13 jusqu'à Basseperce, à une demi-lieue de la gauche du Maréchal;

il passa quatre jours à reconnoître sa position et les moyens de l'attaquer; et le 17 il se retira avec toute son armée. Il s'en justifia en disant, qu'il avoit le prince de Bade qui l'avoit forcé à ne pas combattre. Je n'ai pas eu le tems d'examiner le pays sous ce rapport, et de me résoudre ce problème militaire. Mais je penche à croire que puisque Malborough crut sa gloire compromise par sa retraite, et qu'il écrivit au Maréchal de Villars lui-même qu'il se retiroit malgré lui, qu'il avoit donc trouvé des moyens de le déposter. Ce qu'il y a de sûr, c'est qu'il ne tenta rien sur cela; c'est qu'il ne fit aucun mouvement pendant les quatre jours qu'il demeura en présence. Ce qui m'a frappé à la première inspection du pays, c'est que Malborough avoit pris une position qui reculoit trop sa gauche; c'est que, dès le premier jour, quand il vit la gauche et le front du Maréchal inattaquables et appuyés par la Moselle, qui ne lui laissoit aucune possibilité de mouvement dans cette partie, il falloit qu'il marchât par sa gauche, pour se mettre devant et plus près de la droite du Maréchal; en continuant alors de manœuvrer par sa gauche, il eût pu dérober un mouvement

mouvement au Maréchal, le prévenir sur la Nied, et s'en faire une position pour assiéger Sarre-Louis. Enfin, il étoit très-supérieur, il ne fit rien, il n'essaya rien, et il y avoit sûrement beaucoup de choses à tenter, sans qu'il courût jamais risque de se compromettre. Oh! quand verrai-je une armée manœuvrière et sur l'offensive, marcher ainsi en plein jour par son flanc, en longeant et tournant une de ces positions prétendues inexpugnables! il faudroit bien qu'enfin l'ennemi quittât la sienne et se mît en prise. La nature ne prolonge pas ces phénomènes de citadelles à l'infini, et l'occasion de combattre se présente enfin avec avantage à celui qui est bien décidé à ne pas la manquer; mais, pour tenter ce genre de guerre, dont le Roi de Prusse même ne nous a pas donné d'exemple, il faut une armée supérieure et sur l'offensive. Il faut une armée manœuvrière et qui soit parfaitement dans les mains de celui qui la commande. Il faut une armée qui ne traîne pas avec elle une immense quantité d'artillerie, et qui en préfère une moins nombreuse, mais très-bien servie et toujours renforcée d'attelages. Il faut une armée qui sache se passer pendant quelques jours d'équipages, et porter avec elle des vivres pour dix ou douze jours : car une telle opération peut ne pas moins durer ; elle peut vous porter sur les derrières de l'ennemi, et par conséquent, vous séparer de vos propres communications. Il est vrai qu'alors si ses dépôts ne sont pas dans des places de guerre, ils deviennent les vôtres. On est loin, il faut l'avouer, d'un genre pareil. Toutes nos idées, toutes nos méthodes actuelles sont routinières et circonscrites ; j'ose même n'en pas excepter, sous ce rapport, celles du Roi de Prusse, et une gloire toute nouvelle est encore à recueillir pour un souverain, général et homme de génie, qui viendra après lui. Je dis pour un souverain : car il n'y a qu'un souverain qui puisse ainsi commander son armée sur des principes nouveaux. Pour qu'un simple général pût le hasarder, il faudroit qu'il y eût préparé ses troupes et ses officiers-généraux de longue main, afin de ne trouver ni les unes ni les autres étonnés de cette manière nouvelle. Or, en France, a-t-on jamais pensé à donner une armée à un général pendant la paix, à le laisser essayer, étendre, perfectionner ses talens par l'habitude de manier des troupes et des circonstances ? A-t-on jamais songé à établir une *Ecole de grande guerre* ! Quoi de plus simple et de plus possible cependant que de rassembler dans nos grandes provinces militaires de la frontière, des corps d'armée, de les opposer l'un à l'autre, d'y suivre quelques-unes des opérations de nos grands généraux, d'y simuler quelques batailles célèbres sur les lieux même où elles se seroient données; de supposer par exemple un de ces corps d'armée dans la position du maréchal de Villars à Sierck, et de charger un autre corps d'armée de l'attaquer ou de le déposter, en donnant l'essor au génie des deux généraux? Quelle plus belle scène d'instruction pour nos princes, pour le Roi lui-même, s'il se faisoit spectateur d'une pareille école ! On objectera qu'il faudroit peut-être pour cela jeter des ponts, ouvrir des communications, abattre des haies et des bois, avoir des chevaux de trait pour l'artillerie, des moyens de transports pour le pain des troupes; sans doute cela pourroit entraîner quelques dépenses et quelques dédommagemens : mais il n'y a pas un voyage à Fontainebleau et quelques fêtes de la cour qui ne coûtent beaucoup davantage, sans aucun profit pour l'Etat ; et ici l'intérêt des dépenses qui pourroient en résulter, seroit la véritable instruction des troupes, la formation des généraux et le succès de la première guerre qu'on auroit à soutenir.

A Sierck, mauvais château qui domine la Moselle, et qui est dominé à son tour par plusieurs hauteurs voisines ; coûte au Roi un entretien et un état-major inutile. Il y a un détachement d'invalides des compagnies de Rodemack, et pourroit recevoir aisément une compagnie. — Monté dans le château, et passé en revue ce détachement. — Passé de-là le bac auprès de Bétel, riche couvent de Chartreux, et été à Rodemack coucher chez M. Bertrandi, commandant de ce château.

Le 29.

Rodemack, autre château plus grand que celui de Sierck, ancienne demeure des cadets de la maison de Bade. La terre appartient encore à cette maison, mais le château et la souveraineté appartiennent au Roi. Ce château est un peu meilleur que celui de Sierck. Il n'est pas dominé, il y a des souterrains, et il peut contenir 4 ou 500 hommes. Est d'ailleurs fort bien tenu dans l'intérieur, par les soins du commandant qui aime sa place, qui l'a eue jeune, et qui l'affectionne comme sa propriété.

Passé la matinée à voir les deux compagnies d'invalides, et tous les petits détails qui y ont rapport; été coucher le soir à une lieue de là au château de Roussi, chez le vicomte de Custine. J'ai appris qu'il y étoit, et j'aurois cru manquer à l'amitié, si je n'avois pas eu cette attention. Vieux château, dans une triste position. Il y a commencé des potagers qui m'ont paru riches en arbres, mais mal entendus pour l'emplacement et la distribution.

Le 30.

Par Friérange, Luxembourg et Arlon, à l'abbaye d'Orval. Je ne me suis arrêté à Luxembourg, que pour changer de chevaux. Je l'avois vu en détails il y a quelques années, pendant que mon régiment étoit à Sédan. Deux bataillons de Valdeck, en garnison, et un de grenadiers, formé des deux compagnies de Valdeck, et de celles d'un autre régiment. Tenue de l'infanterie autrichienne, comme je l'avois vue il y a quelques années. Sarots et culottes de toile, même pour les hommes de garde.

Point de postes de Luxembourg à Orval.
Luxembourg français, qu'on traverse dans cette route, mauvais pays, villages misérables. Le pays est presque aussi foulé que les provinces françaises, et il y a de moins l'industrie et l'argent que les troupes y laissent.

Toujours chemins de traverse jusqu'à Orval. Arrivé seulement à la nuit. On se mettoit à table; il y avoit beaucoup d'étrangers, le suffragant de Trèves, qui y étoit venu pour des cérémonies d'ordination et de confirmation; avec cela médiocre souper, aucun luxe, point d'argenterie, seulement beaucoup de vin de Champagne. Singulier mélange de convives, l'évêque, plusieurs prêtres de sa suite, beaucoup de curés, deux nièces de l'évêque, quelques autres femmes du voisinage, etc., etc.

Abbé d'Orval, et les *charges* de l'Abbaye, les mêmes que j'y avois vus il y a sept ans. Connoissance renouée. J'y étois venu deux fois alors. Transes de ces bons religieux, relativement aux opérations de l'Empereur. Ils craignent de voir arriver à tout moment un commissaire impérial avec le décret de leur ruine. Il y avoit là un Génovéfain, qui étoit venu la veille augmenter leur terreur. Ce Génovéfain étoit le prieur d'Offalize, couvent de cet ordre, à quelques lieues d'ici. A été supprimé. Ils n'étoient que quatre, ont eu chacun 400 florins de pension, et vont former une petite communauté libre dans un village de l'abbaye d'Orval.

Variation dans l'opinion des gens du pays sur le revenu de l'Abbaye. Il est immense et au moins de 3 à 400,000 livres. Quelques-uns le portent à 6 ou 7. Il consiste en plus grande partie en bois et en forges. Il y a aussi plusieurs fermes très-riches. Une seule, nommée Blanc-Champagne, et qu'on voit de l'autre côté de la Meuse sur le chemin de Sédan, vaut trente mille francs : elle est de sept ou huit charrues, et réunit dans d'immenses bâtimens toute cette exploitation.

Le 31.

Passé ma matinée à visiter les bâtimens et

les dehors de l'Abbaye. Si le projet s'achève en entier, ce sera un des plus beaux monastères de l'Europe. Il y a déjà deux ou trois millions de dépensés, et il en faut encore la moitié autant pour l'accomplir. L'église, le dortoir, la bibliothèque, le réfectoire, l'infirmerie, les appartemens de l'abbé et des officiers de l'Abbaye sont entièrement finis, et d'une grande beauté. Ce qu'on ne se lasse point d'y admirer, c'est toute la partie de la serrurerie, qui est faite dans l'Abbaye, à ses ateliers, et par un Frère qui est sans contredit, dans ce genre, le plus habile ouvrier de l'Europe. La rampe du grand escalier, et la grande grille de l'église au-dessous des orgues, sont d'un travail mille fois supérieur à la rampe de l'escalier du Palais-Royal. Il travaille actuellement au maître-autel, qui sera tout en fer et en cuivre, morceau incomparable : car ce même ouvrier est plein de goût et de dessin, en même tems que d'habileté. Il traite le fer, comme un excellent orfèvre, et il surpasse tout ce qu'il y a de plus fini en sculpture. Le serrurier qui a fait la rampe du Palais-Royal est venu ici, il y a quelques années, et il a estimé la seule grille de l'escalier de l'Abbatiale, soixante mille francs ; celle de l'église vaut plus du double. Tous les autres ouvriers de toute espèce sont aussi des ouvriers de l'Abbaye, tous Frères et élevés par elle. Il y a entr'autres un peintre appelé frère Abraham, que l'Abbaye a fait voyager à ses dépens, en Flandre, en Hollande, en Italie et à Paris; c'étoit un pauvre hermite qui, las de sa solitude, étoit venu se réfugier à l'Abbaye. Il avoit du goût pour le dessin, et ce goût se manifestoit par quelques ébauches grossières qu'il avoit crayonnées avec du charbon. Son talent s'est successivement développé et augmenté, et il l'emploie actuellement sans relâche à l'embellissement du couvent. Il a tenté d'exécuter des fresques sur le dôme et sur les voûtes de l'église ; mais ce genre de peinture et de perspective exigeant une étude particulière, et toute la sienne ayant été d'aller voir à Paris celle des Invalides et du Val-de-Grace, il n'a pas réussi. En revanche, il a quelques tableaux d'Histoire sainte de ses dernières années, qui ne manquent ni de composition, ni de dessin, ni de couleur. Il a plusieurs copies de tableaux de grands maîtres, qui se soutiennent à côté des originaux. Il y en a du

Guide et de *Carrache*. Les appartemens de l'abbé en sont tapissés. J'aurois bien voulu acheter une de ces copies, qui remplissent aussi son atelier, mais il ne vend rien. *Tout ce que je fais*, répond-il avec expression, *appartient à l'Abbaye*. Zèle désintéressé de ces frères ouvriers pour la maison ! Ils s'y sont dévoués, et ils y mourront. Le serrurier répond de même. Il n'est cependant lié par aucun vœu, il n'est point payé, et le talent de cette homme feroit sa fortune dans quelque grande capitale de l'Europe. Menuisier aussi excellent, et de même un des Frères de l'Abbaye. Il en est ainsi des couvreurs, du maître maçon, du charpentier, du maréchal; enfin cette Abbaye est une espèce de colonie. Elle a des manufactures pour ses étoffes, pour ses toiles, pour ses bas, et tout est ensuite préparé dans la maison.

Tout en visitant la maison, interrogé beaucoup de religieux, et lié conversation successivement avec plusieurs d'entr'eux. Explication du relâchement que j'avois cru voir dans la sévérité de la règle. — Elle étoit, la dernière fois que j'y vins, d'une austérité qui renchérissoit encore sur *la Trappe* et sur

Sept-Fons. Depuis l'ordonnance de l'Empereur, qui défend que les maisons religieuses dépendent de leurs chefs d'ordre, et qui en fait des congrégations particulières sous sa seule inspection, celle-ci a profité de la circonstance, pour faire relâcher, par le visiteur-général, la dureté de sa règle. Ne jeûnent plus, ne sont plus condamnés au silence; sortent deux fois par semaine, reçoivent leurs parens, portent des chemises et des boucles; — tomberont encore dans un plus grand relâchement, au premier abbé facile qu'ils auront. Celui-ci, est encore ferme et vivant en bon religieux; lui-même, ne leur cède que ce qu'il ne peut leur refuser. Variétés des opinions des religieux. Les uns regrettent leur ancienne règle, leurs simples cellules, leurs dortoirs sombres et pauvres; disent qu'avec la magnificence des nouveaux bâtimens, la richesse des dortoirs et des réfectoires, tous pavés en marbre et de la plus grande propreté, s'est introduit un dégoût et un mécontentement intérieur qu'ils ne connoissoient pas autrefois. — « Je n'ai aucun intérêt à vous parler ainsi, me disoit l'un d'eux, puisque je suis officier de l'Abbaye, et par-là plus à portée que personne, de profiter des nouvelles douceurs; mais aujourd'hui, ajoutoit-il, toutes les imaginations de cette maison sont renversées; M. l'abbé officie pontificalement, il a la crossse et la mître; nous louons des chantres à gages. Nous allons faire bâtir, si l'Empereur nous en laisse le tems, un superbe pavillon pour les étrangers. Aucun religieux ne porte plus, qu'impatiemment, les règles qui subsistent; avec le jeûne, en apparence si rigoureux, mais en effet si sain et si nécessaire à des gens oisifs, et qui ne font aucun exercice par le travail, se sont évanouies nos santés les plus florissantes. C'est à qui habitera l'infirmerie, où l'on fait gras, où l'on a du feu, et, avec abondance, toutes les commodités de la vie. Il n'y a pas dans ce moment-ci une chambre de vide. Il y a des religieux qui y sont depuis quatre ans. Les vieux disent qu'ils ont le droit d'y mourir, et qu'ils ont assez long-tems porté le joug de l'ancienne règle, et les jeunes y disputent aux vieux les places que ceux-ci occupent trop long-tems. Plusieurs d'entre nous vont dans une maison de campagne que nous avons à quelques lieues d'ici, sous prétexte de changer d'air. Autrefois ce n'étoit, en effet, que changer d'air; la même règle qu'ici y étoit observée, et avec la même sévérité. Maintenant, c'est presque une campagne véritable, et nous sommes sûrs que la liberté s'y accroît sans cesse. »

Comme tout se tient, comme tout perce aux yeux de l'homme qui observe! ce relâchement, ce changement de constitution, que m'expliquoit l'honnête religieux, m'avoit frappé au premier coup-d'œil. J'avois trouvé le souper de la veille plus libre. Je n'avois rencontré dans les magnifiques dortoirs aucun visage recueilli ni pénitent; j'avois été le matin dans l'église, et ces religieux que j'avois vus, il y a six ans, prosternés contre terre, et ne levant jamais les yeux que vers le ciel, étoient dans leurs stalles avec un air ennuyé et distrait; je me crus à un office de collégiale.

Ce tableau, cette dégénération opérée en six ans de tems, me font réfléchir et m'intéressent à les retracer. Voilà, en passant du petit au grand, comme Sparte est tombée, et comme Rome s'est corrompue. Les administrateurs croient ne faire qu'adoucir, et ils amollissent. Ils croient simplement relâcher quelques liens, et le premier anneau défait, la chaîne ne subsiste bientôt plus. Ils croient ne se laisser aller qu'aux idées saines de magnificence publique, de luxe qui honore l'Etat; et bientôt dans des palais, ou à côté des palais, les simples citoyens soupirent après toutes les jouissances de la vie. La règle et les mœurs d'Orval tenoient à ses vieux dortoirs et à son église antique, comme celles de Rome, aux maisons de chaume et au Capitole de bois.

D'après le changement d'esprit qui s'est fait aujourd'hui dans l'abbaye d'Orval, partage d'opinions et de vœux sur les opérations de l'Empereur. Les uns souhaitent la conservation de l'Abbaye, les autres qu'elle soit supprimée. On dit dans le pays que ces derniers ont fait passer à l'Empereur une requête anonyme. Ce n'est pas là ce qui y déterminera ce Prince; c'est l'immense bénéfice qu'il y peut faire, et cette suppression seroit sûrement déjà faite, s'il n'étoit vraisemblablement arrêté par la raison que plus de la moitié des revenus de l'Abbaye est sur la France, et qu'il craindroit que la France ne lui laissât les charges des pensions aux religieux, et ne s'emparât de tout ce qui est sur elle. Sa réforme est déjà opérée sur presque toutes les autres maisons religieuses du duché de Luxembourg. Marienthal, riche abbaye de religieux nobles, à quelques lieues d'ici, supprimée comme les autres. Argenterie, meubles se vendent au profit de l'Empereur. Les biens s'administrent ensuite par une commission, et se vendent par partie, quand il se présente des acheteurs. Revenus, ou capitaux, versés dans une prétendue *caisse de religion*, qui n'est autre chose que le fisc impérial : Pensions les plus fortes de 500 florins, données à condition, qu'elles seront dépensées dans le pays, sans quoi supprimées. Le bon prieur Génovéfain qui venoit de subir son opération, m'en a raconté les détails les larmes aux yeux. Il avoit vu tout vendre à l'encan, jusqu'à un cheval qui lui appartenoit personnellement, et qui avoit été impitoyablement compris dans l'inventaire. Commissaires impériaux qui sont des gens de loi du pays, exécutent leur commission avec une rigueur inouie. Leurs vacations leur sont payées à six escalins par heure. L'Empereur, si économe d'ailleurs, a cru devoir les bien traiter pour les intéresser à son opération. « Qu'attendre, (me disoit le suffragant de Trèves,

vieillard respectable, et à ce qu'on dit très-éclairé, à côté de qui j'ai dîné,) « d'un prince
» qui n'aime que l'argent, et qui n'a que
» l'argent pour objet? L'Empereur, ajou-
» toit-il, mécontente tous les ordres de
» ses Etats, et il pourra retrouver cela dé-
» savantageusement dans l'occasion. Sa no-
» blesse n'est pas plus satisfaite de lui que
» son clergé, son militaire que sa noblesse.
» Il ne donne plus de pensions aux officiers;
» il n'y a jamais aucune grace à espérer du
» souverain. La plus sordide parcimonie
» préside à tout; et cette vertu, qui peut
» être celle des républiques, ne peut pas être
» également le principe constitutif d'une
» monarchie. Figurez-vous, me disoit-il,
» qu'il oblige les régimens à rassembler les
» rognures des vieux souliers, et à les en-
» voyer dans des paniers à la *Commission*
» *d'économie* de la province, ces vieux cuirs
» pouvant être employés dans de certaines
» fabriques. Figurez-vous que l'année der-
» nière, il a diminué la longueur des che-
» mises des soldats, de deux travers de doigt,
» en supputant ce que cela lui faisoit gagner
» de toile sur toute son armée. »

Je poussai alors mon vieil évêque sur
l'opération

l'opération de la suppression des maisons religieuses, et contre mon attente, je ne trouvai pas un homme trop hérissé de préjugés, sur le fond de l'opération; mais il la blâmoit, sous le rapport politique. Il disoit que c'étoit appauvrir le pays, et porter à Vienne toute sa substance. Ces maisons religieuses, disoit-il, retenoient dans le pays une grande partie des revenus, nourrissoient les pauvres, faisoient vivre beaucoup d'ouvriers. Qu'est-ce qui les remplacera? ces domaines se dégraderont entre les mains de la Régie Impériale, ou bien ils se vendront, pour que leur produit aille à Vienne, payer des bataillons. — Mais, Monseigneur, s'il se faisoit de ces biens un meilleur emploi; si, par cet emploi, tous les revenus étoient consommés dans la même province; si au lieu d'une famille éternelle et stérile de religieux, ces biens nourrissoient cent familles fécondes et laborieuses? — Monsieur, la plupart des souverains n'ont pas cette politique bienfaisante; ils ne dépouillent que pour s'enrichir, ou pour rassembler autour d'eux la richesse : aucune vue ni de justice ni de bonne administration, ni de bienveillance politique n'a présidé à l'opération de l'Empereur. Il ne se montre qu'avide et cruel. Les familles qui ont autrefois fondé ou doté ces maisons religieuses, ont reclamé leurs anciennes propriétés, et elles y étoient fondées, sans doute : car, puisque le contrat de donation se trouvoit anéanti par la destruction des couvents, il étoit juste que les biens retournassent aux héritiers des donateurs. Il n'a pas eu égard à leur réclamation. J'écoutois ce bon évêque, et je ne pouvois nier que la cause des religieux ne fût mieux défendue par lui, qu'elle ne l'avoit jamais été par le fanatisme. — Il réduisoit tout en calculs politiques, et il trouvoit qu'au bout de tout, le plus détestable des abus étoit celui du despotisme, qui peut envahir toutes les propriétés, rompre tous les contrats, annuler tous les vœux, et se mettre ainsi, disoit-il énergiquement, entre Dieu et les lois. Cette conversation me restera long-tems présente, et quand j'entendrai la philosophie déclamatoire et oiseuse de nos jours conseiller, sans réflexion, la destruction des moines, je me souviendrai de mon vieil évêque, ne défendant pas les moines, mais concluant qu'il vaut encore mieux qu'ils subsistent, que de les voir devenir la proie de l'avidité d'un despote.

Parti après dîné, pour venir par Carignan et Escombres, coucher à Bouillon. Environs de Carignan très-beaux. Cours du Chier charmant. Véritable rivière de jardins anglois; belles et immenses prairies. Eau à plein-bord; plusieurs situations délicieuses, et où mon imagination a aussitôt bâti et planté. En approchant de Bouillon, commencement des Ardennes, mauvais pays; beaucoup de rochers, de montagnes et de bois. Joli vallon, cours de la Semoy. Ces pays affreux, pour presque tout le monde, ont du charme pour moi : ils me donnent toujours l'idée des deux plus grands biens de la vie, la retraite et la liberté.

Le 1.er août.

Vu la compagnie d'invalides qui est en garnison au château. Dîné chez le major qui y commande; sa femme a été jolie, et il lui reste de la grace et un fort bon ton. Situation de ce château et de la ville de Bouillon, horrible et pittoresque. On se croiroit en Suisse, ou dans un coin des Pyrennées. Le cours de la Semoy embellit ces horreurs; mais je l'aime bien mieux loin de Bouillon, et dans les vallées voisines. Je trouve que sa nature brute et sauvage est gâtée dans ce genre de beauté, par le coup d'œil qu'offre une petite ville. Il ne lui faut pour accompagnement que des ruines, un vieux pont, des maisons rustiques, ou quelques châteaux antiques, assis sur un sommet escarpé, ou sur un penchant ombragé de grands bois. Une ville fait une trop grande masse blanchâtre, et toute l'harmonie du paysage est détruite. On n'aime dans la nature que ce qu'on voudroit transporter, et ce qu'on transporteroit avec succès sur la toile; et, par analogie, je n'aime dans les tableaux de paysages que ceux que je voudrois pouvoir réaliser.

Le 2.

Par Stenai et Verdun à Mars-Latour, à deux postes de Metz.

Journée sans intérêt. Pays commun, et que j'ai parcouru mille fois. Ces journées sont remplies par mon imagination. Je la laisse errer; je reviens sur le passé; je m'abîme dans l'avenir. Je reprends de tems en tems le cinquième acte du *Connétable de Bourbon*, que je me suis imposé de refaire dans mes courses, et que je fais, je crois, sur un plan heureux. J'approche de la grande scène. Je rassemblerai mes forces; alors je recueillerai mon ame.

Dans ces journées vides, mon imagination revient aussi sur ce qui a pu échapper à ce journal.

Duché de Bouillon, ne rend au Duc qu'une quarantaine de mille francs par an, qui passent en entier à payer les honneurs de la souveraineté. Il est vrai que ce pays, bien administré, pourroit valoir davantage ; mais il faudroit en changer la constitution, les usages, et surtout l'agriculture. Il faudroit y partager les terres, y substituer le droit de propriété au droit de communauté. Chaque habitant de Bouillon, chef de famille, reçoit tous les ans une certaine quantité de bois et de terres, qu'il est obligé de faire exploiter à ses dépens. Ce bois et cette terre suffisent à-peu-près pour son chauffage et pour sa fournée. Cette terre au bout de deux ans est changée contre une autre et retourne à la masse des terres de la communauté, pour n'être remise en culture que vingt ans après. On peut juger de-là, ce qu'est la culture dans le pays. Elle consiste à enlever, à brûler, et à recueillir, avec ces cendres éparses, une récolte de froment ou de seigle la première année, et d'avoine la seconde ; par conséquent point de culture perpétuelle, point d'engrais, point d'enclos. Jamais d'amélioration dans aucun genre. Tout étranger qui vient s'établir à Bouillon a, au bout d'un an, droit à la même portion. On a cru par-là favoriser la population et attirer des habitans. On n'a fait que des fainéans et des malheureux. Le peuple de Bouillon joint à cette pauvre facilité celle de pouvoir envoyer des bestiaux en communauté dans d'immenses bruyères ; il a le droit de *parcours* dans toutes les prairies ; il achève d'aller voler dans les bois du Duc et de la communauté même, le bois qui lui est nécessaire, et avec cela il végète dans la fainéantise et dans l'inertie la plus complète, effet des mauvaises lois. Dans l'Amérique septentrionale, tout tend à donner au nouvel habitant qu'elle reçoit dans son sein, un intérêt et une propriété. Si le même principe avoit été suivi dans le duché de Bouillon, ce pauvre petit pays, qui d'ailleurs n'est foulé par aucun impôt, se seroit peuplé aux dépens de la France et de tous les pays voisins soumis au régime fiscal ; et le revenu du duc de Bouillon auroit quadruplé.

M. de Saint-Germain, gouverneur du Duché, homme simple et d'un sens très-droit et très-juste. Je l'avois déjà vu il y a plusieurs années. A fait tout ce qu'il a pu pour ouvrir les yeux au feu duc de Bouillon, et à celui-ci sur la mauvaise administration de leur Duché. Leur avoit entr'autres proposé l'abolition de ce funeste droit de communauté, et le partage des terres pour établir des propriétés. Le conseil souverain du Duc s'y est toujours opposé. Gens de robe, depuis le Parlement de Paris jusqu'au dernier présidial du royaume, se ressemblent tous, tous hérissés de préjugés et ne connoissant que la routine des vieilles lois et des vieux usages. Ils retarderont en France le progrès de toutes les lumières, et ils nous sont actuellement très-nuisibles.

Prince de Guéménée, et son père le duc de Rohan retirés, ou pour mieux dire réfugiés tous deux à Bouillon. Je n'ai pas pu m'empêcher de leur marquer l'égard de désirer les voir. S'y sont refusés, et m'ont soulagé d'un grand poids. On dit dans le pays qu'ils se conduisent bien. L'intérêt surtout se porte sur M. de Guéménée, qu'on dit sensible à son malheur, et surtout aux malheureux qu'il a faits; mais le sort du père me paroît bien plus digne de pitié. C'est par foiblesse qu'il est entraîné dans la ruine de son fils. Avec cela, tous deux sujets médiocres. Rien ne peut excuser le fils. Il est prouvé qu'il connoissoit la situation de ses affaires, et qu'il se noyoit, et noyoit le public en s'étourdissant sur l'abîme. On peut se laisser aller à un mouvement de pitié sentimentale, en réfléchissant à la belle existence qu'il a perdue, à sa chute prodigieuse, à la dure pénitence par laquelle il expie ses sottises ; mais on ne peut sûrement avoir pour lui aucun sentiment de pitié morale, quand on songe que peut-être vingt ou cent de ces infortunés créanciers sont morts de douleur, et qu'il a hérité de leurs capitaux, en abrégeant leurs jours ; quand on songe qu'un particulier, chargé d'une banqueroute de ce genre, auroit été poursuivi et livré à toute la rigueur des lois, on ne peut se défendre d'une profonde indignation contre des abus aussi monstrueux.

Le 3

A Metz. Dîné chez M. de Calvières, major de la ville, ci-devant capitaine dans mon régiment, à qui j'ai fait donner cette place. J'ai joui de sa reconnoissance.

L'après-midi, inspecté la compagnie d'invalides détachée à la citadelle pour la garde des forçats. Vu ensuite l'établissement de ces forçats. Entré par curiosité dans tous les détails qui le concernent. Cela m'a été aisé, le capitaine d'invalides en étant chargé. Ils sont dans ce moment-ci environ 200. Différence de sentimens qu'on éprouve en les voyant, avec celui que font éprouver les galériens de Brest et de Toulon. Ces derniers excitent une sorte de frémissement. On pense, avec consolation, que ceux-ci ont échappé à la mort, et que dix ans auparavant aucun de ces hommes ne seroit existant. Cette différence se fait aussi sentir dans leur maintien, sur leur visage. Les uns ont l'air du crime, et les autres seulement du malheur.

Imperfection de cet établissement. Mauvais emploi qu'on fait des bras des forçats. Il faudroit les entretenir dans un travail continuel. Abus de plusieurs genres ; j'en ai fait un mémoire particulier que je remettrai à M. de Ségur. C'est une dette payée, en passant, à l'humanité, au bien public, et à l'avantage du service.

Faux calcul de la loi. Les législateurs sont

bien sujets à de pareilles erreurs. On avoit cru que cet appareil, ce supplice toujours subsistant, ces marques extérieures de dégradation feroient plus d'impression sur le soldat, et diminueroient la désertion. Le soldat voit cette punition sans horreur; et la désertion en est peut-être plutôt augmentée. A la guerre, la peine deviendra insuffisante, et l'exemple trop éloigné. Avec cela, quel souverain, quel ministre osera jamais rétablir la peine de mort? Il n'y aura jamais qu'un conseil de guerre qui puisse discuter cette grande question, et qui ose prononcer pour le rétablissement de l'ancienne sévérité. On dit qu'on veut actuellement envoyer les déserteurs aux colonies, et supprimer les forçats de terre. Cela vaudra-t-il mieux? Les inspecteurs y ont-ils bien réfléchi? Combien peu, parmi eux, en état de voir et de calculer tous les côtés politiques, philosophiques et militaires d'un parti pareil. Montesquieu n'auroit pas eu trop de génie pour assister à ce comité, et il y a plusieurs de ces inspecteurs qui connoissent à peine son nom.

Le 4.

Vu manœuvrer les carabiniers. Sont assez

beaux en hommes et en chevaux, mais médiocrement à cheval, et manœuvrant de même. Point d'allures franches et décidées. Point de principes pour parvenir à des résultats corrects; point de hardiesse dans leurs mouvemens. Quand je me rappelle à côté de cela la cavalerie prussienne, ces chefs d'escadrons qui ont l'air de centaures, ces mouvemens décidés, ces charges si impétueuses et en même tems si régulières, je ne cesserai de le dire, notre ordonnance de manœuvres de la cavalerie est trop compliquée. Il y a trop d'évolutions. Celles de la cavalerie devroient être encore en plus petit nombre que celles de l'infanterie. Il semble qu'on se soit attaché à faire toutes les figures possibles. Je ne voudrois surtout aucun de ces changemens de front ou de position sur le centre, et aucun mouvement en diagonale. Tout au moins n'en faut-il jamais faire usage par de-là un régiment. Alors tout doit rentrer dans la classe des mouvemens de marche, c'est-à-dire en colonne. En tout, les carabiniers ont perdu immensément depuis M. de Poyanne. M. de Ch...... n'a aucune des qualités nécessaires pour les commander. Ne commande jamais lui-même;

ne sait pas monter à cheval; n'a ni le ton, ni la voix, ni les formes, ni les connoissances militaires. Ce sera un corps perdu d'ici à quelques années, surtout s'il quitte Metz; dans cette ville du moins, il est excité et ranimé par la nécessité de se montrer, par le voisinage de la gendarmerie, par les vanités d'émulation et d'amour-propre qui en résultent.

Parti après la manœuvre pour aller dîner et coucher a Pont-à-Mousson chez le duc de Liancourt.

Régiment du duc de Liancourt fort bien tenu, un des mieux de tout les dragons. Je ne l'ai pas vu manœuvrer à cause de la pluie: Vu quelques détails, vu les chambres et les écuries; le régiment parfaitement monté.

J'ai revu le duc de Liancourt avec plaisir. Il vaut mieux à son régiment qu'à Paris; il vaudroit encore mieux à la campagne qu'à son régiment. Est bon, quand il est lui, quand il n'est que lui. Oh! je le répéterai toujours, de l'élévation de la noblesse, de l'amour du bien; seroit susceptible de beaucoup de bonnes choses, et il est, à tout prendre, un de nos meilleurs grands seigneurs.

Le 5.

A Nanci. — Un des plus beaux pays qu'il y ait. Toute cette partie de la Lorraine est belle, fertile, peuplée et florissante.

Le 6.

Vu beaucoup M. le maréchal de Stainville ; c'étoit mon objet. Est sûrement l'homme qui commanderoit à la première guerre. il m'a toujours marqué de l'amitié. A beaucoup de qualités propres au commandement. Je ne sais s'il en a les grands talens. Ne s'est pas encore montré sur un assez grand théâtre. Il est froid au-dehors, imposant, ami de la règle et de la discipline, qualités toutes nécessaires avec des Français.

Revu le régiment d'Auvergne qui est en garnison à Nanci. Ce régiment est mon ancienne famille, il a été mon berceau. Mais depuis 16 ans que je l'ai quitté, à peine y reste-t-il quatre ou cinq officiers de ma connoissance, et aucun avec lequel j'aye été lié. Le tems use tout, affoiblit tout. Dîné avec eux par politesse et avec indifférence. Etoit-ce parce que j'étois plus jeune ? étoit-ce parce que j'avois alors moins d'objets d'affection plus intime? étoit-ce encore alors surabondance d'ame, et de l'armes? je n'aurois pas rencontré huit ou dix ans auparavant ce régiment sans une émotion très sensible.

Dîné chez le baron d'Escars avec M. le Maréchal de Stainville. — Fait connoissance à ce diner avec M. le comte de Ferrari, Général d'artillerie au service de l'Empereur. Homme de mérite, ami du Prince de Ligne, ami du baron de Bon, et dont j'avois ouï parler à tous deux. Causé beaucoup avec lui; vient d'être fait Général d'artillerie; et, comme il n'y a pas de doubles emplois au service de l'Empereur, a cessé, à sa promotion, d'être employé dans les Pays-Bas, comme lieutenant-général; ne peut plus dans son nouveau grade l'être qu'en commandant dans une province, et il faut attendre qu'il en vaque. Quelle différence de cette excellente règle avec l'abus de nos commandans en second, en troisième! etc. Tous les officiers-généraux, divisés ainsi en deux classes; paye entière quand ils sont employés, demi-paye quand ils ne le sont pas; arrangement simple et qui ne surcharge pas les finances de l'Empereur, parce qu'il n'y a en même tems, ni pension, ni double, ni triple grace accessoire comme en France. — Officiers généraux de réputation, plus rares encore chez l'Empereur que chez nous. Sont d'ailleurs, comme chez nous, en très-grand nombre. Il y a près de 140 lieutenans-généraux, et plus de deux cents généraux-majors. On en fait assez sans conséquence, et pour se défaire des gens médiocres. Il n'y a que le roi de Prusse, qui fasse servir tout le monde, et qui y supplée par son génie et par ses officiers de confiance, avec lesquels il dirige les généraux sans talens. Beaucoup d'anecdotes sur l'Empereur, et sur la dernière campagne entre le roi de Prusse et lui. Affreuse quantité d'artillerie qu'avoient les deux armées. Le front des deux camps étoit un parc continuel. Opinion où il est comme moi à cet égard. — Conformité d'opinion aussi sur beaucoup d'objets. — A lu mes ouvrages, me les a cités sans cesse; m'a dit les choses les plus honnêtes sur eux. J'en recueille toujours plus chez l'étranger, que dans ma patrie. Quand on me nomma, il vint tout de suite à moi. J'avoue que je ne suis pas insensible à cette jouissance. — En dédommagement de l'embaras occasionné par l'immense quantité d'artillerie, dans la campagne de 1778, beaucoup de diminution et de refonte dans les équipages. La réduction des traitemens et la suppression des pensions, font que chacun n'a que de quoi vivre. En réduisant les traitemens, l'Empereur a dit, que c'étoit son intention; en donne lui même l'exemple, n'avoit à l'armée qu'une table très-peu nombreuse, et très-médiocre. Parcimonie de celle de sa Cour. Quand il est à Vienne, il va souvent habiter une petite maison qu'il a à Laugerten. On voit arriver tous les jours son diner, porté dans un fiacre, et accompagné d'un maître-d'hôtel. Ce diner préparé à Vienne, est porté dans des cuisinières d'étain, enlacées avec des courroies de cuir, comme un diner de corps-de-garde. Jamais de souper. On évalue la dépense de sa bouche, y compris tous les extraordinaires à 12 ou 15,000 florins. C'est un prince qui a mis toute sa grandeur en puissance, au lieu que le Roi de France a toute sa puissance en grandeur. C'est M. de Ferrari qui a fait la carte des Pays-Bas, sur le modèle des cartes de l'Académie. Elle est meilleure et a coûté dix fois moins : elle a été levée en partie par les officiers du corps de de l'artillerie des Pays-Bas que commandoit M. de Ferrari.

Le 7.

Couché à Marsal.

Le 8.

Revue des 3 compagnies d'invalides qui y sont. — *Marsal*, médiocre petite ville qu'il faudroit détruire. Depuis plusieurs années on n'y met pas de troupes, à cause de l'intempérie. Elle est vieille, elle se dépeuple, et devient insensiblement déserte. Les maisons sont abandonnées, l'herbe croît dans les rues. Cette intempérie cependant facile à détruire, tient à deux moulins qui retiennent les eaux, et à un cimetière qui est au milieu de la ville ; à la mauvaise tenue des fossés, à la malpropreté des rues. — Pauvreté, misère, négligence. Tort impardonnable du commandant de la province et de l'intendant. Cette ville coûte cependant au Roi près de vingt mille francs par an, en état-major, employés, ou entretien de bâtimens tels quels ; M. le maréchal de Broglie, dans le commandement de qui elle se trouve, n'y est jamais venu. M. de Caraman, commandant en second, y est venu et n'a remédié à rien. M. de Damas n'y vient pas, parce qu'il craint l'intempérie. L'intendant ose encore moins en approcher. Cette intempérie si aisée à détruire, règne aussi à Vic, Moyen-Vic, Château-Salins; et elle a par-tout les mêmes causes, des eaux stagnantes auxquelles on pourroit facilement donner un cours.

J'ai eu la curiosité d'en parcourir les bords et de reconnoître cette possibilité. J'ai pleuré à cette occasion ce pauvre comte de Broglie. Il alloit s'en occuper, quand il est mort. Cette ame active avoit entrepris le dessèchement de Rochefort, qui n'étoit pas dans son commandement, et il auroit fait exécuter celui de Marsal qui n'y étoit plus. Voilà l'homme qu'on a déchiré pendant sa vie, dont on n'a pas assez senti les grandes qualités pour lui pardonner quelques défauts, qui étoient les inconvéniens de ces qualités mêmes, et qu'on a en conséquence toujours écarté des grandes places de l'administration : on disoit qu'il étoit sujet à prévention, à haines, à animosités, et par là à des injustices. Il haïssoit, en effet, vigoureusement le vice et les abus : il prononçoit ses sentimens avec force, et sans aucun ménagement; il dénonçoit hautement ce qu'il ne pouvoit attaquer ou détruire. Sans doute il pouvoit se prévenir quelquefois; il pouvoit quelquefois aller par-delà le but; sans doute aussi l'impuissance où il étoit de faire tout le bien dont son ame ardente concevoit la pensée, les obstacles qu'on lui suscitoit, les clameurs que la médiocrité et l'improbité de tant de gens intéressés à empêcher son élévation jettoient sur son passage, donnoient-elles quelquefois à son caractère de l'âcreté et de l'amertume; mais qu'on eût placé cet homme où il devoit être, à la tête des affaires et d'un grand département, toutes ses facultés étant ainsi mises en exercice, toute son activité étant satisfaite, il seroit rentré dans le calme et dans la juste mesure de tout. Il y étoit presque déjà les dernières années de sa vie. L'âge l'avoit heureusement réfroidi. Il est mort aussi quand l'envie commençoit à se lasser. A sa mort, elle s'est tue entièrement, et il n'y a eu qu'une voix, sinon pour le regretter, mais du moins pour le louer, et pour convenir que l'Etat avoit fait une grande perte. Pour moi, je l'ai pleuré et je le pleurerai toute ma vie. Il n'avoit jamais servi à ma fortune, il y avoit nui plutôt ; il m'avoit fait des ennemis ; il avoit, dans l'affaire de l'abbé Georgel, peu délicatement compromis mon amitié : mais dans cette occasion, une passion plus forte l'animoit. Il espéroit découvrir une des trames par lesquelles on cherchoit à le perdre, et il vouloit se venger : je lui avois donc pardonné ; je l'aimois malgré ces inconvéniens. Son caractère, son ame, toute sa personne avoit dès ma plus tendre jeunesse, tant d'attraits pour moi, et tant d'ascendant sur mon ame, que je trouvai dans cette occasion une sorte de charme et de générosité à souffrir pour lui ; et, après lui avoir reproché vivement son tort envers moi, à le lui pardonner. Je terminerai son éloge en disant que cette supériorité qu'il m'avoit donnée sur lui, ne le gêna pas avec moi, ce qui est le signe infaillible d'une ame élevée. Il en redoubla seulement d'affection à mon égard. Deux ou trois fois, j'ai vu qu'on lui parloit de cette affaire en ma présence ; il venoit à moi et me serroit la main en silence avec les yeux mouillés de larmes : car cet homme de fer et de feu étoit en même-tems bon et sensible. Il ne s'agissoit que de trouver la touche qui répondoit à son ame. Quand il avoit blessé ou désobligé, il n'y avoit qu'à laisser réfroidir son premier mouvement, il revenoit comme un enfant. Je connois beaucoup de gens envers qui il a réparé toute sa vie la vivacité d'un moment. Il étoit bon père, bon mari, bon ami. Je me laisse aller insensiblement, ou plutôt sensiblement, à m'étendre sur lui ; c'est qu'en effet la vue de Marsal m'a rempli de sa pensée, et que cette pensée m'a suivi long-tems. Ce n'est pas la première fois que, depuis sa mort, tout ce qui m'a frappé sur les vices de l'administration et sur le bien public, m'a ramené à lui. Tout ce qui se fera ou se projettera à jamais de bon ou de grand dans le gouvernement, se liera, dans ma pensée, à la mémoire du comte de Broglie ; et si j'en suis jamais l'auteur ou l'instrument, j'aurai toujours devant les yeux son exemple et son caractère.

Couché à Lunéville. Arrivé tard et reparti de grand matin. J'ai regretté de ne pas voir la gendarmerie, que je n'ai pas vue depuis dix ans, et qui étoit déjà très-bien alors. Je n'aime pas M. D*; mais comme la vérité doit prévaloir sur le sentiment, je ne puis me refuser à le regarder comme un de nos meilleurs officiers de cavalerie. Il a cependant encore des préjugés faux sur cette arme. Il lui manque l'esprit qui fait réfléchir et qui étend les idées. Il lui manque d'avoir été étudier en Prusse le véritable emploi de la cavalerie en grand.

Le 9.

Par Baccarah, S. Diez et Ste-Marie-aux-Mines, à Schelestadt : je ne connoissois pas ce débouché de la Lorraine en Alsace, et j'ai été bien aise de le suivre.

Beau pays jusqu'au-delà de Baccarah. Change ensuite de nature, et devient plus piquant. Vallée de S. Diez charmante, un des plus jolis paysages que je connoisse, beaucoup de petits buissons et d'arbres, tantôt isolés et tantôt par groupes dans les prairies. Cela ne vaut certainement rien pour les prairies ; mais il n'y a rien de plus agréable à l'œil. C'est ce qu'il faut imiter dans les jardins anglais ; mais il faut que ces prairies soient grandes, qu'elles soient de véritables prairies par leur situation, afin d'être toujours bien vertes ; il faut ensuite que les masses n'y soient ni trop fortes, ni trop multipliées ; il n'y faut surtout qu'un chemin ou deux, afin que cela ne dégénère pas en surtouts de dessert et en découpures. Amateurs des jardins, n'étudiez pas Kent; ne lisez l'abbé Delille, que parce qu'il a mis les préceptes les plus communs, dans les plus beaux vers du monde. Voyez la nature; voyez-la mille fois, sentez-la si vous pouvez, et ensuite tentez de composer d'après elle et comme elle.

Suite du pays, jusqu'à la sortie du val de Liépvre, où est située Sainte-Marie-aux-Mines, vraiment délicieux, et en même tems riche et abondant. Beaucoup d'habitations, d'usines, de fabriques, de gros villages, toutes les maisons bien bâties, de la recherche même dans celles des paysans. Tous ont un petit jardin, où ils cultivent quelques fleurs. Dans plusieurs j'ai vu la recherche des pots de fleurs aux fenêtres. La marmite est en même tems pleine de choux et de légumes. Il n'en est pas des paysans, comme des habitans des villes; ceux-ci ont souvent la vanité de mettre de la poudre, et de blanchir leurs maisons, en mourant de faim dans leurs ménages; le paysan ne met jamais en propreté et en recherche que l'excédent et le superflu. Chez les habitans des villes, la vanité est le premier besoin; elle n'est que le second chez les habitans des campagnes.

Sainte-Marie-aux-Mines, ainsi nommée à cause des mines qui sont dans le voisinage. Elles sont de plomb et d'argent ; étoient assez riches autrefois, le sont médiocrement aujourd'hui. Peut-être aussi sont exploitées avec ignorance ; car nous sommes, en ce genre, très-inférieurs aux étrangers. Tant que cette partie sera confiée à un seul homme, (et à qui encore ordinairement?) à un Maître des Requêtes, qui n'a pas sur cela seulement les notions élémentaires ; tant qu'elle ne sera pas commise, comme chez les étrangers, à un collége, ou à un directoire, composé à moitié de gens de l'art, on ne peut espérer aucun progrès dans cette partie d'administration. C'est M. de la Boulaye, ancien intendant d'Auch, qui a, je crois, encore ce département. Quand il en fut chargé, il y a quelques années, il se mit à faire un cours de chimie, pour recevoir les premières connoissances, et encore étoit-il louable d'en user ainsi : car ses prédécesseurs se gardoient bien d'en faire autant ; et ils ne savoient pas même la langue de la chose qui leur étoit confiée. Au reste, il en est de même de presque toutes les parties d'administration en France. Elles sont confiées à des gens de robe, dont toute l'éducation est d'avoir fait leur droit à Paris, d'avoir postillonné toutes les semaines à Versailles, et d'avoir rapporté plus ou moins bien au conseil des affaires presque toutes étrangères à ces détails d'administration. De-là toutes les bévues, les mauvais projets, les fautes en tout genre qu'on rencontre à chaque pas dans les généralités.

Ces mines ne pouvoient avoir rien de curieux pour moi. J'ai vu celles du Hartz, celles de Saxe, celles de la Hongrie. D'ailleurs je suis comme les Maîtres des Requêtes, et je n'ai sur ce point que les lumières d'un administrateur français, au moyen de quoi je vois sans pouvoir juger. Avec cela, comme il étoit de bonne heure, et que je suis persuadé qu'un ignorant apprend encore, je me mis en marche pour y aller à pied. Un orage affreux me fit revenir sur mes pas. Bonne fortune sentimentale que me procura mon retour. Plaisir selon mon cœur. En entrant dans l'auberge, je vis un grand mouvement. L'hôtesse alloit, venoit, montoit, descendoit avec précipitation, et elle écoutoit fort négligemment les instances que je lui faisois pour avoir mon dîner. Je m'informe. J'apprends que c'est un pauvre malheureux passant qui est tombé sans connoissance devant sa porte. Elle l'avoit recueilli, l'avoit fait mettre dans le meilleur lit de son auberge. Le curé, un cavalier de maréchaussée, beaucoup de monde étoit rassemblé ; enfin, à force de soins, ce malheureux avoit repris ses sens, et l'on avoit su par quelques réponses, qu'il prononçoit encore difficilement, que c'étoit l'inanition qui l'avoit réduit dans cet état. Il y avoit deux jours qu'il n'avoit mangé, et il n'avoit voulu nulle part mendier pour vivre. Il espéroit avoir la force de regagner sa petite famille et sa chaumière, qui étoit encore à quelques lieues de-là. Je m'approche, j'appelle la bonne hôtesse, et je lui donne 6 liv. en lui disant : Voilà pour payer la dépense que fera ce pauvre homme. « *Monsieur, ce sera tout pour lui quand il sera rétabli. Le ciel l'a fait tomber chez moi, et c'est à moi à le remettre sur pied bien portant.* » Je ne change rien aux expressions de cette charitable femme. J'achève de dîner. Je demande mes chevaux, et je fais venir l'hôte pour payer. Il me demande 6 liv. Je me récrie sur le prix qui étoit en effet excessif pour quelques œufs et deux méchantes côtelettes dont mon dîner avoit été composé. Je dis à l'hôte, *Faites-moi venir votre femme qui entend sûrement mieux l'hospitalité que vous.* L'hôtesse arrive, *Monsieur, combien vous fait payer mon mari ?* — Six liv. : *je vous en fais juge,* — *Monsieur, si ce n'étoit pas vous, je n'y changerois rien. Notre principe est de bien faire payer les riches, pour nous donner de quoi secourir les pauvres ; mais comme vous faites le même métier que nous, il n'est pas juste que vous soyez traité comme un riche. Il y a 4 liv. à vous rendre.* — Ce sera encore la part du pauvre, madame; ajoutez-y ces 4 liv, pour moi, et la bonne femme de pleurer, de m'appeler, de me dire : *Monsieur, venez voir ce malheureux, venez jouir de sa reconnoissance.....* Quelle morale ! quel heureux choix d'expressions dans cette bonne femme ! comme la langue du cœur est sublime ! J'écris cette petite histoire pour madame de Guibert, pour sa mère, pour ma fille, pour ma fille surtout; elle est dans l'âge où ces petites leçons de morale en action germent profondément.

Ses excellentes mères en jouiront aussi. C'est leur part d'une bonne émotion éprouvée loin d'elles, qu'il m'est doux de leur rapporter ; elles appelleront cela leur bien et leur bonheur.

Arrivé le soir à Schélestadt. Revu le prince Emmanuel de Salm-Salm. Il m'attendoit ; il étoit venu au-devant moi. Logé chez lui et passé ensemble le reste de la journée.

Le 10.

Séjourné à Schélestadt. Je donnai toute cette journée au prince. Il étoit dans les embarras de la revue d'inspection de son régiment. Je l'ai passée avec lui. Tous ces détails ne m'étoient pas indifférens : ils avoient un intérêt pour lui. Son régiment parfaitement bien en tous points. Il a d'excellens officiers supérieurs. Manière charmante de parler d'eux en leur présence, et de leur renvoyer tous les éloges qu'il recevoit. Il est adoré dans son corps. Comment ne le seroit-il pas ? cette douce bonté, cette amabilité sensible, ce charme continuel avec la grace et la simplicité d'un enfant ne le quittent jamais.

Le 11.

De Schélestadt à Colmar. Le Prince m'a accompagné jusqu'à deux lieues. Douce conversation. Le tête-à-tête d'une voiture semble encore augmenter l'intimité. Deux ames qui se communiquent ne se touchent jamais de plus près. A peine avions-nous le tems de voir le pays qui est d'une beauté et d'une richesse incomparable. Quelle superbe vallée que cette immense plaine qui compose l'Alsace et le Brisgaw, et qui, arrosée par le Rhin, se trouve bordée d'un côté par les Vosges, et de l'autre par les montagnes noires ! Du côté de Basle, on aperçoit les Alpes qui dominent dans le lointain. Leurs cîmes toujours couvertes de neiges, annoncent leur prodigieuse élévation, et les Vosges, toujours dégarnies de neiges, ainsi que les montagnes noires, semblent s'abaisser respectueusement devant elles. A mesure que j'avançai vers Colmar, (le Prince m'avoit quitté) j'étois tout entier livré à la contemplation de ces riches et belles campagnes et de l'imposant horizon qui les environne. Monté à cheval pour en mieux jouir encore. J'avois aussi l'objet de visiter le champ de bataille de *Turckheim*, au[...]e de cette ville. J'avois les plans, les cartes, les relations. J'ai tout visité et reconnu ; il y a cependant de grands changemens dans le pays depuis. La plaine le long de la *Fecht*, qui étoit occupée par l'armée impériale, est actuellement remplie de vignes ; les bords de la *Fecht* jusqu'à Turckheim se sont plantés et couverts d'habitations. Je crois aussi que le pays du côté de Turckheim s'est dégarni de bois, et qu'il étoit plus couvert alors, ce qui favorisa le mouvement que fit M. de Turenne, pour tourner l'aile droite des impériaux. M. de Turenne manœuvra dans cette bataille en grand Général. Il conçut et exécuta lui-même son mouvement. Bonne leçon pour les Généraux qui font souvent la faute de ne pas suivre et diriger eux-mêmes ce mouvement de l'aile avec laquelle ils attaquent, sous prétexte, disent-ils, de vouloir conduire le tout. Il est inouï combien de batailles ont été perdues par cette faute. En effet, l'officier-général qu'on charge de l'attaque, ne la conduit jamais avec la même décision. Il craint souvent de l'engager ; il trouve des obstacles, des changemens dans la disposition ennemie, qui n'ont pas été prévus, et le tems se perd à envoyer rendre compte au Général, et à demander de nouveaux ordres. C'est surtout à la guerre qu'il faut, autant qu'il se peut, ne confier ses intérêts à personne, et jouer son argent soi-même. Jamais les grands Généraux n'y ont manqué; et on peut être sûr de la médiocrité de l'homme qui commande une armée, quand, pendant une bataille, il ne s'attache pas de sa personne à la partie qui agit. Il ne peut y avoir d'exception à cette règle que dans le cas où le corps avec lequel on tourneroit l'ennemi, auroit un mouvement à faire trop éloigné, et qui le découdroit nécessairement trop de la masse de l'armée; dans le cas encore où ce mouvement n'auroit pour objet que de faire diversion, ou de n'être qu'une fausse attaque : alors le Général est, sans doute, mieux placé au corps de son armée, d'où il peut observer les mouvemens que son corps détaché fera faire à l'ennemi, et concevoir de-là, et ensuite exécuter son plan d'attaque. Mais c'est avec des armées nombreuses, telles que celles d'aujourd'hui que les batailles manœuvrières exigent que le Général soit partout. Il faut donc plus que jamais qu'un

Général soit jeune, actif et vigoureux, il faut qu'il puisse se porter rapidement d'une aile à l'autre. Le maréchal de Broglie, que je n'ai jamais flatté, mais que j'en aime d'autant plus à louer, quand il en fournit l'occasion, dit dans ce genre là quelque chose de parfait aux officiers généraux de son armée le jour du passage de *Lohuc*, quand après le passage, on crut un moment que M. le prince Ferdinand se reportoit sur nous. *Messieurs, l'ennemi marche à nous. Voilà ma position. J'ai des relais à la droite, à la gauche et au centre. On me trouvera où le feu sera le plus vif. Souvenez-vous que ce sont les plus têtus qui gagnent les batailles.* Au reste, pour en revenir à Turckheim, si M. de Turenne s'y conduisit en grand capitaine; si sa disposition générale offre une grande pensée, et surtout une exécution audacieuse; s'il eut la gloire de battre dans cette occasion une armée très-supérieure à la sienne, il faut convenir qu'il eut affaire à des ennemis bien ignorans. On ne peut concevoir qu'ils n'aient pas vu son mouvement; on ne peut concevoir qu'ils n'aient pu craindre pour leur gauche et pour leur centre, et qu'ils aient dégarni leur gauche.
On

On ne peut concevoir qu'en abandonnant Turckheim, ils n'aient pas occupé la hauteur qui est derrière, et qui, versant sur Ingersheim, forme une potence formidable sur cette position, et eût encore empêché l'armée de déboucher. Mais Turenne, il est vrai, avoit pu former son projet, d'après la connoissance qu'il avoit des Généraux ennemis. Il les avoit mesurés; il venoit de percer heureusement leur quartier, qui étoit assis le moins militairement possible; il venoit de les battre à Mulhausen : il pouvoit donc oser davantage. On peut se découvrir devant un ennemi qui a irrévocablement embrassé le parti de la défensive, quoique supérieur, et qui ne sait jamais que se mal poster, prendre le change à toutes les feintes, et mal parer.

Le 12.

Au Fort Mortier, passé une compagnie d'invalides en revue. — Insalubrité de ce Fort. Les fièvres y sont très-communes dans la saison. Il en est de même de presque tous les bords du Rhin, dans les parties où il y a des îles, et par conséquent de petits bras qui se dessèchent ou deviennent des amas d'eau sans cours, pendant les chaleurs de l'été.

Vu, en passant, Neuf-Brisach, que je connoissois déjà. — Curieuse inutilité. On ne conçoit pas l'objet de cette Place. Elle ne défend rien, elle ne couvre rien, elle ne menace rien, elle est à une demi-lieue du Rhin. On ne l'a bâtie dans le tems, que parce que l'Empereur avoit vis-à-vis, de l'autre côté du Rhin, la Place du Vieux-Brisach, et qu'alors la règle, ou plutôt la manie, étoit d'opposer toujours Place à Place, sans égard à la topographie du pays ou aux circonstances. Quel ministre osera prendre le grand parti de secouer à cet égard les anciens préjugés, et d'embrasser, pour la totalité du royaume, UN PLAN GÉNÉRAL, en conséquence duquel on rasera tout ce qui est inutile, pour entretenir parfaitement et pour construire à neuf ce qui sera nécessaire ? J'ai proposé ce plan dans l'*Essai général de Tactique,* et ma voix s'est perdue dans le désert. Il faut être placé sur une montagne pour se faire entendre ; mais ce qu'il faut peut-être plus encore, c'est que le siècle soit préparé à recevoir la vérité, et que les esprits soient mûrs pour elle.

Mot sensible et touchant d'un vieil aveugle, pensionné invalide, qui est venu me trouver, pour me prier de faire augmenter sa pension. Il avoit les cheveux blancs, une belle figure; et il étoit conduit par sa petite fille, spectacle qui porte tout de suite à l'attendrissement. Je ne pouvois lui accorder ce qu'il demandoit, et je lui proposai d'aller à l'hôtel, en lui disant qu'il y seroit parfaitement soigné, et qu'il y avoit des secours et une attention particulière pour les aveugles. — « *Ah! je n'ai plus que peu de tems* « *à vivre, et j'aime mieux rester ici : j'y sens* « *mes enfans.* » Qui fait sortir d'une bouche vulgaire, ces expressions sublimes? la nature! la nature! Oh! que j'aime à la saisir ainsi au passage! Les écrivains, les poëtes en la copiant, en voulant surtout l'embellir, ne font souvent que la défigurer. Je donnai quelques secours à mon bon aveugle, et je ne lui payai sûrement pas le plaisir que sa réponse m'avoit fait.

Eté coucher à la Chapelle, poste qui conduit à Bedfort, où nous nous étions donné rendez-vous, le Prince Emmanuel et moi, pour aller ensemble aux mines de Géromani, et de-là au Ballon de ce nom, qui est la plus haute montagne des Vosges. On m'avoit vanté le chemin qui conduit à cette montagne comme un chef-d'œuvre de l'art, et la vue, qu'on découvre en arrivant au sommet, comme un des plus beaux spectacles qu'il soit possible de voir en ce genre. Je ramenois aussi par-là le Prince sur le chemin de Remiremont, et c'étoit passer encore vingt-quatre heures avec lui. Il étoit déjà arrivé, et il m'attendoit, quoiqu'il fût bien tard. Son excellente simplicité le suit par-tout. Il finissoit de souper : il avoit fait mettre à table avec lui le maître de la maison, dont le sens droit et la bonne conversation l'avoient frappé. Cet homme avoit, en effet, un esprit et une manière au-dessus de son état; il nous parla très-bien du pays, de tous les objets qui y avoient rapport; nous conseilla et nous dirigea pour notre marche du lendemain. Il nous donna aussi des chevaux pour cette course de traverse extraordinairement longue et pénible : car ses chevaux devoient conduire le Prince jusqu'à Remiremont, qui est à seize lieues de-là, et ceux qu'il me donnoit devoient me ramener du haut du Ballon à Bedfort. Le prix de cette course fut en même tems très-raisonnable; l'affabilité, la bonne manière du Prince avoit aussi agi sur notre hôte. *Oh! l'aimable Seigneur*, me disoit-il, *s'ils lui ressembloient tous !* — L'affabilité seroit plus commune, si on réfléchissoit à tout ce qu'elle produit : mais ce n'est point une vertu de talent ; c'est une vertu de sentiment, et les gens qui l'affectent, par réflexion, sont toujours trahis par quelque chose de faux dans leur mouvement, ou par quelque retour de caractère qui les décèle.

Le 13

A Géromani, et de-là au Ballon.

Nous nous arrêtâmes à Géromani pour y dîner, et pour aller voir ce que c'étoit que ces mines. Curiosité trompée. Elles ne sont plus exploitées. Une compagnie qui s'en étoit chargée, et à la tête de laquelle étoit M. D***, receveur-général, qui a fait de mauvaises affaires de tous côtés, s'y est ruinée. Elle avoit travaillé ces mines sans intelligence, et aussi sans les fonds nécessaires, parce qu'elle s'étoit jetée en même tems dans une autre entreprise de l'exploitation des carrières de granit et de porphyre, dont la montagne du Ballon est pleine. Cette entreprise mal conduite aussi, a mal tourné, et a entraîné la chute de l'autre. Nous avons vu dans le magasin quelques colonnes et quelques vases en porphyre et en granit, qui restent encore, et qui ne sont qu'à demi polis. Il m'a paru que le grain et la qualité n'étoient pas d'une grande beauté. Peut-être est-ce là ce qui nuit à leur débit. Mais c'est encore plus la cherté occasionnée par le prix de la main-d'œuvre. Ils n'employoient au sciage et au polissage que des machines à bras, ou des bras même. Il auroit fallu en créer qui fussent mises en mouvement par les eaux. Ils avoient ce moteur sous la main. Le génie a manqué.

C'est à une lieue de Géromani qu'on commence à monter au Ballon, par la magnifique route qui y conduit. Cette route a passé tout ce qu'on m'en avoit dit. Elle est bien plus curieuse et bien plus belle que celle de Saverne, d'abord par son élévation et par la douceur de ses pentes : car le Ballon a, dit-on, quatre mille pieds, ce qui est peut-être exagéré, mais il en a au moins trois mille, et les pentes sont toujours ménagées avec tant d'art, qu'on peut les monter et les descendre au galop. On ne sait ensuite qu'admirer le plus, de la belle largeur du chemin, de sa solidité, de sa tenue, (celle d'une allée de jardin n'est pas plus parfaite) ou de sa hardiesse, de l'énorme travail des ravalemens, des terrasses qui suspendent souvent en l'air cette magnifique route, de la quantité de ponts qu'a exigée l'écoulement de vingt torrens qui la traversent; enfin de la richesse des matières qui sont employées tant à ces ponts qu'à ces terrasses. C'est toujours du granit ou du porphyre, la montagne en étant presque toute composée. Mais à toutes ces beautés de l'art, se joignent les beautés encore plus imposantes de la nature. Des masses de montagnes énormes et presque toutes couvertes de beaux bois de chênes, mêlés de pins, de sapins et de bouleaux; ce qui forme cette variété de vert ravissant, si recherchée dans les jardins anglais, et qu'on n'obtient avec beaucoup de dépenses et de soins, que dans de petites parties ; des ruisseaux, des cascades qui descendent de tous côtés de ces hautes montagnes, et qui entretiennent dans cette route une fraîcheur, une vie, un murmure continuel, de manière que tous les sens sont charmés à-la-fois. Quelques-unes de ces cascades tombant de plus haut et plus perpendiculairement, font un fracas épouvantable, et coulent ensuite en torrent dans des précipices mêlés de bois et de rochers, d'où ils se calment, s'adoucissent, s'élargissent peu-à-peu, et forment mille ruisseaux en tous sens dans les prairies de la vallée qui, vues alors à travers les masses d'arbres et variées à l'infini dans leur espèce par les tours et détours du chemin, présentent de belles nappes de verdure sillonnées par des ruisseaux d'or et d'argent. Le plus beau tems du monde. Le soleil le plus éclatant animoit cette scène et produisoit à nos yeux des effets d'ombre et de lumière impossibles à concevoir et à peindre. Quelquefois, en montant, nous découvrions tout-à-coup, au détour d'une pente, un espace ouvert à travers les bois ; de-là notre vue plongeoit dans le vallon de Géromani, et après s'y être doucement reposée sur un mélange charmant de prairies, de petits bouquets de bois, de ruisseaux, de maisons éparses de tout côté, elle alloit se perdre dans la plaine d'Alsace, au bout de laquelle les montagnes Noires qui sembloient ne former qu'une masse de gros nuages, terminoient majestueusement l'horizon ; c'étoit exactement une vue d'optique, et la vallée étoit le tube par lequel elle s'offroit à nous. D'autres fois, les retours du chemin, l'épaisseur des bois, les masses de montagnes nous déroboient entièrement la vue de la vallée ; ces masses de montagnes sembloient se joindre à mesure que nous avancions, et nous nous trouvions enfermés dans une thébaïde horrible, où nous n'apercevions plus aucune trace d'habitation ni de culture : c'étoit de tout côté la nature franche, brute, sauvage : c'étoit un site des Alpes les plus reculées, et comme la limite du monde. Ce magnifique chemin rappeloit, il est vrai, tout-à-coup notre imagination aux idées de la société et de l'industrie humaine ; mais quelquefois aussi la perfection de ce chemin, sa parfaite solitude, (car il est infiniment peu fréquenté), la nature de ce chemin qui fait qu'aucune culture n'y fait trace, que les pas des chevaux ne s'y impriment pas, que c'est toujours une belle allée de jardin anglais, tout cela me paroissoit tenir de la féerie, et je me disois : nous arrivons au palais d'Armide, et voilà la route que sa baguette a créée à travers l'enceinte des rochers et des déserts qui l'environnent.

En arrivant aux trois quarts de la hauteur de la montagne, dans un bel amphithéâtre de bois et de gazon, on trouve une fontaine qui sort d'un monument d'un genre simple et convenable à l'objet. C'est un bassin surmonté d'un obélisque. La montagne a fourni le granit dont il est composé; et il ne manque à ce granit que d'être poli, pour que ce soit un morceau d'une grande magnificence. Il y a une inscription latine qui est aussi de bon goût, par sa simplicité et sa concision. En voici le sens :

Louis commande ici. Voyageur ne sois effrayé ni de ces rochers, ni de ces torrens : sa bienfaisance t'ouvre une route facile à travers les uns, et t'amène les autres pour te désaltérer.

Nous nous assîmes au bord de la fontaine pour respirer, pour admirer, et nous lui rendîmes aussi hommage en buvant de sa belle eau; et de-là nous montâmes au haut du Ballon. Le chemin passe presque sur la cîme. On y trouve un plateau qui forme encore un assez bon pâturage, parce qu'il est rafraîchi par quelques sources. Ce pâturage étoit, dans le moment où nous y arrivâmes, couvert de troupeaux. Ce sont des bœufs et des vaches que les bouchers de la plaine y font engraisser. Il y a aussi sur le sommet quelques arbres, et une maison qui sert d'asile aux troupeaux et à leurs gardiens. Mais les arbres sont rabougris et couchés par les vents. L'air est déjà trop vif pour eux. Il n'y en a peut-être pas de semblables au haut des Alpes, ni sur le sommet du Mont-d'Or. Cela leveroit donc les doutes sur les 4000 pieds d'élévation qu'on donne au Ballon : car ce n'est qu'à une plus grande hauteur qu'il peut y avoir seulement de beaux herbages, mais il n'y a jamais de végétation élevée.

Magnifique vue, en effet, du sommet de ce plateau. Mais M. de Pesay, est bien ridicule, quand il dit qu'il étendoit un bras sur la Franche-Comté, un pied sur l'Alsace, et un sur la Lorraine, et qu'il embrassoit les deux crépuscules. Oh ! la sotte chose que la poésie dans la prose ! et combien la fureur des images nuit à la vérité ! On découvre, en effet, ces trois provinces, mais certainement l'œil n'atteint pas à leurs limites; l'Alsace, est celle qu'on voit le mieux, mais encore toute la partie de la Basse-Alsace, ne peut pas se découvrir. A peine voit-on quelques vallons de la Lorraine. Du côté de la Franche-Comté, l'horizon est fort éloigné, et on dit qu'on aperçoit, en effet, dans les tems plus clairs, les montagnes de St. Claude, et le Jura. Enfin, pour ne point exagérer, et pour réduire au vrai ce grand spectacle, tant vanté par M. de Pesay, il n'y a pas sur le plateau, un seul point d'où l'on découvre les trois provinces à la fois. Il faut faire le tour du plateau, pour aller chercher le point qui répond à chacune d'elles. Au reste, l'exagération de M. de Pesay est celle de presque tous les voyageurs. On semble croire, en étendant, en agrandissant les images, donner une plus grande idée de ses organes. On élève sans s'en douter les piédestaux, parce qu'on croit s'élever avec eux; et il n'y a personne qui n'aime à dire, et qui ne dise avec une sorte de vanité indéfinissable, qu'il a monté sur la plus haute montagne du globe.

Il étoit trois heures quand nous arrivâmes au sommet du Ballon. Agréable fin de journée! nous voulûmes y attendre le coucher du soleil, dans l'espérance qu'il nettoyeroit l'horizon. Notre espérance fut trompée; le tems fut superbe: mais l'horizon resta blanchâtre et vaporeux. Rapide écoulement de ces heures délicieuses! Nous nous promenions, nous cherchions ces différens points de vue ; tantôt assis sur un quartier de roche, qui étoit encore de granit et de porphire ; tantôt couchés sur un gazon, émaillé de mille petites fleurs qu'on ne voit point dans les prairies des plaines ; tantôt allant chercher de l'ombre dans les bois, qui sont sur la croupe de la montagne ; nous causions, nous herborisions, nous laissions aller nos pensées au gré de la nature, et de tout ce qui nous inspiroit. Le Prince Emmanuel n'avoit plus ces tiraillemens, ce mal-aise, ces oppressions dont il étoit fatigué dans la plaine. Ses nerfs étoient soulagés ; il se sentoit fort et libre. Je suis persuadé qu'en effet, l'habitation des montagnes élevées seroit un des plus puissans remèdes contre ce genre d'affection physique. Pourquoi un fluide plus raréfié et plus pur qui vous environne, qui vous pénètre de tous côtés, ne seroit-il pas aussi salutaire qu'un bain ? pourquoi l'harmonie de toute la machine n'en seroit-elle pas rétablie ? pour moi, je sais bien qu'il y a quinze ans, j'ai dû à un séjour de deux mois que j'ai fait dans des montagnes, le retour de ma santé, et le rétablissement de toutes mes facultés morales qu'un violent chagrin avoit anéanties.

Le village où je couchois, étoit dans le vallon. Je le quittois tous les matins au lever de l'aurore, et j'allois passer la journée sur les montagnes les plus élevées. Du lait et du pain que je me faisois donner dans la première chaumière que je rencontrois, étoient toute ma nourriture. Les premiers jours je gravissois lentement et je me traînois à peine jusqu'aux sommets les plus rapprochés. Chaque jour ma force augmentoit, et je m'élevois de quelques toises. Enfin rien ne m'arrêtoit plus ; je préférois les sentiers les plus rudes et les plus escarpés. Je franchissois les obstacles, les haies, les ravines, les torrens. J'allois m'établir sur la pointe la plus haute et la plus inaccessible. Mon ame revivoit aussi par degrés. Ma pensée se détournoit peu-à-peu de l'objet de mon malheur. Je pouvois penser, lire, écrire, travailler. Je sentois la nature ; tous les objets reprenoient pour moi leur forme et leur couleur. Enfin, au bout de deux mois, je descendis de mes montagnes avec le besoin de vivre et l'impatience de me replonger dans l'immense avenir d'événemens et de passions, que m'offroient encore ma jeunesse et le retour de ma santé.

Quand l'arrivée de la nuit nous eut entièrement ôté l'espérance, nous descendîmes de la montagne par le côté opposé ; et nous allâmes souper et coucher à St. Maurice, village de Lorraine à une lieue de-là, sur le chemin de Remiremont. Enfin, le matin il fallut se séparer. Mais je suis persuadé que cette petite course, et surtout ce bon bain d'air au sommet des Vosges, auront été salutaires au Prince.

Le 14.

Retourné à Bedfort, en redescendant le Ballon par le même chemin que j'avois tenu. J'étois bien aise de revoir cette magnifique route. . . . .
. . . .
. . . .
. . . .

Le 25.

Monté au Fort-Rhin à pied, tant pour voir ce fort, qu'un détachement d'invalides qui y est en garnison. Petit fort, aussi mauvais qu'inutile. Tombe d'ailleurs en ruines de tout côté ; on y entretient à peine les bâtimens ;—coûte cependant encore 5 ou 600 liv. au Roi sans compter un garde d'artillerie, qui a 240 liv. d'appointemens; un commandant qui a 2000 liv.; un aide-major qui a 900 l.; un aumônier, 400 liv.; à quoi il faut ajouter le bois, la chandelle, les fournitures payées inutilement; à l'entrepreneur 14 liv. par an, pour chacun des soldats, portés au nombre de 42, quoiqu'il n'y en ait jamais que 20. Le tout seroit une économie de 4500 liv. au moins, si l'on abandonnoit ce méchant poste. Il en seroit de même du fort St. André, qui coûte au Roi au moins six ou sept mille francs, et de l'inutile enceinte de Salins, ainsi que de son état-major. Il résulteroit de la suppresion de cet établissement militaire, au moins 30,000 liv. d'économie. Quand viendra-t-il en France un ministre de la guerre, homme d'Etat et militaire à-la-fois, qui fasse un plan général de défensive de nos frontières, et qui sente l'inutilité de tant de places, forts et châteaux qui n'ont plus d'objet ? Par-tout abus sur abus. Il y a à Salins un garde d'artillerie payé 1200 liv.; ce garde magasin demeure dans la ville, et est un bourgeois de Salins; il a sous lui deux aides, dont un pour chacun des forts qui sont aussi deux bourgeois, ayant chacun 240 liv., sans autre fonction

fonction que celle d'ouvrir et de fermer de tems en tems deux ou trois méchans magasins, où les affûts ne sont pas faits pour les pièces, où les boulets ne répondent pas aux calibres des canons et ainsi du reste. Pourquoi ces places ne sont-elles pas données, au moins pour retraite, à d'anciens officiers et bas-officiers d'artillerie ? Par-tout on ne voit que des doubles, des triples emplois. On marche sur les faux calculs, sur les erreurs, sur les absurdités de tout genre.

Par Levier à Pontarlier.

Bois, qui annoncent l'approche des montagnes et de la Suisse. — Sont déjà tous en sapins et en pins. Les côteaux à la droite du chemin, commencent aussi à rappeler les paysages de la Suisse. — Tout en prairies, dont la fraîcheur est entretenue par des eaux bien dirigées, et qui sont en même tems remplies d'arbres verds et de buissons. Cela ne vaut peut-être pas mieux pour l'agriculture : mais cela fait un effet charmant à l'œil. La cîme des montagnes est ensuite couverte de belles forêts de sapins, qui forment de belles bandes noirâtres à l'horizon, et qui contrastent, d'une manière très-piquante, avec l'azur d'un beau ciel et le vert plus gai des prairies. Par-tout traces des fortes pluies qui ont tombé pendant les jours précédens. Tous les ruisseaux, déjà très-multipliés, ont augmenté de grosseur et de rapidité ; par-tout des cascades, du murmure. On voudroit que ce fût la nature, et que ce n'en fût pas un accident. La nature, qui m'invite toujours à l'imiter, m'apprend dans ce pays-ci que nous ne faisons pas assez d'usage, dans nos jardins, des touffes et des arbres jetés çà et là dans les prairies, et que ce sont surtout les arbres verds qui y font un effet charmant, à cause du contraste de leurs couleurs fortes avec les couleurs tendres. Arranger ainsi la partie de prairie de Courcelles, que j'ai enfermée dans mes jardins, et où je n'ai mis que des peupliers et des arbres trop pâles et trop uniformes avec le fond du tableau. C'est surtout de la composition des jardins qu'il faut dire : *Ut pictura poësis*. Leur poésie doit être une peinture.

Bassin de Pontarlier assez étendu, plusieurs villages. Ville riante et bien bâtie. Elle a été presqu'entièrement brûlée en 1736, et le roi donna quatre cent mille francs pour aider à la rebâtir, à condition qu'il en fourniroit les plans. — Des façades uniformes. L'air cazernes. — Le Doubs passe auprès de la ville. Son nom de Pontarlier vient, à ce que disent les antiquaires, de ce qu'Aurélien y avoit fait jeter un pont, *Pons Aureliani*, et en avoit fait un des principaux passages pour aller des Gaules en Suisse. Ils ajoutent qu'il existoit encore, il y a deux siècles, une tour qu'il avoit bâtie pour défendre le pont. Ce qu'il y a de sûr c'est que Pontarlier est dans l'itinéraire de l'empereur Antonin. — Commandant à Pontarlier, M. le comte de St. Maurice, parent de M. de Montbarey : n'a jamais été que capitaine de dragons ; étoit là un pauvre malheureux lieutenant de roi avec 1800 liv. de revenu. M. de Montbarey l'a fait brigadier, l'a créé commandant de la frontière de Suisse ; commandement inutile, et qui coûte au roi 6000 liv. de traitement. M'a logé et fort bien reçu. Homme ayant de bonnes manières, et ne manquant pas d'esprit.

Le 26.

Eté à cheval au château de Joux, pour y passer en revue deux compagnies. — Inutile château, à une demi-lieue de la ville.

Bâti aussi par Louis XIV ; mais à conserver puisqu'il existe, qu'il est enfin tout-à-fait sur la frontière, et, en effet, la tête d'un des principaux débouchés en Suisse : n'est d'ailleurs pas mauvais, et moins en ruine que ceux de Salins.

Cours du Doubs, fort pittoresque en allant au château de Joux, et par de-là. Jolies positions, jardins anglais tout faits à chaque pas. Que la nature est désespérante pour l'art ! il en est du talent comme de l'esprit.

Le 27.

De Pontarlier à Iverdun. Dîné à Jougue, entrée de la Suisse. On la reconnoît aux barrières et aux chemins que la droite raison y fait moins larges, et qui, faute de nos dispendieuses méthodes d'entretien, ou de nos méthodes de corvée plus désastreuses encore, sont plus négligés. Mais en avançant dans le pays, en approchant d'Iverdun, on la reconnoît bien davantage à la bonne culture, à l'aisance des villages, à la propreté des cabarets. On sent déjà à Jougue, qui est le dernier village de la France, l'influence du voisinage. L'auberge, quoique le village soit petit, y a déjà tout un autre air que les auberges de France. La chambre dans laquelle je dîne, est boisée et proprement peinte. Il y a aux fenêtres des rideaux d'indienne, proprement rattachés. Le dîner est bien servi et appétissant. Ce sont des légumes et de bonnes truites. Quelle idée nos auberges de France doivent donner de la nation aux étrangers qui ne connoissent encore le royaume que par elles ! ce sont de vrais cloaques. Tout ce qu'on y mange est dégoûtant ; maison, hôte, hôtesse, escalier, chambres, meubles, jusqu'aux servantes, tout est à l'avenant. Ajoutez à cela les lits les plus durs, le linge le plus grossier et le plus mal blanchi ; des murailles ou des cheminées presque toujours couvertes des inscriptions les plus bêtes et les plus obscènes. Une honnête femme, ou un homme, tant soit peu délicat, ne peuvent y lever les yeux sans rougir. Je n'ai jamais vu aucune de ces infamies dans les auberges étrangères, et quand, par hasard, on les y voit, elles sont soigneusement effacées le jour même. L'hôte regarde cette attention de décence comme un devoir. Seroit-il donc impossible que le Gouvernement s'occupât de la police et de la tenue des auberges ? Ne conviendroit-il pas que la nation qui se pique d'être la plus polie et la plus hospitalière, et d'avoir les plus beaux chemins, sortît sur cet objet de la révoltante barbarie où elle est plongée ? Pourquoi les officiers municipaux de chaque lieu ne seroient-ils pas obligés d'y veiller ? pourquoi tout particulier peut-il indifféremment tenir auberge ? pourquoi n'exigeroit-on pas de ceux qui en établissent, d'avoir des moyens, un local, un mobilier et une industrie proportionnée à l'espèce d'auberge qu'ils se proposent de tenir ? pourquoi n'y pas défendre les tapisseries et les meubles de laine ? De simples murailles bien blanchies et reblanchies ensuite toutes les fois que les juges de police dans leur visite le jugeroient nécessaire ; des rideaux de lit aussi de toile blanche ou de siamoise vaudroient mille fois mieux. C'est ainsi que sont tenues presque toutes les auberges étrangères ; mais avouons-le, la malpropreté est un vice national. Il perce à travers notre luxe, et il n'y a pas jusqu'à nos plus magnifiques maisons où il ne se fasse sentir. Enfin M. Turgot a achevé de perdre les auberges en France, en multipliant les diligences et les moyens de voyager rapidement. La poste ne devroit être faite absolument que pour les gens pressés, et pour les gens riches qui ont toujours le droit de faire croire qu'ils le sont. Il faudroit peut-être par conséquent la mettre à plus haut prix. Alors beaucoup de gens voyageroient à cheval, ou avec leurs chevaux ; les bonnes auberges s'établiroient, se multiplieroient ; elles auroient la certitude de recouvrer leurs frais, et de consommer leurs provisions. L'argent des voyageurs se répandroit plus également dans tous les lieux de de passage. Il ne s'amonceleroit pas comme il fait dans les lieux principaux de couchée, que tout le monde calcule d'après la rareté des bons gîtes dans les intervalles. C'est-là la politique des Suisses, et même du canton de Berne, quoique notre luxe, nos beaux chemins, et beaucoup de nos institutions y aient pénétré. Ils n'ont pas voulu établir de postes, et c'est ce qui y soutient en général de très-bonnes auberges. Elles sont chères, dit-on ; mais elles ne le sont encore que pour le riche, pour l'homme qui y arrive avec un train, et surtout avec le vernis français. L'étranger simple et modeste qui veut y manger à table d'hôte, et qui voyage avec les voitures du pays, y vit beaucoup mieux et à meilleur compte qu'en France.

J'en reviens à cette police sur la poste et sur les auberges, que beaucoup de gens regardent comme contraire aux principes de liberté, de concurrence qu'il faut avoir dans un grand empire. Ils diront qu'il faut abandonner ces petits détails, ces règlemens de couvent, comme ils les appellent, à de petits états. Mais l'empire Romain les avoit ces règlemens. La poste n'y étoit point à l'usage des particuliers : elle ne servoit qu'aux officiers publics, aux magistrats, ou à ceux qui avoient une permission de l'Empereur ou du Sénat. Il y avoit des préposés à l'inspection des hospices publics. Je suis bien loin d'être de l'avis de nos politiques modernes; je crois que les principes de liberté ou de concurrence en cette matière, conviennent plus à un petit état qu'à un grand. Je crois que dans un grand empire, il faut des règlemens sur tout, et une surveillance continuelle. Tout y est trop loin des yeux du Gouvernement; tout y a trop de pente à se relâcher; tout s'y peut trop aisément cacher dans la foule. Sans doute ces règlemens, cette surveillance elle-même entraînent des abus ; mais n'ayez à cet égard ni police, ni lois, ni vigilance ; et vous verrez bientôt l'anarchie et la dissolution. Où me mène mon premier dîner dans une auberge suisse ! mais c'est tout ce qui m'a passé par la tête en dînant, et toutes les fois que mes pensées, en se prolongeant, acquièrent un peu de liaison et de consistance, elles appartiennent à mon journal.

Je me rappelai aussi, en dînant, ce château de Joux, qui garde notre frontière, et je voyois celle de Suisse désarmée, et sans aucune précaution militaire. Qui ne penseroit, me disois-je en moi-même, s'il ne savoit auquel des deux pays appartient chaque frontière, que l'une est celle de la nation puissante, et l'autre celle de la nation foible ? Il est vrai que ce n'est pas sous ce rapport que la chose veut être envisagée. Les Suisses sont libres, et ils ne veulent point de places, parce qu'ils craindroient qu'elles ne tournassent au détriment de leur liberté, en appuyant la tyrannie si elle s'élevoit chez eux, ou en affermissant les nations étrangères dans leur pays, si elles en tentoient la conquête. — Louis XIV d'ailleurs n'a pas fait le château de Joux contre les Suisses ; il l'a fait contre les Francs-Comtois qu'il venoit de conquérir, et qu'il avoit besoin de traiter en ennemis, jusqu'à ce qu'ils se fussent accoutumés à être ses sujets.

Pluie continuelle depuis Pontarlier jusqu'à une lieue d'Iverdun ; elle duroit sans relâche depuis plusieurs jours. Je m'affligeois de voir la Suisse couverte de nuages. Tout-à-coup ces nuages se sont dissipés, le soleil s'est montré dans tout son éclat ; à mesure que j'avançois le rideau se tiroit : je découvrois la longue chaîne de montagnes du Jura. Il ne restoit plus que quelques nuages légers qui leur servoient de ceinture, tandis que leur sommet touchoit un beau ciel d'azur. Je voyois à mes pieds ce beau lac de Neufchâtel. — Iverdun, un pays charmant, mêlé de côteaux, de prairies, de vignobles, de champs bien cultivés ; à droite j'apercevois le lac de Genève. Devant moi et à l'horizon, d'abord, les grands côteaux qui bordent les deux lacs. Dans un autre pays, ces côteaux passeroient pour des montagnes. Ici tout ce qui encadre l'horizon est si élevé, si prédominant, que l'œil ne les prend plus que pour les ondulations d'une grande plaine. Plus en arrière se montroit à mes yeux la lisière des montagnes de la Suisse, celles qui sont inférieures et qui sont vers le premier plan, et derrière elles un second et un troisième plan ; s'élevoient ensuite majestueusement les montagnes plus élevées couvertes de neiges éternelles. Le soleil éclairoit, animoit, rapprochoit tous ces différens tableaux.

Le 30.

De Bienne par Aarberg à Berne.

Chemin fort triste par comparaison, surtout à celui que j'avois fait les jours précédens. On n'a plus la vue de ces beaux lacs, de ces riches côteaux couverts de vignes et d'habitations ; on est rentré dans un pays commun et sérieux. Beaucoup de prairies et de bois de sapins. Assez d'habitations, mais toutes en bois et bien moins agréables à l'œil que celles du beau pays que je viens de quitter. Prairies presque toutes closes. Le bois étant commun, les clôtures sont faciles. On fait par-tout des regains. C'est l'usage dans toute la Suisse. On n'y connoît pas la déplorable manière de beaucoup de provinces de France, d'abandonner la seconde herbe en pâturage aux bestiaux. Avec l'industrie que les Suisses ont pour diriger les eaux, et la faveur qu'à la vérité, leur a fait la nature de leur en donner par-tout, il n'y a point de pré qui ne fournisse deux récoltes. On est étonné, dans cette saison-ci, de voir des faucheurs au sommet des montagnes et parmi les rochers. Par-tout où l'eau peut arriver, il y a un morceau de pré, et c'est là la base de leur excellente agriculture et de leur richesse. Si les eaux font tant de bien à la Suisse, si elles y sont le principe de la fécondité, il faut convenir aussi que les habitans les traitent avec reconnoissance : par-tout elles sont recueillies avec soin, ménagées avec économie, dirigées avec art. Il n'y a pas de village qui n'ait ses fontaines, son lavoir public. — Dans beaucoup de villages, ces fontaines et ces lavoirs sont en pierre de taille. J'en ai vu plusieurs dans le comté de Neufchatel, qui étoient ornées d'une colonne, ou enfin de quelque décoration.

On ne sent point assez en France que c'est cette abondance d'eau, mise à la portée du public, qui est la base de toute l'économie domestique et champêtre. Sans elle, dans les maisons, point de propreté, point de salubrité ; dans les campagnes, point de bonnes laiteries, point de prairies, point d'engrais, point de végétation forte et productive. Dans beaucoup de provinces du royaume, dans nos plus beaux pays de plaine, cette ressource manque souvent ; mais souvent aussi on a négligé dans le principe d'approcher les habitations de l'eau. On néglige aussi de profiter de l'eau qui existe. Dans la plupart de nos villages, on la laisse se dissiper sans profit ; elle coule à ciel ouvert, et se mêle par conséquent avec les eaux de pluie et souvent avec les écoulemens des terres et les eaux de fumier. On a beau dire qu'il ne faut pas que le gouvernement se mêle de gouverner : il y a des objets de police publique, sur lesquels il doit essentiellement veiller. L'air, l'eau, le feu sont des biens de la nature, mais le peuple n'en sait pas toujours jouir ; il a besoin d'être éclairé sur l'emploi qu'il en peut faire. Un bon gouvernement ne doit pas, sur ces objets, ni sur tout ce qui concerne la subsistance du peuple, se faire sentir par des vexations, mais par ses bienfaits et par ses lumières.

Chemins dans le canton de Berne, les plus beaux de la Suisse ; seroient beaux par-tout excepté en France où l'on a des proportions ridicules pour leur largeur et pour leur magnificence. Deux voitures au moins peuvent y passer par-tout. Ils sont bien ferrés dans toute leur largeur. Par-tout où cela est nécessaire, il y a des cassis et des ponts, mais toujours sans luxe et presque tous en bois. Dans la direction de ces chemins, on n'a d'ailleurs ni la ridicule manie des alignemens, ni celle d'adoucir excessivement les pentes, et de forcer par là à grands frais la nature. — Ces chemins augmentent de beauté à une lieue de Berne; ils annoncent de tous côtés l'arrivée, non pas de la capitale d'une grande monarchie, mais celle d'une république riche et économe. Pont sur l'Aar, une lieue avant d'arriver à Berne. Il est couvert comme presque tous les ponts de Suisse, parce qu'étant presque tous en bois, cela les entretient et les conserve : il n'y a que celui-ci qui a les piles en pierre. La rivière de l'Aar coule là dans un encaissement de rochers et avec l'impétuosité d'un torrent. Aspect de dessus le pont, très-pittoresque. Plusieurs maisons qui le dominent, sont dans une position charmante, une entr'autres; je l'ai dessinée en passant : c'est ma manière de rendre hommage à toutes les habitations qui me frappent.

Aspect de la ville de Berne, très-singulier et très-beau, de quelque côté qu'on arrive. Il l'est surtout du côté du chemin de Thunn, parce que c'est le côté d'où l'on découvre l'Aar qui enveloppe une partie de la ville; il coule de même dans un encaissement; mais cet encaissement est plus évasé, et il forme des deux côtés des canaux magnifiques, sur lesquels la ville s'élève en amphitéâtre accompagné d'une quantité de jardins et de maisons de plaisance qui forment un effet charmant. Enfin la situation de Berne, sans être une de celles du premier genre comme Naples, Bordeaux, Constantinople, Marseille, Londres, est certainement dans les villes de seconde et troisième classe, une de celles qui restent le plus dans la pensée. Du côté du chemin de Thunn surtout, cette vue se lie de la manière la plus heureuse avec celle de la vallée de l'Aar qui est ravissante et avec la majestueuse bordure des montagnes et des glaciers de Grindelvald qui la termine.

On suit toujours cette vallée de l'Aar jusqu'à Thunn; et c'est le plus beau chemin du monde, dans un jardin continuel. Des deux côtés, pendant quatre lieues, haies et barrières proprement entretenues, habitations sans nombre, villages propres et rians. Cette vallée produit peu de grains. Tout est en prairies et en arbres fruitiers. On faisoit les regains : tout étoit en mouvement ; tout étoit couvert de faneurs, de faneuses et de petits chariots légers, attelés chacun d'un cheval, et ramenant les fourrages dans les granges. C'est-là que j'ai été frappé, plus qu'ailleurs encore, de la singulière industrie des habitans pour l'arrosage des prairies. Je voyois des prairies qui venoient d'être fauchées, et qui offroient à mes yeux le tapis le plus verd et le plus uni. Déjà des ruisseaux argentés s'y épanchoient en tout sens. Il y en avoit qui me paroissoient arrosées comme par magie, et sans que je visse d'abord d'où arrivoit l'eau. Je m'arrêtois pour examiner de plus près, et je découvrois que ces eaux venoient de montagnes éloignées, et arrivoient jusqu'à ces prairies dans des canaux de bois. J'en voyois qui traversoient sous la chaussée, sur laquelle je marchois, par des conduits artistement ménagés. — Forme, propreté, bonne distribution

distribution intérieure des maisons de paysans toutes en bois. Je suis entré dans quelques-unes : toutes ont plusieurs étages ; toutes ont en bas une ou deux grandes pièces garnies de poêles en fayence de couleur ; toutes avec des vîtres et des volets. Il y en a de très-grandes, et qui annoncent la ri-richesse de leurs propriétaires; alors elles sont peintes en-dehors de différentes couleurs ; elles ont leurs jardins environnés de barrières peintes ; elles sont garnies de pots de fleurs aux fenêtres, et par-tout où l'on peut en placer ; le tour de la maison est pavé en cailloux, artistement rangés en compartimens. Usage d'écrire en noir autour des maisons, le nom du propriétaire qui l'a bâtie, et celui des principaux membres de sa famille, avec des passages de l'Ecriture sainte. D'autres y mettent des sentences et des espèces de devise, chacun à leur gré. Les riches font faire une inscription en lettres de couleur ; ils y ajoutent quelquefois les armoiries des treize Cantons. Le dedans des chambres est toujours boisé, même dans les maisons les plus simples. Les boiseries, les bancs, les tables, tout est d'une propreté extrême. Il est très-commun de voir des rideaux aux fenêtres. Dans plusieurs cabarets, j'ai vu la recherche des stors de toile en dehors. Dans la principale pièce de chaque maison, on trouve toujours l'almanach et la gazette, et souvent la liste des magistrats de la république et de tous les baillis, par ordre de bailliage. Il faut comparer à cela l'ignorance profonde de nos paysans, qui ne savent pas au nom de qui ils sont gouvernés, et qui ne connoissent ni la date ni le nom du mois dans lequel ils vivent.

Tous ces paysans sont propriétaires; voilà la grande différence qu'il y a entr'eux et les nôtres qui n'ont souvent que leurs bras. Voilà la source de leur aisance et de leur industrie. Il y en a beaucoup d'aisés, presque aucun de misérable, et quelques-uns de fort riches; leur costume seul l'indique. Tous ont de bons souliers aux pieds; on ne sait pas ce que c'est que des sabots, au moins dans cette partie de la Suisse. Plusieurs ont des montres. Les dimanches et fêtes, hommes, femmes, tout est vêtu en drap. Les femmes ont des toques presque toutes de velours, garnies d'une large dentelle noire, leurs cheveux en longues tresses qui pendent sur les reins, rattachés avec des rubans de soie noire, ou de couleur. Plusieurs ont sur le devant de la poitrine des chaînes en argent. Jamais une femme ne travaille aux champs, ni jambes ni pieds-nus. Toutes ont des chapeaux de paille avec un ruban qui a été celui des dimanches ; mais enfin qui prouve que c'est la parure habituelle. Sous ces chapeaux on a le plaisir de voir des visages encore blancs et frais. Comparons aussi à cela, si on en excepte quelques-unes de nos provinces, la tenue journalière de nos paysans et de nos paysannes; ils ont l'air de bêtes de somme. Le dimanche n'existe pour eux que par l'oisiveté de leurs bras, et le plus mince habit de toile ou d'étoffe grossière est toute leur parure.

En approchant de Thunn, la vallée se resserre ; les montagnes commencent à se garnir de bois de sapins, ce qui donne au paysage un caractère plus sérieux. Elle se rélargit ensuite, en arrivant à Thunn ; et cette petite ville, surmontée d'un château, qui sert de résidence au bailli, et voisine du lac auquel elle donne son nom, offre une vue très-piquante.

Logé à la Croix blanche, dans la chambre et dans le lit où avoient couché M. le comte et Mme la comtesse du Nord, allant aussi visiter les glaciers. L'hôte a conservé leur nom sur la porte avec la date de leur passage, et a fait venir deux gravures qui les représentent, et dont il a orné la cheminée. Extrême propreté de cette auberge : elle appartient à la ville qui l'afferme à l'hôte actuel, et qui ne trouvant pas celle-là suffisante, vient d'en faire bâtir une autre qui lui coûte 50 mille francs.

Pris avec beaucoup de difficultés mes mesures pour ma course aux glaciers. Faux renseignemens que m'avoit donnés le livre de la Borde.

Je voyagerois beaucoup, je verrois beaucoup de pays, que la vallée de Thunn ne sortiroit jamais de ma pensée. Je ne cesserai de désirer, pour dernier asile, un coin de terre où tout offre l'image du travail et de l'aisance, où de cent pas en cent pas, le murmure d'une source vous annonce une habitation ; où cette habitation paroît réunir une famille heureuse ; où enfin l'on sent qu'on ne seroit pas malheureux, si l'on étoit réduit par le sort à y habiter. Je n'exagère rien, cette dernière réflexion m'y a frappé souvent. Enfin, je ne sais ce que peut me réserver le sort, il offre quelquefois des chances de renversement de fortune bien inattendues; mais pourvu que ses débris me laissent assez de quoi acheter une petite maison, un verger, une prairie, et quelques champs sur les bords des lacs de Neufchâtel ou de Bienne, ou dans la vallée de Thunn, je suis sûr de braver ses coups.

Le 31.

De Thunn par Stritz, Unterseven; presque toujours le long du lac de Thunn, ou sur les hauteurs qui le dominent jusqu'à Stritz; le chemin est passable pour les voitures. De Stritz à Unterseven, ce n'est plus qu'une traverse praticable seulement à cheval. — Laissé ma voiture à Thunn, et pris le parti de faire toute cette course à cheval.

Unterseven est une petite ville avec bailliage, au bout du lac de Thunn. Ce lac a quatre lieues de long, sur environ à-peu-près une et demie de large. A une petite lieue de Thunn, pont couvert sur le torrent de Kundel. Ce torrent, qui est très-considérable, tomboit autrefois près de Thunn dans le lac, et l'on se plaignoit qu'il faisoit quelquefois de grands ravages dans les prairies voisines. On lui a ouvert un nouveau débouché dans la montagne, en lui faisant un lit coupé à pic dans le rocher, qui a plus de vingt-cinq toises de large sur soixante ou quatre-vingts pieds de profondeur ; ouvrage immense, et qui a dû coûter beaucoup d'argent au canton. Belle chute de ce torrent, mais inconvénient de cet ouvrage : les prairies, auxquelles il faisoit de tems en tems du dommage, n'étant plus fécondées par son passage et par l'humidité qu'il y entretenoit, rendent beaucoup moins qu'auparavant ; et la chute prodigieuse qu'on a été forcé de lui donner, lui fait trouver de grands atterrissemens à son embouchure dans le lac. Ces atterrissemens sont déjà très-sensibles, et par le laps des siècles, ils combleront peut-être un jour toute cette partie du lac. Image de beaucoup d'opérations politiques, qui, à grands frais et avec un grand bouleversement, font naître un plus grand abus que celui qui existoit. Cela veut-il dire qu'il ne faille rien changer ? non, mais seulement qu'il faut changer avec génie, et que ce droit n'appartient qu'à ceux qui sont heureusement nés pour pénétrer et pour embrasser d'un coup-d'œil les détails et l'ensemble de ce qu'ils détruisent et de ce qu'ils mettent à la place.

Du torrent de Kundel à Unterseven, rien d'intéressant. On entre dans la franche montagne. Le pays devient plus âpre et plus pauvre. Les habitations qui y sont assez nombreuses cependant, s'en ressentent encore : car toute la Suisse ne ressemble pas à la vallée de Thunn. Voilà ce que les voyageurs ne font pas assez sentir dans leurs relations. Ils peignent des localités qu'ils donnent comme des résultats. Des femmes ou des hommes qui leur ressemblent, parcourent les bords du lac de Genève, et elles rapportent l'opinion que la Suisse est le plus beau, le plus riche, le plus heureux pays de la terre. D'autres voyageurs sont frappés plus vivement de la pauvreté des montagnes de la Suisse ; ils voient un pays sans grandes villes, sans récoltes en grains, sans maisons de pierre, sans luxe ; et ils concluent que la Suisse est un pays affreux, et que la liberté n'y dédommage pas les habitans de leur misère.

J'oubliois, avant d'arriver au torrent de Kundel, quelques jolies positions sur le lac

Thunn, près de la ville, et entr'autres une charmante petite maison de campagne appartenante à M. Fischer, conseiller de Berne. Les dehors de cette maison, qui est d'ailleurs très-simple et très-petite, sont plus grands que ceux de la plupart des maisons de campagne de la Suisse. Il y a deux petites fabriques de bon goût dans le genre moderne, entre autres, en face de la maison, un pavillon chinois, dont le dessous est en même tems un joli pont sur un canal qui débouche dans le lac. Ce point de vue, accompagné de plantations, qui sont d'ailleurs trop régulières, est charmant. Nous, qui, aux environs de Paris, faisons avec tant d'efforts et de frais, des ruisseaux, de fausses rivières, pensons donc ce que sont ces belles nappes d'eau, ces bras de mer que la nature a formés avec profusion dans les vallées de la Suisse, et quelle ressource le goût, l'industrie et la magnificence de nos arts pourroient en tirer. Mais, au lieu de les faire servir de point de vue à des jardins, il faudroit s'en servir pour vivifier le pays. Il faudroit y établir une navigation, un commerce, et il y a à peine un misérable cabotage. L'œil se perd sur ces lacs comme sur ces tristes déserts, et il n'y rencontre jamais une ville.

Profondeur extraordinaire de presque tous ces lacs de la Suisse. Dans quelques endroits on n'a pu trouver de fond. Dans d'autres, c'est au moins 100 ou 150 toises. Ces immenses réservoirs d'eaux semblent avoir en profondeur la hauteur des montagnes qui les nourrissent ; et sans cette sagesse de la nature, tous les vallons de Suisse seroient bientôt inondés. Les vallons des Pyrennées ne renferment point de lacs pareils ; mais aussi les montagnes des Pyrennées ne donnent point naissance aux plus grands fleuves de l'Europe : elles ne récèlent point cette immense quantité de sources, de cascades, de ruisseaux qui s'en échappent de tous côtés. Quelle admirable harmonie ! quel superbe équilibre ! quel rapport entre les détails et les masses, entre les parties et le tout !

Dîné à Unterseven. Jolie situation, mais ce n'est pas un mérite en Suisse ; et ce qui n'est que joli dans ce genre, ne vaut pas la peine d'y être cité. L'Aar s'y partage en plusieurs bras ; beaux effets d'eau, belles nappes, mais cela est encore commun dans toutes les rivières de la Suisse, qui sont ordinairement très-rapides, et qui coulent dans des lits de rochers.

D'Unterseven à Lauterbrunn, 3 lieues. — Mauvais chemin; ne peut se faire qu'à cheval ou dans les charettes du pays. Les voyageurs viennent ordinairement par le lac dans des bateaux couverts, qu'on loue à Thunn, et qui descendent à une demi-lieue d'Unterseven, où ils louent ensuite de ces charrettes. C'est ainsi que le Comte et la Comtesse du Nord ont fait leur course des glaciers. Je m'informe de tous ces détails, pour servir de guide à madame de Guibert, qui veut faire le voyage de Suisse. C'est lui rendre d'avance le plaisir que je suis fâché d'avoir sans elle. Il faut acheter à Berne une petite brochure d'une vingtaine de pages, dont l'auteur est l'homme de la Suisse, qui connoît le mieux les glaciers de cette partie. Il indique le meilleur itinéraire à suivre pour cette course. J'ai suivi la même marche que lui jusqu'à présent; je la suivrai jusqu'à Grindelvald; mais de-là il conduit les voyageurs par le Seherdek, dans le vallon d'Hasely, et les fait revenir par le lac de Brientz à Thunn et à Berne. Cette course complète, pour être bien faite, exige cinq jours, et je n'ai pas le tems de les y employer. Les trois jours que j'y sacrifie avoient même une autre destination. Je m'étois annoncé à Courcelles pour le 8 ou pour le 10. Je regrette de ne pas voir ce vallon d'Hasely qu'on dit une vallée charmante, enfermée dans les plus hautes montagnes de la Suisse. Deux voyageurs, dont un Italien et un Français que je rencontre, et qui vont comme moi coucher à Lauterbrunn, feront la course entière, et en me séparant d'eux au Grindelvald, mes regrets se renouvelleront.

Mais ce que je regrette bien davantage, c'est de ne pas pouvoir aller au mont St. Gothard, ce berceau de si beaux fleuves; c'est de ne pas voir la route qui y conduit, le cours de la Reuss, ce *pont du Diable*, suspendu sur des abîmes; enfin, de ne pas pouvoir pénétrer dans ces petits cantons, de ne pas voir la chapelle de *Guillaume Tell*, cette prairie où *Coxe* a vu un peuple de paysans tout rassemblé, et faisant ses lois; c'est de ne pas pouvoir descendre ensuite par le mont St. Gothard, sur une belle plaine d'Italie, sur de beaux lacs qui l'emportent encore, dit-on, par la richesse en culture et la population du pays qu'ils baignent, sur les plus beaux lacs de la Suisse. Hélas ! dans combien de genres il me reste de choses à voir et à connoître ! Mon imagination les dévore, et s'attriste en y pensant. Mais mon cœur m'en console ; si j'avois tout vu ; j'aurois moins vécu, j'aurois moins aimé. Quand je serai, dans trois jours, sur le lac de Genève, quand je verrai Clarence, Vevay, la Meilleraye, quand la pensée de *Rousseau* me remplira tout entier ; quand enfin je descendrai vers mes paisibles champs, quand je serai assis sous mon *bigarottier* (1), entouré de tout ce que j'aime, je ne regretterai aucune des beautés muettes de la nature ; je m'applaudirai de ne pas courir le monde ; . . . . . je consentirai à ce qu'il se termine au côteau qui borde mon vallon.

Le 1.er septembre.

C'étoit entre sept et huit heures que le soleil devoit se lever de derrière la montagne qui

---

(1) Ce vieil arbre qui dominoit un verger, étoit si beau et si chargé de fruits chaque année, que Guibert y avoit fait graver cette inscription :

« Aux petits des oiseaux il donne la pâture.... »

est en face de la cascade et venir lui prêter des couleurs et de la magnificence. Je me suis levé suivant mon usage à cinq heures, et après avoir fait mon journal de la veille et pris du thé avec le ministre, je me suis promené, en attendant, dans le vallon. J'ai suivi pendant quelque tems le cours du torrent, j'ai été visiter plusieurs habitations ; j'errois sans objet, ce qui a son charme quelquefois. Je me laissois aller à mille pensées vagues et fugitives, je revenois m'asseoir sur un quartier de rocher au près de la cascade, et je me plaisois à être mouillé par ce nuage de petite pluie dont j'étois enveloppé.

Le ministre, qui vint m'y joindre, me raconta que ce printems dernier, une jeune et jolie dame angloise ayant eu la fantaisie d'aller se mettre sous la chute et de s'y faire doucher, appuyée contre le rocher pendant une ou deux secondes, elle en sortit comme de raison trempée jusqu'aux os. Ses beaux cheveux, m'ajouta le ministre, étoient abattus et ruisseloient de tous côtés. Deux hommes étoient avec elle : l'un étoit son mari, et la grondoit de sa folie ; l'autre plus jeune ne disoit mot et ne se lassoit pas de la regarder : je ne sais comment un homme du monde eût raconté plus délicatement cette petite histoire.

Cependant le tems étoit couvert, le soleil perçoit de tems en tems, mais pâle et sans force ; l'heure s'avançoit ; je voulois aller dîner au Grindelvald qui est à 4 grandes lieues de Lauterbrunn. Je ne vis donc la cascade que très-mal éclairée ; quelques rayons du soleil venoient seulement de tems en tems dessiner au bas de la chute un foible arc-en-ciel. Quand le soleil est pur et vif, il y en a toujours deux très-marqués et très-éclatans ; tout ce nuage d'eau se colore de mille nuances ; et les grandes parties d'eau ont l'air de tomber en traits de feu. Je regrettai ce spectacle, dont d'autres cascades vues dans des momens plus heureux, me donnoient cependant l'idée ; mais j'eus la consolation de ne pas me reprocher d'être parti ; car le soleil ne prit de la force que quand j'arrivai au Grindelvald ; et il avoit dû déjà se cacher derrière la montagne d'où tombe le ruisseau.

Pris congé de notre hôte. Il n'y a jamais de mémoires chez lui. Chacun lui donne ce qu'il veut, et c'est l'auberge la plus chère de la Suisse. On est plus généreux avec un bienfaiteur qu'avec un tyran. Je soupçonne l'hospitalité des anciens de n'avoir jamais été à meilleur compte. Elle s'exerce de même dans l'Amérique septentrionale, et il faut demander à nos officiers comment ils s'en sont trouvés. L'hospitalité gratuite est le premier âge d'un peuple. L'hospitalité qui vend sa bienfaisance, est le second. Le commerce, les voyages, la grande fréquentation des hommes entr'eux, qui sont le troisième âge d'un peuple, amènent les hospices publics; et il faut convenir que c'est ce qu'il y a de plus raisonnable et de plus commode.

J'ai laissé mes voyageurs derrière moi. Ils vouloient connoître les glaciers à fond. « *Ils s'occupent*, me dit modestement le ministre, *des choses et des hommes*; ils font aussi leur journal. » — (ils ont pris soin de me le dire, hier en soupant;) car y a-t-il une personne au monde qui n'en ait pas une autre à ennuyer ou à intéresser?

Chemin pour aller au Grindelvald, toujours dans une vallée ou plutôt dans un défilé entre des montagnes d'une prodigieuse hauteur. De tems en tems cependant petites et pauvres habitations. Au bout d'une lieue on trouve le torrent de la veille, et on le suit jusqu'au pied des glaciers où il prend sa source; de tous côtés superbes accidens de la nature : variétés étonnantes des montagnes, dans leur surface et dans leur coupe; tous les systèmes s'y prouvent, et s'y détruisent tour-à-tour.

On voit dans la même chaîne, dans les même masses des montagnes, de ces parties de montagnes à couches horizontales et régulières, d'autres à couches irrégulières et en tout sens. Les unes ont l'air d'avoir été formées par congestion, d'autres d'être sorties des entrailles de la terre par éruption et d'un seul jet. On en voit qui sont taillées ou à pic, ou avec des contours si réguliers, qu'on les croiroit façonnés par la main des hommes. L'opinion de M. de Buffon, sur la correspondance des saillans et des rentrans, par laquelle il établit son système de la jonction des vallées et des montagnes, y est de même prouvée et démentie à chaque pas. Il y a des saillans qui ont, en effet, un rentrant opposé; mais ensuite on trouve des saillans sans rentrans, et des rentrans sans saillans. Ce que cela prouve, c'est que la nature,

ture se joue des systèmes généraux; c'est que la théorie de la terre ne nous est pas plus connue que celle des autres planètes, et que ce qui est même soumis à nos sens, échappe encore à nos calculs.

Chutes d'eau, torrens, ruisseaux. De partout, on voit toutes les montagnes sillonnées de cascades, toutes plus pittoresques les unes que les autres. Elles paroissent, disparoissent, et reparoissent encore, et ont l'air de nappes d'argent, suspendues aux rochers. Quelques-unes tombent du plus haut des montagnes, et ont deux ou trois fois plus d'élévation, que le Steim-bach. De tems en tems quelques nuages me cachoient le sommet de la montagne, et alors ces cascades sembloient descendre du ciel. Toutes ces sources ruisselent, bondissent, se précipitent chacune avec ses accidens, et un murmure différent, en raison de leur volume et de leur chute; tandis que le torrent principal forme le fond de l'harmonie, en roulant avec un bruit épouvantable dans les abîmes du vallon. On n'a point d'idée de la quantité d'eau qui sort de ces montagnes. Elles paroissent dans une transpiration universelle. Aussi la verdure, la fraîcheur, la végétation y sont-elles constamment entretenues presque jusqu'à leur sommet.

Des troupeaux nombreux, des chalets, des petits coins de récolte, des arbres fruitiers, et particulièrement des noyers, des cerisiers mêlés avec des sapins, et d'autres arbustes de plusieurs espèces, couvrent tous les penchans accessibles : on en voit même sur des pentes qui paroissent inabordables, et où l'œil effrayé cherche envain la possibilité d'un sentier qui y conduise : ce n'est en effet que par de grands détours, et avec une peine inouie que leurs infatigables habitans y parviennent. Ils vivent là une partie de l'année dans les nuages, et sans être vus du fond des vallées. L'illusion que produit l'espace des montagnes, les fait croire à hauteur des sommets de montagnes plus éloignées, qui sont couverts de neiges et de glaces. Singulier et continuel effet de cette illusion, quand on n'est pas accoutumé à l'habitation des montagnes ! je me trompois sans cesse sur leur hauteur relative, et sur leur éloignement. Un ciel d'azur, et un soleil éblouissant, rapprochoient et confondoient tout à mes yeux. Deux sommets de montagnes me paroissoient presque sur le même plan, et mon guide m'apprenoit qu'il y avoit entre les deux une grande vallée. Le Schreckhorn, qui est la plus haute montagne de la Suisse, me paroissoit à peine dominer de quelques toises les montagnes derrière lesquelles je l'apercevois, et il est plus haut d'un tiers ou de moitié; je croyois y toucher, et il étoit à plus d'une lieue de moi: faut-il se consoler ou s'affliger de l'infidélité de nos foibles organes, en pensant que les procédés des géomètres, pour la mesure des montagnes inaccessibles, ne donnent pas des résultats plus certains? on est surpris de la prodigieuse différence qui règne à cet égard entre les tables comparées de plusieurs savans; elles varient quelquefois, de l'une à l'autre, du tiers ou du quart.

Tout livré au spectacle de la nature, et aux intarissables réflexions qu'il fournit, je m'élevois vers le Grindelvald, par la pente des montagnes, en laissant à mes pieds le vallon qui conduit aux glaciers, et le torrent qui en descend. Tout-à-coup je vis avec étonnement que ces montagnes sembloient s'être élevées à mesure que j'en avois approché. Je regardai au-dessous de moi; leur base plongeoit à une grande profondeur dans le vallon, et le bruit du torrent n'arrivoit plus à moi que sourd et ténébreux. Alors je sentis qu'il faut pouvoir appliquer à la grandeur une mesure pour la bien apprécier. Les gens qui ont beaucoup voyagé dans les montagnes, trouveront peut-être cette observation commune : aussi je dis ce qui m'a frappé, et j'écris ce journal pour M.me de Guibert, qui n'est jamais sortie des plaines de la capitale, et pour qui les Alpes seront une grande nouveauté, quand elle y voyagera. Je me disois ensuite : voilà la différence qu'il y a entre les grands monumens de la nature, et ceux de l'art. Ces premiers grandissent encore, quand on en approche; et les autres rapetissent.

Arrivé au Grindelvald, toute mon attention se porta sur les glaciers. On les voit tous deux de l'auberge et de la maison du ministre; et de ces deux endroits ils sont assez bien représentés dans plusieurs estampes coloriées, qui en ont été faites. J'avoue que de-là l'impression fut foible, et que mon imagination, suivant l'usage, avoit été beaucoup par de-là. Je me hâtai de dîner pour aller les juger de plus près. Mon impression n'a guères augmenté; j'ai été jusqu'au pied du glacier appelé Mungutcher, qui est le plus près du village. J'ai touché la glace qui ne me paroissoit d'abord qu'un amas de neige condensée. Je me suis avancé jusqu'à l'entrée de la caverne de glace, d'où sort le torrent. On redevient enfant lorsqu'on voit quelque chose de nouveau, et on veut toucher pour dire qu'on a vu. Mon guide me proposa d'aller voir l'autre glacier, à une lieue de-là, et qui est, me disoit-il, un peu plus grand et plus élevé. Je me suis contenté de le voir de loin. Il ne m'auroit rien appris de plus, et j'ai vu en glaciers tout ce que je veux en voir de ma vie. Je ne dirai point, comme beaucoup de voyageurs, que je suis monté aux glaciers avec beaucoup de peine et de danger; que j'ai frémi mille fois de ma hardiesse; que j'ai été où aucun voyageur n'avoit pénétré avant moi ; que j'avois sous mes pieds, devant mes yeux, des crevasses de 12 ou 15 cents pieds de profondeur ; que j'entendois un bruit souterrain comme le mugissement d'un volcan, ou comme la chute de vingt torrens à-la-fois; qu'enfin une masse épouvantable s'est écroulée, a roulé en bondissant jusques dans la vallée, et m'a couvert d'un nuage de neige et de vapeurs. Voilà ce qu'on lit dans presque toutes les relations des voyageurs, et ce que je ne ferai pas lire dans la mienne. J'ai vu tout simplement le glacier fondre en silence, et l'eau filtrer goutte à goutte. La plus forte cascade n'égaloit pas un gros ruisseau ; le torrent lui-même qui sort des abîmes inférieurs du glacier, n'a rien de prodigieux. J'ai vu cela bien à mon aise et assis sur un quartier de glace, aussi en sûreté que si j'eusse été dans mon lit. Le Comte et la Comtesse du Nord sont venus s'asseoir à la même place que moi. C'étoit mon guide qui les menoit. Le Comte du Nord regrettoit de ne pas pouvoir aller s'asseoir au sommet du glacier ; il eût eu là un trône digne du souverain du Nord. Si l'on me demandoit à présent de peindre par approximation, et par une image sensible et connue, ce que c'est qu'un glacier, je dirois : représentez-vous la débacle d'un immense torrent qui descendroit des Alpes, qui rempliroit la vallée, et qu'une gelée subite auroit arrêté dans son cours ; supposez ensuite sur cette masse primitive, les glaces et les neiges de vingt siècles. Quant aux aiguilles, aux pyramides, aux prismes, aux crevasses, à la variété des teintes blanches jusqu'à éblouir, ou bien grisâtres, verdâtres, noirâtres, vous verrez tous ces phénomènes en petit dans la première masse de neige et de glace qui fond sous vos yeux dans nos grands hivers. Si le soleil frappe votre petit glacier, il le teindra de mille couleurs : l'émeraude, le feu, le rubis toutes les nuances de l'arc-en-ciel jailliront de tous côtés. Multipliez, maintenant, élevez, élargissez le creux et la masse, voilà les glaciers de Grindelvald. On dit que les glaciers de Faucigny en Vallais sont plus considérables que ceux de Grindelvald. Me voilà réduit à laisser aller mon imagination comme vous. J'ai seulement l'avantage d'un plus grand terme de comparaison ; car je vous jure que je ne ferai jamais le voyage du Vallais, pour voir des glaciers.

Ce qui m'a ravi, en revanche, et dont rien dans la nature ne peut donner d'idée, parce que c'est un contraste qui paroît renverser les lois de la nature, (ce qui n'existe pas dans les glaciers du Vallais, parce que les montagnes autour d'eux sont toutes au ton de la scène, c'est-à-dire, mortes et stériles), c'est l'accompagnement, le cadre des glaciers de Grindelvald, qui, dans cette saison-ci offrent en même tems tous les charmes de l'été et du printems réunis, excepté le glacier et trois ou quatre montagnes voisines qui le bordent et qui le couronnent, ce qui ne forme qu'un très-haut point de l'horizon.

Toutes les autres montagnes du cercle sont dans toute la pompe de la fraîcheur et de la végétation. Les parties basses du glacier, qui posent dans le fond du vallon, touchent à des prairies émaillées de fleurs, et à des vergers remplis de fruits. En descendant de l'auberge au glacier, toutes les petites filles de la vallée sortent des milliers de maisons qui y sont éparses, pour vous offrir des fruits, des fleurs, des petits morceaux de cristal dans des corbeilles. J'arrivai au glacier mes poches vides de monnoie, mais pleines de roses et de cerises; et j'eus le plaisir de cueillir moi-même des fraises à cent pas du quartier de glace où je m'étois assis. Ce qui m'a ravi, c'est la vue de cette vallée du Grindelvald, qui a une lieue de large sur deux de long, et qui a l'air d'une grande corbeille de verdure formée par les pentes des immenses montagnes qui enveloppent cette vallée, et semblent, en la séparant du reste de l'univers, l'avoir adossée à ses limites.

Je recommande aux amateurs de s'arrêter à un banc qui est à la gauche du chemin, qui descend de l'auberge au glacier. Il y a là une petite prairie, un rocher couvert de verdure et de bois d'où sortent plusieurs sources qui forment un joli ruisseau à deux branches; à droite, et devant soi, tout le coup-d'œil de la vallée; auprès de soi, plusieurs habitations groupées dans des masses d'arbres fruitiers; le glacier se montre seulement à travers quelques clarières d'aulnes qui sont répandus le long du torrent. En ne levant pas les yeux, on peut oublier qu'il existe; en les levant, on jouit du contraste, et on reporte sa vue avec plus de charme sur ce qui l'environne. Mon imagination s'est bâti, non pas une maison d'été dans ce petit emplacement, (une maison telle que nous en avons l'idée, le dévoreroit tout entier), mais une habitation de bois telles que celles des riches paysans de la vallée. Là, je viendrois tous les ans passer la canicule, voir faire les regains, et cueillir les fruits, tout auprès de ce glacier, et chercher l'ombre, et la fraîcheur, entre mon petit bois et mon ruisseau. Là, je deviendrois bientôt, et à peu de frais, l'ami de tous les habitans et leur bienfaiteur. Là, je n'aurois de malheur que les visites des curieux; mais j'aurois soin de faire mon toit si petit, que je serois dispensé de les recevoir. J'ai fait ce joli rêve, sur la place même, assis sur le petit banc; et je me suis dit que M.*me* de Guibert souriroit à ma pensée.

Remonté du glacier à l'auberge. Il faisoit chaud. Il n'y avoit pas un nuage et le glacier étoit dans toute sa pompe. J'avois soif. Je fis emporter par mon guide un morceau de glace que j'ai pris dans une des cavernes du glacier. Ainsi j'ai peut-être rafraîchi mon vin dans de la glace du déluge.

J'avois fait à l'auberge un assez bon dîner de légumes et de truites, et toujours de la propreté; (j'ai été au mont d'Or, et j'y ai assurément été plus mal servi); je craignois le moment du décompte. J'avois lu dans les Lettres helvétiennes, qu'au Grindelvald, on demanda 15 livres, à M. de Pesay, pour du lait et du pain noir, et que quarante montagnards, armés de bâtons, l'avoient fait trouver heureux d'en être quitte à si bon marché. On m'a demandé un écu pour mon dîner ; et les petites filles m'offrirent tout le long de mon chemin, jusques hors de la vallée, des fruits et des fleurs. Pauvres Suisses de la montagne, je crains bien qu'un peu d'humeur contre les vexations des aubergistes Suisses de la plaine, n'ait grossi les objets aux yeux de M. de Pesay. — Pour moi, j'ai vu au Grindelvald tous les visages que j'y ai rencontrés, rians et officieux. J'ai vu les jeunes filles sourire et saluer avec une grace que n'ont assurément pas les paysannes des environs de Paris. J'ai vu tous les enfans courir après moi pour me demander de l'argent ; mais ce n'étoit pas l'aumône qu'ils me demandoient : leur visage n'avoit l'air ni du besoin ni de la supplication ; c'étoit une espèce d'agaceries, une manière d'échange qu'ils sollicitoient : car ils m'offroient en même tems une fleur ou un fruit. Mais ce que j'y ai vu par-dessus tout, c'est une race d'hommes belle et vigoureuse ; c'est beaucoup de belles femmes, et de beaux enfans ; c'est à tous, l'air de la santé et de la vie. On dit que dans la vallée d'Hasely, qui est à quelques lieues plus loin, l'espèce est bien plus distinguée encore. C'est une vallée plus fertile ; cela y peut contribuer par un peu plus d'aisance qui doit s'ensuivre ; mais c'est surtout une vallée encore plus élevée ; et je serois bien tenté de croire que c'est là la cause prépondérante de leur santé, de leur force, et, par une suite nécessaire, de leur beauté : car la beauté des enfans est ordinairement le résultat de la force et de la santé des pères.

J'ai parlé des inscriptions que les paysans de plusieurs cantons de Suisse sont dans l'usage de mettre sur leurs maisons. Voici celle qui est à l'auberge de Grindelvald, littéralement traduite :

« *Les propos des méchans et les pièges de
« mes ennemis ne troublent pas plus mon
« sommeil que la goutte d'eau qui tombe de
« ce toit et qui se perd dans la terre.* »

Je ne sais d'où cette inscription est tirée, mais il n'y a pas de philosophe qui ne l'avouât. En voici une autre que j'ai recueillie à l'entrée de la vallée du Grindelvald, sur une des plus pauvres habitations qui y sont. Elle m'en a paru, par-là, d'autant plus précieuse :

« *Je vis, et je ne sais pas jusqu'à quand.*
« *J'ai une femme et des enfans à nourrir ;*
« *mais ma bonne conscience rend mon cœur*
« *gai et mes bras courageux.* »

Si Marc-Aurèle fut né sous une chaumière, je ne sais s'il eût pu mettre sur le seuil de sa porte une inscription plus sensible et plus belle. La curiosité me prit de connoître le propriétaire de cette maison, et de savoir qui lui avoit fourni cette inscription. Je l'aurois embrassé avec transport si elle eût été de lui-même. Il étoit allé sur la montagne. Il n'y avoit que des enfans fort petits, que je jugeai les siens ; je n'attendis pas qu'ils me donnassent des fleurs.

Dans la chambre principale de l'auberge, à Grindelvald, qui est une maison de bois comme les autres, il y avoit l'almanach, la gazette de Berne, et une complainte en vers allemands, fraîchement imprimée, à l'occasion de l'exécution d'un ancien bailli du canton d'Appenzel, qui vient d'y avoir la tête tranchée le printems dernier, pour crime d'Etat, je ne sais lequel. Mais voyez combien nos paysans sont loin de prendre intérêt aux hommes en place et aux affaires; la scène s'étoit passée à vingt lieues du Grindelvald; et il n'y a aucune communication entre les deux cantons.

Voilà de bien minutieux détails, mais si les événemens veulent être peints à grands traits, tout ce qui tient aux mœurs et aux usages, ne peut l'être que par de petits détails.

Après m'être rassassié du spectacle des glaciers, j'ai repris le chemin d'Unterseven, où j'allois coucher. (Il y a cinq grandes lieues.) Je revoyois le torrent, je revoyois toutes ces belles horreurs qui m'avoient si vivement frappé en venant. Elles me faisoient moins d'impression. Je ne leur trouvois plus ni la même énergie ni la même majesté. Les montagnes s'étoient abaissées à mes yeux. Tout-à-coup le tems se couvrit, et ce changement dans l'état de l'atmosphère, en variant les couleurs et les aspects, me donna une sensation nouvelle. Le vent s'étoit élevé; un orage se formoit; les rochers, les forêts de pins, les torrens, tout reprit à mes yeux du mouvement, du caractère. Les nuages abaissés me parurent peser sur les montagnes et leur rendre leur hauteur. Le Schreckhorn en étoit enveloppé, et ce qui en restoit découvert, dominoit encore toutes celles qui l'environnoient. Alors je fus ressaisi de respect pour cette masse formidable, et ma pensée s'inclina profondément devant elle. Je me dis : voilà l'image de la religion ; voilà l'image de l'autorité royale ; elles n'acquièrent de grandeur, elles n'imposent aux hommes, que quand leur front est caché dans les nuages.

Je n'étois pas au bout de la vallée que toutes les montagnes avoient disparu à mes yeux : elles étoient remplacées par une masse de nuages qui descendoient en se ramassant dans le vallon. Une pluie continuelle m'accompagna jusqu'à Unterseven, et ne me laissa plus que le désir d'arriver pour me sécher dans un fort bon lit que j'y avois retenu la veille.

Le 2.

D'Unterseven à Thunn par le même chemin que j'avois fait deux jours auparavant. Les pays qui présentent des aspects, sont intéressans à revoir dans le sens contraire, et ils offrent alors des vues qui paroissent toutes nouvelles; cela est au point que, pour y suppléer, je ne manque jamais, toutes les fois que je suis à cheval ou à pied, de m'arrêter de tems en tems pour regarder derrière moi. Voilà aussi pourquoi je ne puis supporter dans des pays pittoresques de voyager en voiture. Je m'y tourmente, je m'y indigne de ce barbare et lâche usage; je m'élance à tout instant hors des glaces; et je voudrois quelquefois, d'impatience, abattre les murs de ma prison. O! Jean-Jacques, que tu avois raison de plaindre les riches et de ne vouloir pas l'être! mais il faudroit avec ta pauvreté, avoir le corps et l'âme toujours jeunes: car tout n'est beau, tout n'est bon, tout n'a de prix, que quand tous les organes sont dans leur force, que quand beaucoup de choses nous sont nouvelles encore, que quand enfin, avec beaucoup de tems à perdre, on a devant soi l'espérance qui embrasse tout, et qui console de tout.

Aujourd'hui je n'ai rien gagné à voyager à cheval. Il a presque toujours plu; et les montagnes ont toujours été dans les nuages.

Je

Je n'aurois pas gagné davantage à venir à Thunn par le lac : car à peine aurois-je vu les deux rives. Journée perdue pour la curiosité ! il y en a de pareilles, par centaines dans la vie; mais il n'en faudroit pas en voyageant. Je me bornerai à recueillir quelques bons usages rustiques : peut-être sont-ce là les lumières les plus positives et les plus utiles.

Grand filet pour charger le regain : mon fermier me dit chez moi qu'il se perd sur les voitures, et c'est une des raisons qu'il me donne pour n'en pas faire.

Granges toutes à claire-voie, ce qui donne de l'air aux fourrages et aux pailles.

Tous les toits, en Suisse, débordent de beaucoup les maisons : c'est ce qui garantit leurs crépis, leurs enduits de couleur, leurs peintures : c'est ce qui conserve aussi leurs fenêtres, leurs volets. Le dessous de la saillie de ces toits n'est pas désagréable à voir : cette saillie est lambrissée en bois, et dans les maisons un peu aisées, elle est peinte de la même couleur que la maison.

Le tems s'est élevé sur le soir. J'ai pu me promener dans les environs de Thunn, qui sont charmans. Le confluent de l'Aar et du lac y fournissent vingt positions plus agréables les unes que les autres. La vallée y a de la largeur. Les côteaux y sont couverts de vignobles. Deux ou trois maisons sont bâties dans quelques-unes de ces charmantes positions. Mais les plus jolies restent à saisir. Il faut une sorte de génie pour s'emparer de ce qu'a créé la nature, et pour ne pas gâter son ouvrage.

Le 3.

De Thunn à Berne.

J'ai revu ma charmante vallée. Il ne faisoit pas aussi beau; mais je reste persuadé que c'est un des plus jolis pays de la Suisse, après les bords de quelques-uns de ses lacs.

En approchant de Berne, j'ai entendu le bruit du canon; j'ai jugé qu'il venoit de l'école d'artillerie du canton. Je suis descendu de voiture, et je me suis dirigé à pied, vers le point où il se tiroit. En effet, c'étoit une épreuve de quelques pièces d'artillerie qu'on faisoit en présence du général Lenteches et de l'intendant de l'arsenal. Cela n'avoit rien de curieux pour moi; mais autant valoit-il rester là, en attendant le dîner. J'ai vu, dans un autre voyage que j'ai fait en Suisse, il y a dix ans, cet arsenal et tout ce qui y a rapport, et j'ai dit alors ce que je répète aujourd'hui, que c'est une dépense d'ostentation dont Berne devroit sagement réduire au moins la moitié. En tout, Berne met trop d'argent à la partie militaire. Pourquoi cette inutile fortification qu'elle entretient dans une partie de la ville, tandis que tout le reste n'est fermé que d'un mur, et soumis à toutes les hauteurs voisines? La sûreté de Berne est dans sa sagesse, dans l'alliance de la France et dans la politique générale de l'Europe. Cette même politique l'empêcheroit de s'agrandir aux dépens des autres cantons. Que lui reste-t-il donc à faire? à s'embellir, à continuer de s'enrichir, et à rendre ses sujets heureux. Ils le sont, si on n'envisage leur sort que du côté de l'aisance et des impôts. L'aristocratie n'y est pas tyrannique, mais elle y est hautaine et jalouse de ses droits. Elle dispose de tous les emplois, elle les occupe tous, elles tient toutes les classes inférieures dans l'abaissement. Aucun citoyen, qui n'est pas né bourgeois de Berne, ne peut espérer de parvenir à cette dignité, à plus forte raison aucun étranger, même quand il se seroit fait naturaliser

Suisse, même quand se seroit un grand génie, ou un homme très-utile. Il n'y a, depuis un siècle, qu'un seul exemple d'une honnête famille admise à la bourgeoisie, celle du colonel Saunek qui décida la dernière bataille que les Bernois gagnèrent, je crois en 1712, contre les cinq Cantons confédérés.

WEISSEMBOURG.

Le 3 juin 1785.

Parti de Paris, pour Weissembourg, où est mon régiment. Je n'y vais que pour trois semaines, et ces trois semaines me pèsent. Je n'ai plus ce zèle qui dévoroit les détails et qui supportoit les minuties. Je suis dégoûté par cette promotion qui se recule toujours, et par le sentiment de toutes les injustices que j'ai éprouvées. Je n'ai pas, dans mon régiment, un seul esprit qui puisse m'entendre, ni, ce qu'il y a de plus triste, un seul cœur vers lequel le mien puisse se tourner. Les chefs sont, en petit, comme les rois, et l'amitié fuit devant l'autorité. C'est que l'amitié ne se plaît que dans l'égalité, c'est que l'amitié est un bien de la nature, et que l'autorité est un attentat contre elle.

Passé par Meaux et Château-Thierry; couché à Epernai. Je connois cette route, je l'ai faite dix fois; — n'auroit rien de curieux quand elle seroit nouvelle. Je regrette toujours le tems et l'argent que je consomme sur les routes qui me sont connues. Avec ces distances, que je parcours machinalement et sans intérêt, j'atteindrois où ma pensée me transporte souvent; j'aurois dû voir Rome, Naples, les ruines de la Grèce, les bords du Nil, l'emplacement de Carthage et les traces d'Alexandre. J'aurois pu voir Pétersbourg, et peut-être jusqu'au centre de l'Asie. — Que de tems, que de mouvemens, que d'activité en pure perte dans la carrière militaire ! elle n'a quelque grandeur qu'à la guerre : à la paix il faudroit pouvoir l'abandonner, et se livrer en liberté aux impulsions de son ame.

Il fait le plus beau tems du monde, et après la longue sécheresse qui avoit tout brûlé, la campagne est ranimée par les trois derniers jours de pluie. La végétation s'en ressent déjà. Tout a repris de la couleur et du parfum. Les habitans de la campagne sont tous en mouvement pour réparer les maux dont ils étoient menacés ; on herse de nouveau les terres ensemencées. On laboure, et on resème dans celles où les grains n'avoient pas levé. Ce n'est jamais le gouvernement qui répare les calamités de ce genre, et il faut sourire de pitié aux misérables jactances de bienfaisance qu'il vient de déployer; c'est la nature qui n'afflige jamais complettement la terre, qui dédommage, par l'abondance d'une denrée, de la rareté de l'autre, ou qui fait succéder à une cause de stérilité, un principe plus actif de végétation; c'est l'industrie, animée par le besoin et par la crainte du malheur, qui corrige l'influence d'une mauvaise saison, et qui prévient les disettes. S'ensuit-il delà que le gouvernement ne puisse et ne doive rien faire dans ces tems de calamité? sans doute il peut aussi contribuer au soulagement des peuples; mais ce n'est certainement pas par les moyens que nous venons de voir prendre; ce n'est pas par quelques petits secours locaux et circonscrits; et dans un royaume immense, il n'y en a pas d'autres à sa disposition. Ce seroit en excitant la générosité des riches; ce seroit en renvoyant alors à leur résidence tous les hommes qui occupent des emplois publics, en engageant les propriétaires de terres, à aller s'y établir. Enfin, ce qu'il faudroit qu'il sentît, c'est qu'en surchargeant habituellement moins les peuples, ils seroient plus en état de faire face aux rigueurs de la nature, et de supporter une mauvaise année. Mais malheureusement le gouvernement a porté les impôts au comble, et les années les plus heureuses mettent à peine le peuple en état de les payer. Ses dépenses et la semence excèdent sa recette : ainsi, quand les calamités arrivent, le gouvernement n'a dans sa main aucun moyen réel ; il ne peut pas prendre le seul parti qui soulageroit réellement et avec succès; celui de remettre le quart, la moitié des impositions. C'est alors qu'il cherche seulement à se parer d'une bienfaisance hypocrite, qu'il tâche de se faire illusion à lui-même par quelques édits de bonté, dont la publication retentit dans la capitale, et dont l'exécution ne s'étend pas au-delà des généralités les plus voisines.

Le 4.

Par Châlons, Vitry, Bar-le-Duc, Ligny, couché à Void. Rien à remarquer sur toute cette route. J'étois tout à mes pensées. Singulier rêve dans lequel je suis resté abîmé pendant plusieurs heures. Je ne dormois pas cependant, et jamais ma tête n'a été dans une plus grande activité. Je régnois ; et comme dans l'hypothèse des chimères, c'est toujours la plus vaste qu'il faut embrasser, j'étois roi de France, et roi de France dans la position actuelle, entouré des mêmes hommes et des mêmes circonstances ; je me réveillois, en un mot, avec le pouvoir d'un monarque et avec mes facultés. Usage que j'en faisois ; caractère que je déployois ; hommes de tous côtés mis à leur place ; étonnement de ma famille, de mes amis, bientôt de la capitale, du royaume, de l'Europe. Changemens, projets, idées, aperçus dans tous les départemens, et dans toutes les branches d'administration. Plan de conduite personnelle, de vie publique et privée, de travail journalier, de voyage, de distraction et de plaisir ; car il en faut aux rois, puisqu'ils sont hommes. Mon imagination s'étoit tellement animée, tellement pénétrée de cette supposition, que je parlois, j'écrivois, j'agissois, comme si ce n'eût pas été une illusion. Mais je n'étois pas moi seulement, j'étois mieux, mille fois mieux que moi. J'avois cette puissance, cette force, cette intensité qu'on a dans les songes. Je franchissois les

espaces ; je voyois, j'embrassois d'un coup-
d'œil l'étendue, la hauteur et la profondeur.
Je parlois, et une éloquence surnaturelle
découloit de mes lèvres comme d'une source
inépuisable. J'écrivois, et mon style étoit à-
la-fois plein de lumière, de dignité et de
charmes. En quatre heures de tems, j'avois
vécu trente années : j'avois régénéré le
royaume ; j'avois fini par affermir le bien
que j'avois fait en améliorant la constitution
du gouvernement, en restreignant moi-
même mon autorité et celle de mes succes-
seurs. J'étois mort enfin, (car, dans mon délire, j'avois joui jusqu'à cette dernière scène
de la vie), j'étois mort, non pas en combat-
tant, non pas en gagnant une bataille comme
Gustave (il y a des morts plus belles encore
et qui laissent de plus grandes leçons), j'étois
mort dans mon lit, conservant jusqu'au dernier moment toutes mes facultés, occupé
jusqu'au dernier jour de mes devoirs et de
mon peuple, entouré de larmes et de gémissemens, consolant tout le monde par ma
fermeté, l'édifiant par mon courage, et
ayant pu dicter à mes enfans et aux principaux ordres de l'Etat un testament qui
contenoit mes maximes et mes principes.

On pourroit faire de ce rêve un ouvrage piquant.

Le 5.

Par Toul, Nancy, Lunéville ; couché à à Saverne.

Eté voir à Saverne le nouveau palais que le cardinal de Rohan fait élever sur les ruines de l'ancien, consumé par un incendie et sur un nouveau plan. Sera beaucoup plus beau et plus vaste qu'il n'étoit, mais s'avance lentement. Je doute que, dans aucun genre, le Cardinal puisse accomplir un plan. Quelle place que cet Evêché de Strasbourg ! c'est le plus grand bénéfice que le roi ait à sa disposition. Il finira par tenter un de nos princes.

Le 6.

De Saverne, par Haguenau, à Weissembourg.

On traverse le grand parc de Saverne que le Cardinal a beaucoup augmenté encore et embelli par des plantations. Richesse, aisance, beauté de toute cette partie de l'Alsace. J'aime cependant encore mieux la Haute-Alsace, les environs de Colmar.

Du 7 au 21.

Séjour à mon régiment. Continuelle occupation de tous les détails qui y ont rapport. Ces détails, dont je me rapproche toujours avec dégoût, acquièrent, dans la pratique, une sorte d'intérêt qui m'y attache. On pense à leur résultat ; ce but les relève et les agrandit ; ils ont dans ce moment-ci un intérêt de plus pour moi. Je suis bien aise de laisser le régiment en bon état à celui qui me succédera. J'en ai la sûreté par mes nouveaux officiers supérieurs ; ils sont très-bons tous deux, le lieutenant-colonel surtout, homme plein de zèle, d'activité et de bon sens. Il a quarante ans de service, et toute la ferveur d'un jeune homme. Il a déjà passé l'hiver dernier au corps, et il y passera encore celui-ci. Sans de bons officiers supérieurs, il est impossible qu'un colonel réponde de l'ordre constant de son régiment. Sa présence remonte, ranime, répare ; mais à peine est-il parti que tout se relâche et se détend.

Témoignages d'estime et d'amitié des officiers de mon régiment doux à recueillir. Leurs regrets se communiquent à moi. Je puis croire les mériter. Je les ai obligés souvent, et, aux occasions du service près, je n'en ai jamais désobligé aucun ; mais il est tems de quitter le régiment. L'état de colonel devient de plus en plus désagréable par le despotisme et les minuties des inspecteurs. Tout passe par eux. Les ministres ne mettent aucune différence entre les demandes faites par les meilleurs ou par les plus mauvais colonels. Il n'y a aucune préférence pour les régimens en bon état. On se rend tous les ans plus difficile pour les graces à accorder aux officiers particuliers. Les emplois supérieurs sont tous enlevés par le crédit de la cour ou des bureaux. Les notes, les suffrages, la recommandation des colonels n'ont plus sur cela aucune influence. Ils ne peuvent donc plus être à leur régiment que de tristes pédans, et ils ne peuvent plus adoucir le joug de l'autorité, par des bienfaits.

Ma seule dissipation dans la journée, est d'aller me promener le soir avec quelques officiers du régiment. Cela m'a fait parcourir tous les environs. Ils sont de tous les côtés rians et bien cultivés. Tous les côteaux sont couverts de vignobles, et ces vignobles sont tous en berceau, élevés à trois pieds de terre. Les gens du pays prétendent que ce n'est qu'en élevant ainsi les ceps qu'ils peuvent les garantir de la gelée, et obtenir des vendanges qui soient mûres. Mais il faut beaucoup de bois, et que le bois soit à aussi bon marché qu'il l'est dans ce pays, pour y arranger ainsi les vignes. Joli effet qu'elles font à l'œil. Il y en a ainsi sept ou huit rangées de suite qui sont chacune environnées d'un espèce de fossé très-talusé, d'environ un pied de profondeur pour l'écoulement des eaux; ces fossés ayant quatre ou cinq pieds d'ouverture, produisent d'excellente herbe qu'on fauche régulièrement, et qui sert à la nourriture des bestiaux. Je veux planter ainsi quelque petite partie de vignoble dans mes jardins. Il est intéressant de se rappeler, par ces variétés de culture et de procédés, les méthodes et l'image de différens pays. Pour un ami des champs et de l'agriculture, ce seroit une curieuse collection à se procurer.

Ainsi, si j'habitois entièrement la campagne, si je n'étois plus livré qu'à ses seules occupations, je voudrois réunir sous mes yeux, non-seulement toutes les productions que je pourrois faire naître, mais aussi toutes les différentes manières de les cultiver, de les ordonner, de les mélanger. J'aurois sans doute, comme je l'ai aujourd'hui, un grand vignoble arrangé à la manière du pays, qui est presque toujours par-tout la manière la plus sûre et la plus analogue au climat, au terrain, au prix des bois, etc., parce qu'elle a été étudiée par une longue suite de générations, et que dans ces idées simples, et qui tiennent en même tems à l'intérêt, l'expérience de plusieurs générations vaut mieux que les recherches de l'invention; mais je cultiverois, dans de petites parties séparées, la vigne, comme en Lombardie, comme en Guienne, comme en Bourgogne, comme à Weissembourg, comme en Haute-Alsace, comme en Hongrie. Toutes ces manières ne se ressemblent nullement; toutes offrent un coup-d'œil absolument différent. J'aurois ensuite un champ de gros legumes mêlés comme dans les belles parties de l'Alsace et du Palatinat; un beau verger servant en même tems de pâturage, comme dans la grasse Normandie, une portion de terrain offrant le plus de variétés possibles de fruits, de fleurs, de grains, en légumes, et le tout sans haies, sans limites, sans rien qui rappelât les tristes idées du *tien* et du *mien*, comme le pré St. Gervais auprès de Paris, ou comme le côteau de Lucienne. Si j'avois le bonheur d'avoir de l'eau, j'arrangerois une colline qui me rappelleroit les vallons de la Suisse; j'y aurois des prés jusqu'aux sommets, et mes eaux y circuleroient de tous côtés en filets argentés. J'entourerois ensuite tout ce paysage par des maisons analogues à chaque pays. Je les imiterois pour la coupe, pour la forme, pour la distribution, pour l'espèce des matériaux. Oh! si j'étois plus riche! qu'il seroit charmant de ne pas faire de cela un simple colifichet, mais d'agrandir chacune de ces parties, et d'avoir dans toutes ces maisons, une famille du pays qui porteroit là ses usages, ses mœurs, tous ses procédés champêtres. J'exigerois d'elles de conserver la coutume, les manières, les habitudes de leur pays, et d'y élever leurs enfans. Faites-moi plus riche encore, et ce ne sont pas des familles isolées que j'établirai ainsi : ce seront des hameaux, des villages entiers, de petites colonies dont je couvrirai, soit le pays déjà cultivé, soit les friches qui m'environnent. J'irai visiter ces colonies, je parlerai leur langue, mon château en deviendra la métropole ; de mes fenêtres je les verrai, je les compterai, je les distinguerai à la variété de leurs productions, à la forme de leur toit, au caractère de leur habitation ou des paysages qu'ils m'offriront. Cette vue transportera mon imagination aux jours de ma jeunesse, à ces tems d'activité où mon infatigable curiosité parcouroit leurs contrées originaires. Il y en aura dont le souvenir fera penser mon esprit ; il y en aura dont il fera battre mon cœur ; car j'ai fait quelquefois dans mes voyages des rencontres heureuses. Plus souvent j'ai voyagé éloigné de ce que j'aimois, et soupirant vers ce que j'avois quitté.

Où m'a jeté la vue des vignobles de Weissembourg ! imagination ! charme et tourment de la vie !

> Tu frappes les objets, et tout change de face ;
> Tu franchis et les tems et les lieux et l'espace...

Le 22.

Parti du régiment. Redoublement de témoignage d'amitié et de regrets de la part des officiers. J'en ai été attendri et flatté. Je puis me dire qu'ils sont l'expression de l'estime et de la reconnoissance. Ce sentiment qu'on inspire à une seule personne, offre sans doute au cœur et à l'amour-propre une jouissance plus vive ; mais celui dont on anime plusieurs personnes à-la-fois, a quelque chose de plus pur et de plus touchant ; il ne tient ni à la fantaisie, ni aux yeux, ni à un calcul de réciprocité ; il semble détaché de toute vue personnelle, et il a un caractère d'hommage et de récompense.

Passé par Haguenau, Saverne et Phalsbourg. — Jusqu'à Saverne, pays ravissant et toujours nouveau pour moi. Dès qu'on a passé les Vosges, le pays n'a plus la même beauté ; il est cependant beau encore, mais déjà les villages sont moins rians et moins bien bâtis. L'influence du régime de la France se fait sentir. Il y a, en effet, une différence inouie du sort de l'Alsace à celui de la Lorraine, relativement aux impositions. L'Alsace ne paye que huit millions au roi, et ces huit millions y sont réversés au double par les dépenses de l'administration et par la solde des troupes. La Lorraine qui n'est que la moitié environ plus grande que l'Alsace, et qui n'est ni aussi riche ni aussi fertile, en paye 25. C'est M. Necker qui nous a dévoilé toutes ces monstreuses inégalités. On les savoit confusément et vaguement. Il a porté la lumière dans tous ces calculs.

De Phalsbourg par Fenestrange et Dieuze. On m'avoit dit que cette route, qui n'est pas marquée sur la carte de poste, étoit plus courte que celle par Sarrebourg et Lunéville. Elle est, en effet, plus courte d'une poste et demie, mais plus longue de deux heures, parce que les relais sont de trois postes, et les chemins moins roulans. Dans les petites choses comme dans les grandes, les épreuves sont souvent fâcheuses, et l'expérience ne s'acquiert que par des erreurs et des regrets.

Couché à Moyen-Vic. J'ai repassé près de Marsal, et je me suis rappelé ma douleur (1), le sort de cette malheureuse petite ville, et que mes représentations auprès du ministre en sa faveur n'avoient été que de vains sons.

---

(1) Voyez page 146 des Voyages en France et en Suisse, 1784, 8 août, à l'occasion de la mort du comte de Broglie.

Le 23.

Parti à une heure du matin. Je voulois passer par Nancy au point du jour, afin d'éviter les connoissances et les reconnoissances. Je voulois aussi éviter de m'arrêter à Toul ; il n'y a rien de plus cruel, en voyageant, que les rencontres de ce genre, les complimens, les dîners, les soupers, la toilette que cela exige. Ce sera là le grand ennui de ma tournée (des compagnies détachées des invalides), parce qu'il m'arrivera souvent de ne pas pouvoir me cacher ; c'est ce que je voudrois toujours. Voir sans être vu, oh ! le charmant talisman qu'on auroit là ! je le préférerois au palais de diamant d'Abousiazca.

Pris à Toul la route de Joinville, par Vaucouleurs. Excepté Vaucouleurs et sa position, toute cette partie de la Champagne jusqu'à Joinville, affreuse ; la plus chétive culture, les plus pauvres habitations. Il n'y a rien de misérable sur le globe, comme beaucoup de contrées du royaume : celle-là est du nombre. Après avoir fait voyager dans tous les pays de l'Europe les hommes destinés à gouverner, c'est là qu'il faudroit les faire séjourner, afin qu'ils en sentissent la différence. Utile partie de leur éducation qui n'aura jamais lieu !

En approchant de Joinville, le pays s'améliore un peu. Les montagnes se couvrent de vignobles; position de Joinville riante : elle est sur la Marne; il y a de belles prairies; et indépendamment de la Marne, ces prairies sont baignées par un ruisseau.

De Joinville à Brienne, toujours grandes et fastidieuses plaines; à quelques lieues de Brienne, ces plaines sont assez fertiles; mais je ne puis supporter la monotonie de la richesse. Je n'aime pas même ce que les poëtes appellent un *océan de verdure*. Un champ de bled sur une colline avec quelques arbres à sa cîme, une petite prairie et un ruisseau à ses pieds, voilà ce que je préfère mille fois à voir, sous mes yeux, à la féconde uniformité de la Beauce. La nature m'a heureusement doué ; l'immensité me répugne, et ce qui est borné et varié, a seul du charme pour moi.

Brienne, comme toutes les grandes habitations, s'annonce par beaucoup d'avenues qui en ornent les approches en tout sens ;

s'annonce aussi par beaucoup de remises répandues dans la plaine ; autre genre de luxe que le goût de la chasse a beaucoup trop multiplié dans les environs de Paris. Je ne suis point chasseur, ainsi je n'ai pas fait de remises ; mais je me confesse d'avoir, en petit, donné dans le luxe des avenues : c'étoit le goût alors, et j'y ai payé le tribut. Aujourd'hui je voudrois des plantations moins régulières et plus imprévues. J'aimerois mieux être surpris d'arriver, qu'étonné de n'arriver jamais.

Il me reste encore assez de jour pour pouvoir parcourir les jardins de Brienne. Le château n'a rien de remarquable, je n'en ai pas vu les dedans. A en juger par les dehors, j'y soupçonne moins de goût que de magnificence. On m'avoit beaucoup parlé de la dépense que faisoient dans ces jardins l'archevêque de Toulouse et son frère le comte de Brienne. La richesse et l'esprit ne donnent donc pas le goût, car il est impossible d'en manquer davantage. Esplanade et avant-cour du château, se font à grands frais ; c'est une montagne immense qu'on abat. On arrivera alors par une avenue d'une lieue, par une rue du bourg qu'on a redressée, et où M. de Brienne a déjà commencé à bâtir quelques façades, et par un pont jeté sur une autre rue du bourg qui est transversale, et dont on ne pouvoit pas interrompre la communication, moyen ingénieux. Tout cela sera assez beau, mais ce qu'on voit par-tout n'est nullement agréable. Les particuliers, quelque riches qu'ils soient, n'atteignent jamais à de grands effets; les travaux des rois les écrasent toujours. — Ainsi en dépensant beaucoup d'argent, ils restent très-au-dessous des modèles qu'ils se proposent; ils manquent le plaisir et n'excitent point l'admiration. — Je viens de voir cela à Saverne. Le cardinal de Rohan, le prédécesseur du prédécesseur de celui-ci, celui qu'on appelloit en Alsace (non pas à cause de ses vertus, et malheureusement les surnoms de l'histoire ne se donnent guères mieux,) *le grand Cardinal*, à cause du souvenir de sa magnificence, a voulu imiter dans le principal point de vue de son parc le grand canal de Versailles et les belles plantations qui l'accompagnent. La copie rappelle tout de suite l'original, et les yeux se détournent.

Il ne faut pas contrefaire la majesté, ni réduire la grandeur; et l'*Apollon du Belvé-*

dère sur une cheminée, ne m'a jamais rappelé que tristement son modèle. — Du reste, jardins de Brienne dans le goût français, c'est-à-dire, terrasses, parterres, bassins, beaucoup de vases, allées jumelles. On a voulu faire dans les bas quelques parties à l'angloise; petite, vilaine et ridicule rivière, ponts prodigués, tous lourds et de mauvais goût. Ce mélange des deux genres m'est insupportable; ils se heurtent, au lieu de se joindre. Tout jardin anglois qui n'est pas fait sur un grand plan, qui n'a pas une intention de paysage purement liée et fondue avec le paysage général qui lui sert de cercle, qui n'est pas enfin composé comme un tableau, ne me donne que l'idée du chaos. L'inconvénient du goût françois étoit la monotonie; celui du genre anglois sera d'enfanter des monstres.

Ma promenade dans les jardins de Brienne, m'a empêché d'aller voir le collège militaire qui est dans ce bourg. J'en aurois saisi les détails avec intérêt. L'archevêque de Toulouse a créé et dirigé cet établissement. J'y aurois retrouvé son esprit, mieux que dans ses jardins; je me rappelle à cette occasion des liaisons que nous eûmes ensemble, dans le tems de la réforme de l'école militaire. — Impression que m'ont laissée de lui les fréquentes communications que nous eûmes alors. Un des esprits les plus propres aux affaires que j'aie jamais connus; de l'étendue, de l'activité, de la facilité, de la force, et en même tems de la souplesse. Je ne sais ce qu'il feroit, s'il étoit administrateur d'un grand département, parce qu'il doit entrer, dans la composition d'un bon administrateur, tant d'élémens, tant de moyens, tant de facultés, tant de principes, qu'on ne peut jamais assurer ce que sera celui qu'on n'a pas éprouvé. Mais l'archevêque de Toulouse a sûrement une partie de ces avantages; il est doué par la nature pour administrer, et si je dictois les choix, il auroit sûrement part au gouvernement.

Le 24.

De Brienne par Arcis, Nogent-sur-Seine. — Beaux pays, bien cultivés avec de la variété dans les formes. Beaucoup de villages et d'habitations : mais les villages sont misérables. Mon imagination leur compare tristement les villages de presque tous les pays étrangers, même ceux des sables du Brandebourg et des bruyères de la Westphalie, qui sont infiniment plus beaux, plus riches, plus florissans. Hier j'étois moins touché de voir de chétives chaumières dans un vilain pays, qu'aujourd'hui d'en rencontrer dans un pays qui devroit être couvert d'habitations heureuses; aujourd'hui la promesse de la nature me paroît trompée, et c'est un crime du gouvernement.

Par Montereau et Moret, à Fontainebleau. — Montereau. En passant sur le pont, je me suis rappelé l'affreuse scène qu' s'y est passée, l'assassinat du duc de Bourgogne, en présence du Dauphin, depuis Charles VII. Un spectacle bien différent s'y passoit sous mes yeux : la prairie, le pont, les arcades du pont, qui s'étendent sur la prairie, de charmantes plantations qui le bordent, étoient remplies de peuple, de tentes, de jeux, de danses; c'étoit la foire du lieu, tout est scène de Teniers et de Vateau. Ma pensée rapprochoit ce contraste. Ainsi, me disois-je, le monde n'est qu'un grand théâtre, où des changemens continuels de décorations et d'acteurs amènent sans cesse des scènes nouvelles; mais ce qui jette toujours mon ame dans une mélancolie douce et profonde, c'est quand je vois des moissons au milieu des ruines,

« Et les jeux des enfans sur les tombeaux des pères. »

Couché à Fontainebleau. J'ai eu encore le tems de me promener dans le parc. Beauté de ce parc, quoiqu'il soit français et régulier. Comme il est peu soigné, comme il y a peu de sables et d'arbres taillés, la nature y paroît rentrée dans ses droits. Il seroit aisé d'en faire le plus beau jardin anglois de l'Europe. Tout y prète, les plus belles masses d'ombrages, les eaux les plus limpides et les plus abondantes, le grand caractère du pays qui l'environne, et qui lui serviroit de cadre, l'assemblage désordonné de tous les bâtimens qui composent le château, et qui feroit un groupe cent fois plus favorable que la plus belle façade régulière. Le château de Fontainebleau m'a toujours plu sous ce rapport. Versailles n'a l'air que du palais d'un roi. Fontainebleau est celui d'une race de rois; et l'imagination, en le voyant, s'y rappelle involontairement les évènemens de plusieurs siècles. Aussi, dans mon rêve de roi, au milieu de la proscription de presque toutes les maisons royales, je conservois Fontainebleau; et j'en faisois pour l'étude, pour la philosophie et pour l'amitié, la plus belle et la plus pittoresque solitude de l'univers.

VOYAGES
DANS DIVERSES PARTIES
DE LA FRANCE.

PARTIES MÉRIDIONALES.

Vues utiles sur Angoulême et Poitiers. — Bordeaux ; description intérieure et extérieure de la salle de spectacle ; et réflexions sur les salles de spectacle en général. — Opinions sur les colonies. — Landes : fontaine de Dax. — Bayonne ; traité des limites entre la France et l'Espagne. — Travaux de la rade de St. Jean de Luz. — Isle des Faisans. — Idée de l'Espagne. — St. Jean-Pied-de-Port. — Du Béarn et de Henri IV ; statue pédestre de Louis XIV. — Château de Lourde. — Eaux de Barèges et de Bagnères. — Vallée de Campan. — Parallèle entre les Alpes et les Pyrennées. — Montauban. — Bassin de St. Ferréol. — Prisons d'Etat. — Canal de Languedoc. — Fortifications d'Aigue-Mortes. — Eloges de Vauban. — Vallée de la Sorgue ; fontaine de Vaucluse. — Déserts de Drais, etc., etc.

Le 23 juillet 1785.

De Courcelles à Vierson par Gien, Argent, Aubigny, Neuvy.

A une lieue au-delà de Gien, presque

toujours mauvais et très-mauvais pays. Ne s'améliore qu'en arrivant à Vierson.

Route que j'ai déjà faite plusieurs fois, dont la description se retrouve par conséquent dans mes voyages précédens. Je n'avois rien à voir, et j'ai pu me laisser aller à mon imagination. Ce n'étoit pas moins voyager.

Le 24.

De Vierson à Limoges. Triste et ennuyeuse route; pas un site, pas un point de vue, pas une observation à recueillir. Il y a beaucoup de jours perdus dans la vie ; mais en voyageant, on a droit d'espérer quelque intérêt. Oh! qu'on regrette le repos, quand le mouvement n'est que de la fatigue !

Le 25.

De Limoges à Angoulême. Route neuve, et dans beaucoup de parties pas finie. Point de chevaux dans presque toutes les postes. Ils sont en tournée pour le retour de Mesdames des eaux de Vichy. Cette oppression ruine les maîtres de postes, et désespère les voyageurs.

Toute cette partie du Limousin, vilaine

et pauvre. Culture chétive, des chataigniers, de la fougère, des bruyères, quelques seigles et bleds de turquie çà et là. C'est un pays âpre, montagneux; mais les montagnes y sont basses et sans majesté; elles sont aussi sans fraîcheur et sans verdure.

Je ne vois avec plaisir sur mon chemin que le bon entretien des routes, et c'est sans corvées. Ce sont des cantonniers. Plusieurs ont des bonnets de cuir uniformes. Pourquoi pas tous? on a bien de la peine en France à adopter des idées d'ordre et de règle. Il y a vingt ans que l'ordonnance pour habiller de bleu tous les postillons, existe, et elle n'est pas encore suivie par-tout.

En entrant dans l'Angoumois, le pays s'améliore sensiblement, et il devient de plus en plus beau, en approchant d'Angoulême; beaucoup de variété dans les formes du terrein et dans les cultures.

La Rochefoucault, grand et vieux château appartenant à M. le duc d'Anville. Position agréable, respectables formes d'antiquité: grand parc de haute futaie; se lie parfaitement avec ces tours et ces combles gothiques, a l'air contemporain. Cette habitation étoit devenue chère à madame d'Anville, dans le tems que M. Turgot étoit intendant de Limoges. Elle n'y vient plus depuis quelques années. Ce fut pour l'obliger que M. Turgot fit passer la route d'Angoulême à Limoges par la Rochefoucault. J'aime à voir quelquefois l'austère vertu séduite par l'amitié. J'aime à tout ce qui élève l'homme, l'alliage de quelque chose d'humain. J'aime que le cachet de la nature reste ; alors je puis dire : et moi aussi je serai vertueux.

A une lieue d'Angoulême petit établissement de fonderie pour la marine. M. de Castries va en faire celui de l'artillerie des colonies. Il y aura de l'argent à dépenser, et les bâtimens ne sont pas à beaucoup près suffisans ; mais il y a un grand cours d'eau, et la position, les débouchés, la proximité des matières rendent ce choix très-convenable. M. de Castries mérite des éloges, par la manière dont il monte toute cette partie de l'artillerie des colonies, qui étoit dans l'état le plus déplorable. Il y applique utilement les lumières de notre artillerie de terre ; il se sert pour tous ses projets dans cette partie, de M. de Manson, officier habile, et à qui M. de Gribeauval, doit une partie de ses succès. Il emploie dans ce moment à l'inspection

pection de l'artillerie, dans toutes les colonies, M. du Pujet d'Orval, officier plein de zèle et de talens. Il faut louer un ministre quand il porte son choix sur de pareils hommes. Les ministres sont comme les rois : leur génie est de bien ordonner et de bien choisir.

Position d'Angoulême charmante, domine sur un paysage immense; arrosée par la Charente, qui y serpente agréablement, *captus amore loci*. Les eaux n'ont guères de ces vues de prédilection que dans les bons pays. Elles semblent fuir avec plus de promptitude les pays stériles. Cela n'est pourtant pas sans exception; mais l'imagination se passe d'une vérité rigoureuse; ce qui la frappe, ou la flatte, a le droit de lui suffire.

Le 26.

Vu la compagnie d'invalides qui est en garnison au château; minutieux détail, qui reçoit, heureusement pour moi, quelque intérêt en pensant que cela est relatif à mon père, et peut lui fournir les moyens de faire plus de bien dans sa place. Le bien qu'il y opère, est, en effet, son seul et dernier plaisir. C'est un bel horizon pour sa vieillesse, qu'un emploi qui conserve des rapports avec ce qu'il a fait toute sa vie; qui n'est pas au-dessus de ses forces; qui l'environne au-dehors d'une considération suffisante pour son bonheur, et au-dedans de beaucoup d'idées paisibles et douces, et par lequel enfin il peut espérer de terminer heureusement sa carrière dans un mélange bien assorti de dignités, de travail et de repos.

Angoulême est dans l'apanage de M. le comte d'Artois. Déplorable usage que font de leur autorité les gens d'affaires de ce prince. Grand malheur pour les provinces d'échoir ainsi à des princes. Ils n'en sont ni les protecteurs, ni les bienfaiteurs, et leurs employés en sont les petits tyrans. Chicanes, vexations, recherches, mauvaises difficultés de toute espèce, voilà pour les peuples. Quant aux princes, ils y sont pillés par ces employés de la manière la plus scandaleuse. A Angoulême, dans le château, qui étoit une petite forteresse, ils ont, sans la participation du ministre de la guerre, détruit deux bastions, et cela pour une spéculation de vente de terrain, et pour construire une maison qui a coûté à M. le comte d'Artois beaucoup plus qu'elle ne lui a rendu; sans doute Angoulême peut se passer de château, et le château surtout pourroit se passer de bastions; mais il y a cent autres forts dans le royaume, plus inutiles encore, et qui étoient surtout plus mauvais et plus délabrés. Le ministre hésite d'adopter, sur cela, le plan général que je lui propose. Il paroît ne pas oser toucher à aucun fort. M. *Elie de Beaumont*, avocat de Paris, intendant des finances de M. le comte d'Artois, prononce sur le sort du château d'Angoulême, et le fait démolir à grands frais pour son prince, sans le consentement du gouvernement, et sans aucun objet de profit réel; et le roi ne continue pas moins d'y entretenir un état-major. M. le marquis de Ch.*** est à-la-fois comte, roi d'Angoulême et commandant de la province; il n'a jamais été que major de cavalerie; encore un abus: c'est par la protection de M. le duc d'Orléans, chez lequel il joue la comédie, qu'il a obtenu cette place. C'étoit autrefois celle d'un officier-général; on lui a composé un traitement de 10 à 12 mille francs, on lui a donné 11 mille francs de gratification pour un logement qu'il s'est fait arranger dans le château. En petit, en grand, en masse et dans les détails, dans la capitale, comme dans les provinces, au centre comme dans les extrémités, quels que soient les départemens, on ne peut faire un pas sans trouver un abus ou une faute. Ce seroit un gros recueil à former ; mais malheureusement, il seroit plus piquant qu'utile ; ce seroit la satire du Gouvernement, le scandale des étrangers, et le désespoir de tout bon citoyen.

Usage que je ferois d'Angoulême et de Poitiers, si j'étois ministre de la guerre. J'y formerois deux établissemens de garnison de deux bataillons chacun, pour y réparer et rétablir, pendant six mois ou un an, chacun des régimens qui auroit occupé Rochefort, la Rochelle, et les autres garnisons malsaines de la côte d'Aunis. Faute d'entrepôts pareils, on met des régimens en route, pour les autres extrémités du royaume, avec beaucoup de convalescens, avec des germes de maladie qui ne sont pas éteints, et on leur fait ainsi perdre encore beaucoup de monde. Que de choses de bons administrateurs pourroient faire ! (les unes bien connues et désignées par le public, d'autres inaperçues jusqu'ici, et qui seroient le fruit de la méditation). Oh ! comment leur pensée n'est-elle pas sans cesse en action !

Parti d'Angoulême après déjeûner. Ce déjeûner que le capitaine de la compagnie d'invalides me força d'accepter, fut un vrai dîner. Je ne puis, dans ces occasionslà, supporter l'hospitalité. On nous la fait payer par vingt demandes indiscrètes. On croit pouvoir tout exiger de celui qu'on a reçu. On a beau, avant le dîner, s'être armé de principes ; avant le dessert, les paroles s'adoucissent involontairement, et le visage tout au moins a promis.

D'Angoulême à Cavignac.

En entrant dans la généralité de Bordeaux, on s'aperçoit d'un autre régime pour les chemins. Ils sont en général mauvais et mal entretenus. Sans l'excellente méthode de l'entretien journalier, par le moyen des cantonniers, on n'a jamais que des routes dégradées. Ajoutez que les grandes opérations annuelles, exigeant toujours de grands travaux, interrompent ou incommodent le passage. Ces travaux sont pénibles et rappellent des idées de corvées et d'esclavage. L'entretien journalier est l'image des soins d'un père de famille, et les hommes qui y sont employés, ne sont pas plus douloureux à voir, que des jardiniers travaillant dans les allées d'un jardin.

Pays de Bordeaux, s'annonce par beaucoup de landes et par des pins. A chaque pas, je rencontrois de jolis bouquets verts qui s'offroient à mes yeux; mais tous ces pins ne sont jolis que quand ils sont bas et en touffes; dès qu'ils s'élèvent en futaie, ils se dépouillent, et n'offrent plus, au haut de leurs mâts décharnés, qu'une triste tête de verdure, dont la couleur elle-même est fanée et rembrunie. C'est l'image de l'homme; c'est l'inverse de tous nos arbres, qui s'embellissent en vieillissant. Sous ces pins en futaie, il n'y a jamais ni fleurs ni gazon. La terre y est toujours semée de graines, de feuilles mortes et brunâtres. Jamais on n'a dû aimer sous l'ombrage des pins, et l'on ne peut qu'y pleurer ce qu'on a perdu.

Le 27.

De Cavignac à Bordeaux.

Passages de la Dordogne et de la Garonne toujours incommodes. Je ne concevrai jamais qu'on n'adopte pas en France l'usage des ponts volans. J'en ai vu sur le Danube qui est presque aussi large. Mais sur le Danube, il n'y a ni marées, ni courans. Peut-être est-ce un obstacle. En tout genre, le premier mouvement est de se plaindre, et le second de justifier ou de pardonner : c'est que le premier mouvement est de préférer ce qui n'est pas à ce qui est, et sa pensée à celle des autres.

Coup-d'œil du port de Bordeaux, de ce beau fleuve, de cet immense croissant de maisons, de mâts, de ce mouvement continuel de travail et d'industrie toujours nouveau pour moi. Tous les étrangers conviennent, qu'excepté Naples et Constantinople, il n'y a pas un plus beau développement de ville en Europe..

Passé une journée à écrire. Bordeaux n'a rien de nouveau pour moi, et je n'y respire jamais qu'avec douleur. Long-tems je n'ai pu voir le château Trompette qu'à travers un nuage de larmes (1).

Le soir été un moment à la comédie. J'é-

---

(1) M. de la Graulet, oncle de M. de Guibert, avoit été commandant du château Trompette, et sa sœur aînée y étoit morte.

tois curieux de voir la nouvelle salle qui n'étoit pas finie la dernière fois que je passai à Bordeaux. Extérieur fort beau, bâtiment isolé comme devroient l'être tous les édifices publics. La façade est simple et composée d'un beau péristyle de douze colonnes, surmontée chacune, au-dehors de l'entablement, d'une statue de nos grands auteurs dramatiques en tous genres. Je ne sais quels sont les douze qu'on a choisis ; je voudrois que leurs noms fussent écrits en lettres de bronze, au bas des statues : car comme ces statues ne sont ni des portraits, ni des chefs-d'œuvres, et que ce n'est que de la pierre, le tems les dégradera ; elles auront aussi bien l'air d'être celles des douze apôtres que des douze soutiens de notre théâtre. En tout, je n'aime pas les statues aussi élevées. Je voudrois qu'elles fussent toujours placées à portée des yeux, et qu'elles pussent ainsi entrer en société avec nous. Il n'y a que la médiocrité de nos artistes qui puisse gagner à se réfugier si haut.

Coupe intérieure de la salle, bien encore ; mais trop de dorures. Mauvais effet aussi des loges : elles sont placées dans les entre-colonnemens et font désagréablement saillir les colonnes ; mais il n'y a peut-être aucun moyen de lier, sans désagrément, à un tel ordre d'architecture, ces caisses oblongues ou carrées qui forment nos loges et dont deux ou trois rangs doivent être suspendus en l'air. Il faudroit, pour que nos salles de spectacle eussent quelque chose d'antique, et que l'architecture n'y fût pas estropiée, d'abord, que la forme en fût absolument elliptique et coupée en deux, et ensuite que tous les spectateurs y fussent placés sur des gradins en amphithéâtre ; alors il n'y auroit ni séparation ni bandeaux, et l'ordre d'architecture de la scène les envelopperoit sans se mêler.

Mais nous voulons plus de commodités dans les distributions, nous voulons des *à parte*, des boudoirs, des escaliers dérobés, des corridors sans nombre. Chacun voudroit arriver sans voir et sans être vu. L'architecte est forcé de sacrifier l'art à la convenance, et le public à la société. Il ne faut donc pas le condamner : il faut le plaindre. Il ne faut pas même blâmer la société qui, quand elle a le droit de donner des lois, fait bien d'en donner et de choisir ce qui lui convient ; peut-être faut-il blâmer le Gouvernement qui pourroit ne pas abandonner ce droit à la société, qui pourroit vouloir que, quand le public est assemblé, on fût comme en public, et non comme chez soi; qui pourroit enfin, dans tout ce qui tient au public, faire prévaloir l'esprit général sur l'esprit particulier, et élever sans cesse les idées des citoyens vers le beau, vers le vrai beau, dont toute une nation tire sa gloire et sa grandeur. Mais je m'aperçois que je parle là une langue bien étrangère. Il faut redescendre vers mon siècle, et vivre où je suis.

Du moins cette salle de Bordeaux qui, telle qu'elle est, et malgré ses défauts, est la plus belle du royaume, n'a pas été profanée par *Figaro*. La pièce étoit prête et sue, le jour pris, les loges retenues, quand le parlement a fait défendre de la donner. J'aurois mieux aimé que le parlement ne s'en fût pas mêlé, et que les huées du public en eussent fait justice; mais Figaro auroit eu à Bordeaux, comme à Paris, l'indécent honneur du triomphe. Dans les grandes capitales de province, le goût est encore moins pur qu'à Paris, et les cœurs y sont aussi corrompus.

Soupé chez le maréchal de Mouchi. Soirée de Paris, loto, ennui. Du reste, politesse et bontés sans nombre.

Le 28.

Resté pour dîner chez M. Ristaut, fameux négociant, parent de ma belle-mère : je l'avois vu plusieurs fois à Paris ; homme de mérite, ancien directeur de la compagnie des Indes, employé aussi à Londres avec M. de Bussy aux négociations de la paix; auteur à 18 ans d'une défense de l'Esprit des Lois, qui paroissoit alors; brochure qui eut de la réputation, et qui n'est qu'un ouvrage raisonnable ; auteur, depuis, du *Pour et du Contre*, brochure sur l'admission des neutres aux colonies, laquelle brochure est devenue le signal de toute cette guerre polémique entre M. du Buc et le commerce. Je voulois causer avec M. Ristaut, sur l'influence de cet arrêt du 30, sur le commerce et sur l'état du port de Bordeaux ; m'a confirmé ce que m'avoient dit d'autres négocians le matin à la bourse, ce que m'avoient appris mes yeux en parcourant le port: le commerce est vraiment dans un grand état de crise; on arme beaucoup moins, on ne

construit presque plus : il y avoit année
commune 40 ou 50 bâtimens sur les chantiers ; il n'y en a que 14 cette année. Un bâtiment, expédié depuis six mois par un négociant, étoit revenu et avoit perdu 20 mille
francs sur son voyage. Nouveau mémoire
en réponse du résumé de M. du Buc, fait par
M. de Usal, négociant encore de Bordeaux,
homme d'esprit, et déjà auteur de plusieurs
autres écrits sur la même question. Pour
moi, après avoir tout vu de part et d'autre,
j'avoue que je crains que M. de Castries n'ait
pris un mauvais parti ; il n'a pas du moins
pour lui l'avis du président de Montesquieu,
qui dit formellement, que les colonies doivent être faites pour la métropole. Il est
vrai que M. du Buc, et ses adhérens, prétendent que Montesquieu, né dans une ville
de commerce, en avoit adopté les principes, qu'il n'entendoit pas la question, que
les idées plus philosophiques et plus justes
de liberté de navigation et de droits des propriétaires, lui sont postérieures ; mais M. du
Buc ne m'a pas persuadé, et je reste de l'avis de
Montesquieu sur les colonies en général, et
particulièrement sur des colonies, telles que
celles de nos Antilles, qui ne sont pas des co-

lonies de surabondante population, comme celles de l'ancienne Grèce, mais qui sont des colonies d'esclaves, faites pour produire des denrées exclusives à notre sol, et pour servir de débouchés aux nôtres ; qui nous coûtent immensement en dépenses de garde et de protection ; qui nous valent et nous vaudroient deux ou trois guerres par siècle, et qui deviendroient par conséquent la ruine du royaume, si l'étranger en recueilloit tous les profits.

Parti après dîner pour Dax.

Environs de Bordeaux n'ont rien de magnifique ni d'agréable. Le peu de bastides ou de maisons, qu'on y voit, à deux ou trois près, sont petites et de mauvais goût. Je n'aime pas les vignobles de la plaine de Bordeaux. Ils gâtent la campagne au lieu de l'embellir. Les vignes ne forment un coup-d'œil agréable que sur les côteaux. J'aime à les y voir rangées en amphithéâtre, et couvrir d'une riche verdure un sol qui seroit resté nu et stérile. Tels sont les côteaux de la Saône, de la Loire, du Rhône, du lac de Genève ; c'est là que mon imagination se porte avec délices, en voyant des vignobles.

A une lieue de Bordeaux, on entre dans les Landes, et elles continuent jusqu'à Bayonne et jusqu'à Dax. C'est donc un pays immense, une plaine à perte de vue, puisqu'elle embrasse plus de 40 lieues de longueur, sur 8, 10, et 12 de largeur. Dans cette vaste plaine, il n'y a point de grande route; celle de Bayonne même n'est qu'un chemin de traverse, au milieu des sables.

Le 29

A Dax.

Toujours landes et bois de pins appelés dans le pays *pignadas*.

Tout ce pays pauvre et stérile à l'œil, n'est cependant pas inutile et misérable. Il y a, dans de certaines parties, de belles paroisses et des habitations aisées. Le commerce des bestiaux, qui trouvent dans ces landes un pâturage excellent, la vente de la résine et des bois, y sont deux grandes sources de richesse.

Ce n'est pas la première fois que j'ai remarqué que les pays de landes et de bruyères, c'est-à-dire, ceux qui paroissent le moins bien traités par la nature, sont ceux où les habitans ont le plus d'aisance. Les propriétés y sont d'abord plus étendues, les impôts y sont moins forts, le fisc semble un peu les oublier.

Presque toutes les maisons qu'on voit dans ces Landes, sont bien bâties, ou en pierre, ou en bois, avec des entre-cloisonnemens en briques ou en terre, bien blanchies par-dessus ; elles sont toutes couvertes de tuiles, beaucoup ont des recherches de propreté et d'élégance, tels que les portes et les volets peints en vert ou en rouge ; plusieurs ont des berceaux, des treilles, des arbres artistement rangés et des bancs sous leur ombrage. Quand les paysans portent ainsi leurs pensées au-delà des simples besoins de la vie, et qu'ils se ménagent des plaisirs, on peut toujours en augurer favorablement pour leur aisance intérieure.

Le dedans des maisons répond à l'extérieur : ils ont beaucoup d'ustensiles de ménage. Presque toutes les maisons de poste sont des auberges passables. Le grand secret de cette aisance c'est, que dans ces Landes, presque tous les habitans sont propriétaires ; la culture qui les environne suffit à leur subsistance ; s'ils ont de l'industrie et des engrais, ils peuvent l'étendre, et alors ils vendent du bled, c'est-à-dire des seigles et du maïs dans les marchés voisins; ils peuvent s'enrichir enfin, et l'œil impitoyable de l'exacteur ne les suit pas dans la progression de leur richesse, comme dans nos bons pays.

Ainsi à presque tous les relais, avec les maîtres de postes et avec d'autres habitans, détails sur détails. Tous sont contens de leur pays. Tous n'envient pas les bords de la Garonne qu'ils connoissent; cependant ils ont comparé.

Ces habitations des Landes isolées et éparses ; quelques-unes au milieu de grands éclarcis de bois de pins, surtout quand elles avoient une grande apparence d'aisance, (et il y en a quelques-unes de semblables, et dont le maître a l'air d'un bon bourgeois plutôt que d'un paysan), me donnoient l'idée des plantations de l'Amérique septentrionale. Elles me ramenoient à ces doutes si fortement élevés par quelques économistes : « Si la forte population d'un pays est toujours un signe infaillible de la prospérité des individu ; » je pencherois vers la négative.

Que

Que produit en effet cette affluence des hommes aux environs des grandes capitales de nos monarchies? plus de vices et plus de misère. Ce n'est que par un travail effrayant qu'ils suffisent à l'énormité des impôts. Pas une heure, pas une minute ne leur appartiennent, ni pour leur repos, ni pour leur plaisir.

Immense quantité de moutons et de chèvres, répandue dans toutes ces Landes. Bergers montés sur des échasses de quatre à cinq pieds de haut; ils ressemblent de loin à des clochers ambulans; font avec ces échasses des enjambées prodigieuses; ils me donnoient aussi l'idée, en les voyant en l'air, d'une race de géans; facilité, penchant qu'a mon imagination à tout réduire en images et en rapports: habitude peut-être bonne à donner à un enfant; car quel est l'homme qui pense le plus? c'est celui qui cherche le plus dans ce qu'il voit, ce qui peut y être, et ce qu'il ne voit pas; c'est celui qui agrandit ou qui réduit, qui colore et qui transpose le plus les objets.

Tous ses troupeaux se retirent la nuit dans de grandes bergeries, bâties en bois et couvertes de tuiles. Les bergers ont des huttes à côté. Objection d'usage contre le système de les laisser toute l'année à découvert. Plusieurs habitans m'ont dit avoir essayé cette manière, qui, en effet, seroit moins coûteuse pour eux, et s'en être mal trouvés. Mais il est apparent que c'est l'habitude qui leur dicte cette prévention; il faut en croire plus qu'eux et M. Daubenton qui pratique cette méthode chez lui avec succès, et l'Espagne où elle est générale, et l'Angleterre où, malgré la rigueur du climat, plusieurs fermiers l'ont adoptée avec avantage.

A une lieue de Dax, le pays devient riant et agréable. Jolie position de cette ville sur l'Adour. Mauvaise enceinte de fortifications. Vieux château où est la compagnie d'invalides. Inutile état-major. Les fortifications de Dax n'ont plus d'objet. Que d'abus dans le royaume par les inutilités ou par les doubles emplois seulement!

Le 30.

Passé la matinée à Dax pour voir les invalides que j'avois à inspecter. Charmante vue du haut des remparts de Dax sur le cours de l'Adour, et sur les riches bords qu'il arrose. Fontaine d'eau bouillante au milieu de la ville, curieuse par sa grosseur. On n'y peut tremper la main, et un œuf n'y cuiroit pas; étrange contraste! Elle faisoit tourner un moulin qu'avoit fait bâtir M. de Poyanne, seigneur de cette fontaine et d'une partie de Dax; on a été obligé de détruire ce moulin. Les habitans m'ont dit que la farine s'y grumeloit. Je n'entends pas pourquoi. La fontaine forme aujourd'hui un vaste bassin qui bouillonne avec violence, et au-dessus duquel s'élève un nuage de fumée, quand on ouvre ce bassin pour le laisser dégorger, et on donne ce spectacle aux étrangers : c'est alors un image du Phlégéton. On ne tire d'ailleurs aucun parti de cette fontaine, ni pour des bains, ni pour la santé, quoiqu'il y ait à parier qu'elle seroit aussi efficace que les eaux de Barèges; mais l'habitude et la mode sont pour Barèges, et tout le monde s'y porte.

Le 31.

De Dax à Bayonne ; mais on est obligé de faire par la traverse le chemin de Bordeaux à Bayonne. On rentre encore dans les Landes et dans de vastes forêts de pins.

Jamais de chemins faits. Il y en a quelques parties çà et là. Ce n'est qu'en approchant de Bayonne que recommence la chaussée; et elle est si mauvaise, si mal entretenue, qu'on a de la peine à s'en tirer l'hiver. Etrange négligence de l'administration! Le pays se plaint hautement des ponts et chaussées et de l'intendant. On dit qu'il paye une imposition pour les chemins, et que cet argent s'évanouit en friponneries de la part des ingénieurs et des sous-ordres de l'intendance. Bayonne est cependant une ville dont l'abord est important. Bayonne est la grande route de l'Espagne. En entrant par là dans le royaume et jusqu'à Bordeaux, les Espagnols ne doivent pas trouver à notre police de supériorité sur la leur.

Plus on voit de près les détails de l'administration des intendans, plus on se sent indigné de ce régime détestable. C'est surtout dans les intendances éloignées de la capitale, que cela se fait sentir. Le Gouvernement y ajoute encore en y changeant sans cesse les intendans. Comme tous tendent à se rapprocher de la capitale, ils ne se regardent dans ces intendances que comme dans des places de passage; en voilà trois qui se succèdent à Bayonne en six ou sept ans. Curieux détails sur M. Dupré de Saint-Maur. M. de N..... qui lui a succédé, et qui vient de passer à Bordeaux, n'administrera pas mieux par d'autres défauts. Il ne manque pas d'esprit et de quelques connoissances ; mais il est pédant, tracassier, intrigant et minutieux ; s'est plattement conduit dans l'affaire des franchises du Labour, et dans la révolte qui s'en est suivie ; y a mis d'abord de la morgue, et ensuite de la foiblesse, association malheureusement très-commune. — A une demi-lieue de Bayonne, Matignon, maison de campagne appartenante à M. de Caupenne, maréchal-de-camp, adjoint à la lieutenance de roi et au commandement du Labour qu'a son père. Nous avons toujours été fort liés ; il m'attendoit, et j'ai soupé et couché chez lui. Le marquis de Caupenne, n'est pas un homme de beaucoup d'esprit, mais il a du talent pour son métier, du zèle, de l'activité; il est bon officier d'état-major : il a servi en Corse avec une grande distinction ; il sera toujours, à la guerre surtout, un excellent officier-général à employer ; a aussi du caractère et une sorte de philosophie. Avec de l'ambition, il a préféré le séjour de la province à celui de Paris. Il s'y est marié, fixé; et il est décidé à attendre à Bayonne qu'on vienne l'y chercher, quand les occasions se présenteront; connoît parfaitement tout le pays où il est né, et où il a toute sa fortune; connoît également toute la frontière des Pyrennées, tant du côté de la France que du côté de l'Espagne; a fait sur cela de très-bons mémoires topographiques et militaires; il en avoit été chargé spécialement par le maréchal du Muy; avoit été aussi chargé pendant deux ans, par M. de Vergennes, de préparer un travail pour la confection d'un Traité de limites entre les deux couronnes; travail devenu inutile.

J'ai passé une bonne soirée et une bonne matinée, le lendemain, avec le marquis de Caupenne. D'abord vu son habitation et promené dans ses jardins. C'est toujours par-là qu'on commence, et les épanchemens d'un propriétaire sont ses premiers besoins. L'habitation est médiocre; les jardins qu'il fait et qui sont grands, sont français; ainsi il va par-tout redressant, allignant, applanissant, et par conséquent estropiant la nature. Cela m'a fait mal aux yeux. J'ai applaudi pour ne pas le contrarier, et pour arriver où je voulois.

De-là intéressante conversation : car les plus intéressantes de toutes pour moi, sont celles où des objets et des faits nouveaux m'environnent, celles où je n'ai qu'à questionner et à recevoir.

Epuisé par mes questions M. de Caupenne sur tout ce qu'il savoit et sur ce qu'il pouvoit m'apprendre sur ma marche, sur les objets relatifs à ma mission, ensuite sur le pays ; il m'a lu, la carte à la main, l'analyse de toute la frontière, et fait d'avance l'extrait de différens mémoires sur un objet que j'ai vu le lendemain. Toutes ses vues, ses idées me paroissent justes et raisonnables. Il y a dans tout un vrai qui frappe et qui trompe rarement les esprits accoutumés à juger. Je me suis fait expliquer ensuite l'affaire des frontières du Labour ; je me suis fait raconter les détails de la révolte d'une partie du pays. J'avois entendu parler diversement de cette affaire : j'avois entendu blâmer sa conduite, et j'étois curieux de la connoître par lui-même. Il me semble qu'il n'a eu aucun tort. Mais il est possible aussi qu'il arrange son récit d'une manière favorable. Il est si aisé, même sans atténuer la vérité, de supprimer des détails, des accessoires, des nuances qui dans le tems ont pu composer de petites fautes, et donner prise à une juste critique.

J'ai passé, après cela, à la grande affaire de la confection du Traité des limites. Intéressans détails sur cet objet. Je me suis fait tracer sur une carte la portion de pays dont les limites viennent déjà d'être arrêtées et approuvées par les deux cours. M. le chevalier Caro, maréchal de camp espagnol, qui est chargé par sa cour de cette opération, est un homme fin, délié, plein de connoissances militaires. Cette commission, pour la France (au lieu d'être confiée à un seul homme, comme elle le fut,) auroit été beaucoup mieux entre les mains de trois personnes, dont une pour le militaire, une pour l'administration, et une représentant tout le pays dont les intérêts veulent être calculés dans un Traité pareil.

La France sera la dupe dans cet arrangement de limites, comme elle l'a été dans celui qui s'est fait en Dauphiné et en Provence, avec le roi de Sardaigne, et dans tous ceux qui se sont consommés depuis quelques années sur nos autres frontières, telles que celles de la Lorraine allemande et du Hainaut. Il est curieux de voir comme M. Caro fait tour-à-tour, suivant les intérêts de son pays, changer les principes de la négociation. Tantôt il invoque la règle précise des versans par les lignes de sommité et par le pendant des eaux; tantôt il fait abandonner ce principe, et il empiète sur les versans; par-tout il se rend maître de tous les débouchés militaires, et il ne nous en laisse aucun. — Incroyable sécurité du Ministre de la guerre qui ne prend part à cette négociation que par les 12 mille francs, dont il contribue, pour son département. On diroit que notre gouvernement ne sait ni ce qu'il conviendroit d'obtenir, ni ce qu'il conviendroit de conserver pour l'avantage militaire de cette frontière : car il n'a donné sur cela aucune instruction, ni ne peut les donner, puisque, pour les donner, il faudroit avoir étudié ou fait étudier cette frontière; mais les mêmes fautes ont été faites par-tout : la négligence et l'abandon, cet attribut des grands Etats comme des grandes fortunes, caractérisent le Gouvernement français plus qu'aucun autre. Il y joint dans cette occasion-ci, une condescendance extraordinaire pour l'Espagne. Il semble avoir le principe de tout lui accorder, comme celle-ci celui de ne rien céder. La même condescendance a existé dans le cours de toutes les opérations de la guerre dernière ; la puissance principale y étoit devenue secondaire, et c'étoit Versailles qui obéissoit à Madrid.

Le 1.er août.

Eté avec M. de Caupenne à Bayonne. — Descendu à la citadelle ; bonne et bien située. Ouvrage de M. de Vauban ; il faut toujours admirer la première pensée de ce grand homme. Il avoit un tact infaillible pour découvrir les emplacemens ; et jamais on ne voit à côté de ses choix, la possibilité d'un choix meilleur. Cette citadelle, avec tout ce qui en dépendoit, avoit coûté cinq cent mille francs ; les comptes en ont été arrêtés. On ne la feroit pas aujourd'hui pour trois millions. La différence des monnoies, ne peut pas produire cet étonnant contraste ; cela tient donc à des abus énormes, qui se sont introduits dans toutes les dépenses publiques.

De la citadelle, vue de Bayonne, de l'Adour et de la Nive qui s'y joignent; des ponts sur ces rivières; du port, un des aspects les plus pittoresques que je connoisse. C'est un de ceux que Vernet a le plus fidèlement rendus. Bayonne qui avoit autrefois une population de 20,000 ames, se dépeuple sensiblement. On la dit réduite à dix ou douze mille; se relèvera par la franchise accordée l'année dernière à son port. L'augmentation des vaisseaux étrangers y est déjà sensible; Le seul inconvénient de Bayonne est l'entrée de son port qui se ferme par une barre qu'on tâche en vain d'affoiblir : on ne peut y faire entrer que des bâtimens de 4 à 500 tonneaux. On y construit des frégates de 20 à 25 canons; quand on veut y faire des constructions plus grandes, telles que des vaisseaux de guerre, on les prépare en pièces, et on les envoye sur des gabarres prêtes à être montées.

Environs de Bayonne charmans, et se ressentant du voisinage d'une ville de commerce. Position de la maison de campagne de M. Piert, hors de la porte d'Espagne, remarquable par sa superbe vue; la mémoire en emporte un beau tableau.

Le soir, parti pour S.-Jean-de-Luz. Pays

de Bayonne à S.-Jean-de-Luz, agréable, sans que la culture soit remarquable. Les basques se portent tous vers la mer, et rien ne dégoûte de l'agriculture comme la pêche : ce sont deux métiers qui semblent s'exclure.

St.-Jean-de-Luz, autrefois plus considérable, se dépeuple sensiblement depuis quelque tems; ne fait plus la pêche de la baleine qui y avoit autrefois apporté des richesses. Cette pêche, que le gouvernement a tort de ne pas ranimer, et dans laquelle les basques excelloient, avoit fait d'eux les plus hardis matelots de l'univers. Ils vont encore aujourd'hui à celle de la morue, fort tombée depuis l'avant dernière paix. Elle paroît se relever depuis celle-ci. Vingt-sept bâtimens de St.-Jean-de-Luz, y ont été cette année, chacun portant depuis 15 jusqu'à 20 hommes. Mais ce qui donneroit à St.-Jean-de-Luz une existence bien supérieure à celle qu'il a eue, ce qui le repeupleroit aux dépens de St.-Sébastien et du *port du Passage*, qui se sont formés ou du moins augmentés à ses dépens, et à ceux de Bayonne; ce qui feroit de-St. Jean-de-Luz, un point important pour la France, ce seroit l'accomplissement du projet qu'on y a entrepris depuis plusieurs années, celui d'une rade artificielle, au moyen de deux jetées de 250 toises chacune, qu'on bâtiroit dans la mer. J'irai demain en bateau voir ces travaux, auxquels on emploie, depuis trois ans, quarante mille écus chaque année.

Le 2.

Eté visiter les travaux de St.-Jean-de-Luz avec M. Descolins, ingénieur des Ponts et Chaussées, qui en est chargé. Il s'agit de former la baie par deux jetées, dont l'une appuiera au fort Socoa, et l'autre au rocher de S.te Barbe; ce qui donneroit une rade superbe, où l'on entreroit facilement, et qui recevroit une flotte entière des plus gros vaisseaux de guerre. Audacieuse pensée, inférieure à celle de Cherbourg, et qui ne sera qu'un jeu, si les derniers travaux continuent de réussir. Il y a déjà soixante toises de jetée finies entièrement du côté de S.te Barbe. On travaillera l'année prochaine du côté de Socoa; et l'on fera ainsi chaque campagne quelques toises de chaque côté, à proportion des fonds qui seront assignés. M. Descolins évalue la moitié du projet à 3 millions. Beauté de cette jetée: elle a soixante pieds de base et quarante à son sommet ; la mer qui est terrible dans cette baie fait quelquefois des avaries aux travaux, mais elle a été forcée de respecter ce qui est entièrement fini : elle y blanchit son frein en mugissant.

M. Descolins compte qu'à mesure qu'on avancera en pleine mer, on pourra bâtir l'ouvrage, en employant des cônes, tels qu'à Cherbourg. Ce M. Descolins est un homme intelligent ; il y en a beaucoup de cette espèce dans les ingénieurs des Ponts et Chaussées.

Si Cherbourg et St.-Jean-de-Luz réussissent, M. de la Millière aura attaché son nom à deux des plus hardis monumens qui soient sortis de la main des hommes ; il aura donné à la France ce qui lui manquoit, une rade dans la Manche, et une autre dans la mer de Gascogne. Il ne lui en revient pas la première gloire : celle-là appartient aux auteurs du projet, aux hommes qui ont créé ou perfectionné les procédés à l'aide desquels l'esprit a pu concevoir de pareilles entreprises. Mais la seconde lui appartiendra, celle d'avoir concouru à leur exécution, en les appuyant auprès du Gouvernement. C'est encore une assez grande perspective pour l'animer... Et ma vie entière se passera sans que j'aie j'amais l'occasion de rendre à mon pays aucun service mémorable !

De l'attelier des travaux, été voir le fort Socoa, petit fort bâti par M. de Vauban, assez bon pour son objet. Il couvre un petit port particulier, dont le défaut, ainsi que celui de St-Jean-de-Luz, est qu'il s'atterrît à la basse mer, ce qui fait toujours un tort infini aux bâtimens.

De Socoa, été à Andaye par un chemin de traverse le long de la mer : Andaye petit bourg à l'embouchure de la Bidassoa, avec un joli et assez bon fort qui domine sur la baie et qui est en face de Fontarabie et à une demi-portée de canon de cette place.

Ce fort a été bâti par Louis XIV, pour menacer Fontarabie, et pour contenir les habitans de la rive opposée de la baie, qui avoient exercé des violences contre les pêcheurs d'Andaye. On conserve la tradition qu'ils en prirent six et qu'ils les firent jeter dans de l'huile bouillante. Louis XIV, qui vengea quelquefois ses injures personnelles, avec trop d'éclat ; mais qui, par une conséquence plus heureuse de son esprit de grandeur, ne laissa jamais opprimer ni offenser impunément ses sujets par aucune puissance étrangère, fit construire le fort d'Andaye et s'en servit ensuite pour bombarder Fonta-rabie.

Il y a à Andaye une compagnie d'invalides. Après l'avoir vue, passé la baie en bateau pour aller donner un coup-d'œil à Fonta-rabie. Méchante petite ville, portant encore les traces du siège du maréchal de Bervick, et enceinte d'une médiocre fortification, quoique les Espagnols l'aient réparée depuis. Elle ne tiendroit pas huit jours maintenant ; mais comme elle ne défend aucun débouché, il vaudroit encore mieux la masquer, que l'assiéger. On dit St. Sébastien, qui est à quatre lieues de-là, beaucoup meilleur : on ajoute que la citadelle surtout est très-bonne. Je voulois y aller ; mais le tems m'a manqué, et j'avois des chevaux de louage hors d'état de me porter, il a fallu me contenter d'aller voir le Port de Passage, qui est à deux grandes lieues.

Eté pour aller passer la Bidassoa, au bac de Béobi. C'est là que passe la grande route de Bayonne à Madrid. C'est auprès de ce bac qu'est la fameuse *île des Faisans*, ou de

la

la Conférence. Que ce qui a quelqu'éclat dans l'histoire, occupe souvent peu d'espace sur la terre ! Cette Bidassoa, qui fait les limites des deux royaumes, se passe à gué, quand la marée ne la grossit pas. Cette île des Faisans n'est qu'une motte de gazon, où l'on a peine à concevoir que les négociateurs aient pu faire tendre un pavillon. On dit, à-la-vérité, que la rivière l'a infiniment diminuée, il y a à peine un siècle ; et l'on cherche sur le globe des vestiges de l'histoire grecque et de l'histoire romaine ! Combien de faits ainsi démentis par les lieux, sans que cela puisse rien prouver contr'eux ! Il y a à ce passage, qu'on nomme *le Pas de Béobi*, deux bacs, dont un, à chaque rive, appartient à chaque nation. J'ai passé dans le bac français. Une maison de péage avec les armes du roi d'Espagne, plusieurs femmes en mantes noires, deux gros moines, (qu'on traitoit avec respect), m'auroient dit, sans avoir besoin de questionner, que j'entrois en Espagne.

Sentiment irrésistible de curiosité qui vous saisit, dès que vous mettez le pied sur une terre étrangère. On voit, on observe, on dévore, on compare tout à ce qu'on quitte, ou à ce qu'on a lu. J'avoue que j'ai été édifié et étonné de tout ce que j'ai vu dans les trois ou quatre lieues seulement que j'ai faites en Espagne. La grande route étoit belle, bien entretenue, et beaucoup mieux, à tous égards, que celle que je venois de quitter en France. Le pays est aussi mieux cultivé, les habitations y sont plus riches et plus considérables. *Yrun*, qui est le premier bourg espagnol, et *Oyarsun*, qui se présente ensuite, ont des églises et des maisons de ville qui sont de vrais édifices publics. L'architecture et la forme des maisons ont déjà un caractère particulier. Toutes les fenêtres ont des balcons, et presque toutes des jalousies. Quant aux habitans, (dans cette partie de pays qu'on nomme *le Guipuscoa*, et qui est l'entrée de la Biscaye), ils ont beaucoup d'affinité avec les Basques, et ils parlent encore la même langue. Beauté de l'espèce y continue. Beaucoup de jolies figures de femmes surtout; paysans et paysannes propres et bien vêtus. Ces dernières sont remarquables par leur élégance; toutes ont de beaux traits, de belles dents, de beaux cheveux noirs, bien peignés et pendans en une longue tresse, souvent rattachée avec des rubans; toutes en juste rouge au pli du corps avec des jupons bleus ou jaunes, et du linge propre et assez fin. Elles vont presque toutes pieds-nus, ainsi que nos Basquaises. En arrivant au Port du Passage, vue charmante. Ce port, environné de montagnes, forme comme un lac d'une lieue de tour, dont les bords sont parsemés d'habitations. Le bourg du Passage ne compose qu'une rue des deux côtés de l'entrée du port qui n'offre qu'une gaine extrêmement étroite, mais d'ailleurs profonde et sûre. Le mouillage dans ce port, ou plutôt dans cette petite rade, est excellent; et si les Espagnols n'avoient pas négligé de le nettoyer, il recevroit les plus gros vaisseaux. Dans l'état actuel, il en reçoit encore, et on y a armé, la guerre dernière, un vaisseau de 74 canons.

M. de Choiseul avoit eu la pensée d'obtenir, dans la confection du Traité des limites, la cession de ce port de la part de l'Espagne. Mais, outre qu'on n'y auroit jamais consenti, parce que la maxime du cabinet d'Espagne est de ne jamais rien céder, je ne crois pas que ce port eût rempli notre objet. Il n'a point de rade, et son entrée est trop étroite pour en faire jamais un bon asile pour la navigation. Si la grande entreprise de S. Jean-de-Luz peut s'accomplir, cela sera cent fois préférable.

Laissé mes chevaux sur la hauteur, au fond du port, et été en chaloupe me promener jusqu'à l'entrée de ce port. Ce sont des femmes qui conduisent toutes ces chaloupes ; à mon arrivée, il en vint une douzaine à-la-fois se présenter à moi, toutes demandant la préférence, toutes jeunes et bien mises. Celle à qui je la donnai, étoit d'une figure charmante, et dans un ballet d'opéra, sa tournure et son élégance n'auroient rien déparé. Vivacité, gentillesse, coquetterie de ces Basquaises. Le commandant du Fort Socoa, qui m'accompagnoit, et qui est Basque, se mit à l'agacer : elle lui répondit avec autant de grace que d'esprit. Jamais je n'ai vu, dans une fille de cette classe, un charme aussi vrai et aussi piquant.

Du Passage, nous revînmes par la même route à St. Jean-de-Luz. Je m'arrêtai à Oyarsun ; mais dans ce même bourg, où il y a un superbe hôtel-de-ville, dont l'architecture est d'une composition semblable à celle du palladium, auberge détestable : l'Espagne se fait déjà sentir. Nous ne trouvâmes rien à manger, ni pour nous, ni pour nos chevaux. Au bout d'une demi-heure, on nous apporta du mauvais pain et une vieille saucisse rance, et à nos chevaux, du son et du bled de Turquie.

Il faisoit une chaleur excessive, et toutes les chambres étoient occupées par des Espagnols, qui faisoient la *Siesta*. J'allai voir l'église. Bâtiment immense, et dans l'intérieur, d'une richesse inconcevable pour l'église d'un bourg. Dix chapelles éclatantes de dorures, maître-autel, lampe, chandeliers, tout en argent massif; sacristie pleine d'effets riches, tous massifs et du plus mauvais goût. Je ne serois pas étonné, que dans cette église enfin, il y eût pour plus de cent mille écus d'argenterie; et telles sont, dit-on, toutes les églises d'Espagne. Une partie des trésors du nouveau monde y est ensevelie. Il faudroit un conquérant étranger, ou un roi d'Espagne philosophe, pour remettre ces inutiles richesses dans la circulation : mais ce sont deux événemens dont l'Espagne paroît également éloignée.

Arrivé à St. Jean-de-Luz à onze heures du soir, accablé de fatigue, ayant été quatorze heures à cheval par un soleil brûlant. Un excellent souper dans une des meilleures auberges du royaume et un bon lit ont tout réparé.

Le 3.

Revu le matin les travaux. Plusieurs personnes du pays m'ont élevé des doutes sur leur succès. On prétend que, quand ils quitteront les rochers sur lesquels on fonde actuellement à marée basse, ils trouveront à 35 ou 40 pieds, un lit de rochers très-inégal et très-bouleversé. Les rochers du Socoa et ceux de S.te Barbe, qui doivent être de même nature, sont en effet par couches, si bizarrement renversées les unes sur les autres, qu'elles portent visiblement les marques d'un ancien bouleversement. Il pourra donc y avoir de grandes difficultés à vaincre pour asseoir les caissons sur les cônes, et pour établir solidement les premières assises de fondation.

On n'a pas cet inconvénient à Cherbourg, où le fond est sable ou galet uni. On dit ensuite que le fond de la baie de St. Jean-de-Luz est plein de rochers, et que les câbles s'y coupent très-facilement : on dit qu'il y a quelques années, cet accident arriva à un bâtiment mouillé dans le port du Socoa même, et que, mis à la dérive, il alla se perdre avec toute sa cargaison dans la partie de la baie du côté de S.te Barbe, partie en effet pleine de brisans, et dangereuse pour les plus petits bâtimens. Enfin, on trouve, avec raison, que ce port aura l'inconvénient de n'être pas à l'entrée d'une rivière navigable, et, par conséquent, de ne pouvoir être alimenté par les moyens du pays. Cet inconvénient n'est pas sans réplique : on y remédiera par le cabotage.

M. Descolins, à qui j'ai parlé des autres inconvéniens, les nie; mais cela ne prouve encore rien. Il a un grand intérêt à ce que les travaux continuent. Il en attend sa fortune sous tous les rapports. Il est marié à St. Jean-de-Luz.

Questionner M. de la Millière à mon retour; savoir si ces objections lui ont été faites. Il se pourroit que non. Il n'a vu et écouté que les ingénieurs des Ponts et Chaussées. Les administrateurs ne sont pas des particuliers par-tout où ils passent, et la vérité fuit devant eux.

Questionner aussi M. de la Millière sur les

formes et précautions par lesquelles il peut s'assurer du bon emploi des fonds. Il y a de grands soupçons dans le pays à cet égard. Qui est-ce qui éclaire, en effet, la gestion de M. Descolins ? Il est abandonné à lui-même. Je vois, par exemple, que les voitures de bœufs qui font tous les transports, lui appartiennent secrètement, et qu'il est ainsi à-la-fois, sur cet objet, régisseur et entrepreneur. Qui est-ce qui vérifie le nombre des ouvriers qu'il emploie dans ses comptes de dépenses ? J'ai vu la gestion des ingénieurs des Ponts et Chaussées dans les travaux du Havre, également soupçonnée. Enfin, il est constant que les travaux conduits par les ingénieurs militaires sont, en général, à meilleur compte. Les ingénieurs militaires ont, en effet, un principe d'honneur qui doit les rendre plus délicats. Ceux des Ponts et Chaussées ont, d'un autre côté, beaucoup plus de connoissances des détails, et la pratique des moyens. On a pu penser quelquefois à réunir les deux corps ; mais, outre qu'ils seroient inconciliables par la différence de leur service et de leur constitution, outre qu'alors les gens de guerre seroient nécessairement oppresseurs, et les gens de l'art opprimés, il s'ensuivroit qu'on perdroit l'émulation qui s'établit ainsi entre deux corps dont les talens rivalisent ; émulation qui, continuée et éclairée par le gouvernement, peut produire plus d'activité dans les lumières.

Idée que la vue des travaux du Havre et de Cherbourg m'avoit fait naître, il y a deux ans, de soumettre toujours ces travaux à un conseil d'administration et de direction, pour la discussion des moyens pour et contre, et pour la comptabilité des fonds. J'y soumettrois de même tous les travaux militaires ou autres travaux publics. Une pareille commission, composée de trois personnes, suffiroit à chaque grand atelier de dépenses, de quelque genre qu'il fût. Elle résideroit sur le lieu, et subsisteroit tout le tems des travaux. Les ingénieurs, de quelque espèce qu'ils fussent, architectes ou gens de l'art quelconques, seroient soumis à cette commission pour tout ce qui auroit rapport à l'emploi des fonds. Causer aussi un jour de cette idée avec M. de la Millière. Il veut le bien ; il est un peu moins sans préjugés que tous les gens de son état. Je m'éclairerai du moins par la discussion. Ce qu'on ne communique pas, ce qu'on ne soumet pas à la contradiction, ce qu'on ne s'expose pas à défendre, reste toujours imparfait et ébauché.

Arrivée des bateaux de sardines fraîches à St. Jean de Luz, où ils viennent décharger; c'est à la hauteur de la *pointe du Figuier*, qui est terre espagnole, qu'on va les pêcher, cette espèce de poisson de passage étant par bancs, et n'affectionnant pas également toutes les côtes. Celle-là leur est favorable dans ce moment-ci. Foule et empressement de toutes les femmes et filles basques, à qui en achettera la première, pour les porter à Bayonne. Elles en emportent chacune un panier sur leur tête, dans lequel il peut en tenir mille, et ce panier est recouvert d'une toile bien blanche. J'ai vu partir le convoi. Elles sont cinquante ou soixante à la file l'une de l'autre, lestes, bien mises, avec des corsets rouges et des jupons de couleurs tranchantes, toutes avec du linge blanc et fin, toutes en tresses, toutes jambes et pieds-nus, toutes allant à la course, de manière qu'elles font les trois lieues qu'il y a de St. Jean-de-Luz à Bayonne, en moins d'une heure et demie. Leur intérêt est d'arriver avec leur poisson bien frais, et d'arriver les premières, pour vendre plutôt et mieux leur cargaison. Beaucoup ont des tailles de nymphes; et je doute qu'Atalante, qui couroit pour des pommes d'or, l'eût emporté sur elles.

Repris le chemin de Bayonne. Couché et soupé chez M. le marquis de Caupenne. Nous avons parlé de ma course : nous avons remis les objets sur le tapis. Manière intéressante de résumer et de s'affermir encore. — J'y ai vu aussi M. Desandouin, brigadier, commandant le génie, celui qui le commandoit aussi en Amérique, sous M. le comte de Rochambeau : beaucoup de contradictions et d'objections de leur part, sur le projet de St. Jean-de-Luz; soutiennent en revanche avec beaucoup de chaleur, la possibilité du succès des travaux qu'on fait au Boucault, qui est l'entrée de l'Adour, à une lieue de Bayonne. Ces travaux ont pour objet de reculer et de laisser une barre de sable, qui tend à fermer cette entrée aux gros bâtimens, c'est-à-dire aux frégates mêmes, et qui, si ses progrès continuent, annéantiroit le port de Bayonne. Je regrette de ne pas pouvoir aller les visiter : le tems me manque, et sans doute aussi la volonté. La curiosité n'est plus un assez grand attrait pour moi; je commence à ne plus me remuer que par nécessité, et je suis las de voir en simple observateur.

Historique de ces travaux : sont commencés depuis quarante ans, et toujours interrompus à la guerre, par une bizarrerie très-commune à notre gouvernement : ils dépendent du département de la guerre, et se font par conséquent par les ingénieurs. Le ministre de la guerre fort indifférent au commerce, y met par conséquent peu et trop peu de fonds; il n'y a mis que 15,000 liv. cette année. Il ne sait sûrement ni ce qu'on y fait ni ce qu'il faudroit y faire.

Causé encore sur beaucoup d'objets avec M. le marquis de Caupenne; j'ai bien réfléchi en chemin sur ce travail des limites. Je ne pense pas tout-à-fait, comme lui, que les considérations militaires soient les plus importantes dans cette occasion : ainsi un débouché de plus ou de moins ne seroit pas ce qui m'arrêteroit, s'y j'en étois chargé. Il y a telle forêt avantageuse aussi pour des mâtures, tel passage nécessaire à la subsistance de plusieurs communautés, que je préférerois indubitablement. Au fait, cette ligne de limites et de débouchés, ne sont pas des barrières fortifiées ; c'est une ligne idéale et qui n'existera que sur les cartes. Les débouchés de la frontière appartiendront toujours à celui qui les occupera le premier en force, et nous aurons toujours plus beau jeu que l'Espagne pour la prévenir. Si j'étois à la place du commissaire, peut-être même m'arriveroit-il de mettre à profit *le foible militaire* de M. le chevalier de Caro, et d'affecter une grande sensibilité, sur la perte de ces débouchés, pour obtenir de lui quelque compensation plus réellement avantageuse au pays.

Pris congé du marquis de Caupenne. Je voudrois trouver sur toutes les frontières un aussi bon instituteur. Je ne puis cependant emporter tout ce qu'il m'a dit, comme des résultats positifs. Il faudroit avoir confronté, avoir comparé, avoir jugé par moi-même ; mais c'est une bonne base d'instruction : ce sont de bons premiers aperçus, à l'aide desquels, si j'avois du tems et si j'y mettois un grand intérêt, la vérité me seroit bientôt connue.

Le 3.

De Bayonne à St.-Jean-Pied de Port avec

des chevaux et mulets de louage : car il n'y a pas de poste établie. La route n'est pas finie ; elle est très-difficile pour les voitures, tout ce pays étant montagneux, ou pour mieux dire, un amas de petites montagnes basses et roides, qui se serrent toutes les unes sur les autres, et qui n'offrent jamais de pentes assez allongées pour que les chemins puissent les tourner doucement. Du reste, pays médiocrement cultivé ; beaucoup de bleds de Turquie, beaucoup de petites prairies, beaucoup de plantations, des ruisseaux dans les fonds, et avec cela, un nombre infini de petites habitations, répandues sur toutes les collines. Les habitans sont dans l'usage de les blanchir souvent, au moyen de quoi, pas une n'échappe à l'œil, et cela donne au pays l'air d'une prodigieuse population. De tems en tems, quelques fonds s'élargissent et forment des allées où l'on découvre de beaux villages.

J'ai vu de loin Ustaritz, patrie de M. Garat, et où vit un de ses frères, qu'on m'a dit dans le pays, *avoir autant d'esprit que celui de Paris :* c'est l'expression dont on s'est servie. J'ai vu de loin aussi Aspar, gros bourg, qui a été le foyer de la révolte du Labour non affranchi : on m'a montré son clocher abattu par ordre de la Cour, mais qu'on va lui permettre de rétablir. Détails assez curieux de cette révolte, que j'ai recueillis en passant. Il y a eu jusqu'à cinq ou six mille personnes de rassemblées ; elles s'étoient réunies dans le cimetière d'Aspar, et elles garnissoient le clocher et les maisons voisines. Les femmes seules se mettoient en avant ; les femmes seules répondoient : les hommes étoient cachés derrière elles, et on dit qu'il y en avoit beaucoup de déguisés en femmes, et d'armés sous ce déguisement. Il n'y a d'ailleurs pas eu un acte de violence, ni une goutte de sang répandu. La vue des troupes a tout fait rentrer dans le devoir ; conduite remarquable et courageuse d'une jeune et jolie paysanne, qui est celle qui a toujours porté la parole, et qui est encore détenue dans les prisons de Bayonne ; elle répondoit toujours : « *Nous ne sommes pas à la France ; nous voulons vivre Basques, et mourir Basques.* » Avant mon départ, on m'a assuré qu'elle a été mise en liberté.

St.-Jean-Pied-de-Port est aux pieds des Pyrennées, dans une vallée charmante, arrosée par la Nive, qui de-là va se réunir à Bayonne, à l'Adour : ville petite et vilaine, enveloppée d'un mauvais mur ; la citadelle qui est au-dessus, est assez bonne, passablement entretenue, pas dangereusement dominée, et dominant du moins sur toute la vallée, et sur les deux chemins qui vont en Espagne. Le plus ancien conduit à Ronceveaux, riche abbaye Espagnole, qui est aux pieds du revers des Pyrennées, et qui a la célébrité de la défaite de l'arrière-garde de Charlemagne, et de la mort du brave Roland. Si j'avois pu, j'y aurois été ; mais je n'ai pas le tems d'être curieux. L'immensité de mes courses m'effraie, et je vois toujours à côté de moi ce qui m'attend et ce qui me regrette.

Le 4.

Vu le matin la compagnie d'invalides. Charmant coup-d'œil des remparts de la citadelle. Le Gave se partage en quatre bras, et se replie de mille manières dans la vallée. Assez bon état de la citadelle, qui est un carré long, avec quatre bastions et deux demi-lunes. Encore l'ouvrage de M. de Vauban. Cet infatigable génie a, dans ce genre là, presque tout fait, vu, ou indiqué. La postérité pourra croire un jour qu'il y a eu plusieurs

sieurs grands ingénieurs de ce nom. Il a peut-être multiplié les places ; mais c'étoit le système et le goût de son siècle. Il n'y avoit point de petite ville qui n'eût alors ses portes et ses murs. On sortoit des tems de trouble ; on licencioit beaucoup de troupes à la paix ; on ne conservoit pas ces remparts vivans d'immenses armées toujours sur pied ; on avoit mieux approfondi la diversion de campagne et l'art de couvrir un pays par des positions ; enfin c'étoit aussi l'amour de son art ; il faut passer quelque chose à cet amour, qui fut aussi le principe de son talent, et il n'en résulte pas moins que M. de Vauban est un des plus grands et des plus utiles citoyens que la France ait produits.

Dîné avec M. l'Evêque de Bayonne, qui se trouvoit à St. Jean-Pied-de-Port en visite de son diocèse, et à qui la ville donnoit un grand dîner. Cet Evêque est frère de M. de Villevieille, celui que je connois à Paris, homme d'esprit, philosophe, adorateur des lettres, disciple de Voltaire, ami de M. de Condorcet. Il m'a paru un homme doux, honnête et timide. Causé à ce dîner avec M. d'Alzens, commissaire des Etats de Navarre, qui en faisoit les honneurs, et qui a été pour moi d'une bonne conversation. Beaucoup de détails sur cet arrangement des limites. M'a confirmé qu'il étoit jusqu'ici fort désavantageux à la France, et qu'il ruinoit la vallée de Baigory. Il va aussi nous ôter la forêt d'Yrahita, qui étoit la seule ressource en bois qui restât au roi dans les Pyrennées; car les forêts de Jubos ou autres, d'où l'on tire les mâtures actuelles, sont épuisées. A propos de ces établissemens de mâture, c'est de Navarreins qu'il faudroit y aller par Oloron. Mais je ne me laisserai pas aller à cette course; je n'y verrois de curieux que la beauté des chemins, s'il peut y avoir des chemins curieux pour moi, après celui du Ballon que j'ai vu l'année dernière, après ceux que j'ai vus en Suisse et dans le Tyrol. Ce n'est pas le tems de la flottation à cause du défaut d'eau : ainsi je ne verrai pas partir les radeaux que ces mâtures composent, et j'aurois en revanche, et d'après toutes les informations que j'ai prises, beaucoup à gémir sur la mauvaise administration des coupes, et sur l'indigne gaspillage de ces bois, qui sont actuellement abandonnées à des entrepreneurs qui ne pensent qu'à leur profit, et qui n'y joignent, comme de raison, aucune vue ni d'économie, ni de conservation, ni de reproduction. En parler à M. de la Millière, qui y a été l'année dernière, et qui a dû en avertir M. de Castries. J'ai le malheur de ne voir jamais un abus ni de près, ni de loin, sans être tenté de le dénoncer.

Parlé aussi à M. d'Alzens, et j'ai eu de lui des détails sur les causes de la destruction de l'espèce des chevaux navarrois; il n'y en a absolument plus : on en trouvoit encore il y a quinze ans, car on y fit la remonte d'une partie des chevaux de la légion de Dauphiné, dont j'étois colonel-commandant. On n'y trouveroit pas aujourd'hui un cheval ni une jument de belle espèce. Le gouvernement a tout perdu, en voulant se mêler de tout sur cet objet, en ayant des inspecteurs, des employés, des étalons, des époques et des jours fixes pour les monter, etc. M. le duc de Polignac, va arriver dans ce pays-ci, et il ne remédiera sûrement à rien. L'espèce est délicate et les habitans préfèrent d'élever des mulets, ce qui leur est beaucoup plus profitable. Les mêmes causes ont fait tomber l'espèce en Poitou. Ainsi, par un contraste curieux, le gouvernement a ruiné les haras des Pyrennées, en voulant s'en mêler; il y perdra ses bois, en ne s'en mêlant pas, et en ayant renoncé mal-à-propos à la surveillance de l'exploitation. Distinguer quand il faut gouverner, ou ne pas gouverner, laisser agir l'industrie, ou éclairer et contenir l'intérêt particulier, ce seroit un grand art de l'administration; car c'est toujours en confondant ces cas si différens, que le gouvernement commet des méprises funestes.

Parti après dîner pour aller coucher à St. Palais. Pays agréable et varié, beaucoup de petites montagnes, à droite de belles allées et le magnifique cadre des Pyrennées. Descente sur St. Palais, charmante. Riche vallon, belle culture; mais les habitations, ni les habitans n'ont cet air d'aisance et de propreté que l'on voit dans le pays de Labour. Le costume même est changé. Ils n'ont plus du Basque que le *berret*. (1) Cette observation me frappe sans cesse dans le royaume; et, dans ce royaume seulement, la misère

---

(1) Espèce de toque en drap ou de bonnet rond, que les habitans des Pyrennées et les bergers portent habituellement.

semble y suivre l'industrie et la richesse du sol. Cela provient toujours de la même cause: le fisc poursuit l'apparence de la richesse, les impôts y croissent en proportion, et il ne reste au malheureux cultivateur que la peine de la récolte.

Le 5.

De St. Palais à Navarreins. Beaux pays; culture riche et variée; chemins superbes et bien entendus, c'est-à-dire point trop larges et point alignés. On est dans l'intendance d'Auch, et c'est la mémorable administration de M. d'Etigni, qui les a faits. M. de ***. et M. d'Etigny, quel contraste! M. de ***. est plus que détesté dans ce pays, il est méprisé, c'est le crédit de M. de *** qui le soutient contre sa mauvaise conduite, et contre les clameurs du pays. Quel emploi les gens puissans font de leur crédit!

Navarreins, garnison d'invalides, ville fortifiée, prétexte d'un état-major composé d'un gouverneur, d'un lieutenant de roi et d'un major. Ces fortifications tombent en ruine de tous côtés; ne vaudroient même rien, quand elles seroient en bon état. Elles ont été faites et n'ont pas même été achevées par Henri II roi de Navarre, grand père d'Henry IV. Cette petite Place avoit pour objet de couvrir son petit pays. Toute mauvaise, toute inutile qu'elle est, il y a deux ingénieurs en résidence, et on y dépense tous les ans quelque argent. L'année dernière, on a accordé mille écus au lieutenant de roi pour réparer sa maison : nouvel abus. Les ingénieurs disent que Navarreins pourroit être une Place d'entrepôt en cas de guerre avec l'Espagne. Mais c'est qu'il n'y a ni espace ni magasins, ni hangards, ni souterrains ; la Place dans l'état où elle est, n'est pas à l'abri d'un coup de main, et, si l'on vouloit en faire un poste tenable, il faudroit occuper et fortifier les hauteurs qui la dominent. Le pays en seroit infiniment susceptible ; mais cela rentre dans l'espèce de poste qu'une armée se fait par-tout la pioche à la main ; il faudroit cinq ou six mille hommes pour l'occuper, et il n'est pas besoin de conserver une misérable Place qui seroit au centre et en arrière de cette position, sans rien ajouter à sa force.

Dîné chez le commandant ; vu la compagnie d'invalides, et parti ensuite pour Pau. Toujours beaux chemins et beau pays.

Le 6.

Parcouru Pau avant de partir. Ville médiocre et qui n'a rien de remarquable que sa position sur un *Gave*, qu'on appelle le *gave de Pau*. J'ai noté, je crois ailleurs, que toutes les rivières de cette partie des Pyrennées se nomment *gave*. C'est un nom générique, auquel on ajoute le nom de la vallée ou du lieu principal qu'elles arrosent. Ainsi l'on dit le *Gave de Pau*, le *Gave de Barèges*, etc....

Place royale. C'est un vilain petit carré qui n'est pas achevé de bâtir et où, au milieu d'une enceinte de gazon, fermée d'un méchant appui en mur, les Etats de Béarn ont élevé, le siècle dernier, une statue pédestre, de Louis XIV, en fonte. Cette statue est pitoyable, tant par elle-même, que par ses accessoires ; mais une anecdote curieuse, c'est que les Etats du pays en avoient fait le projet et les fonds pour Henri IV. Le gouverneur et l'intendant d'alors leur insinuèrent que la permission leur en seroit refusée, et qu'il valoit mieux se faire auprès de Louis XIV le mérite de la lui consacrer. Les Etats cédèrent à cette insinuation. On prétend qu'ils s'en sont vengés par une inscription en langage vulgaire du pays, qui dit : *Béarnois, voici le petit-fils de votre grand Henri.* Il y a ensuite des éloges de Henri IV, et l'inscription ne dit plus rien de Louis XIV.

Château de Pau, vieil et petit édifice gothique du plus mauvais genre, et dans le plus grand état de délabrement; curieux seulement, en ce que c'étoit le palais des ancêtres d'Henri IV, en ce qu'il y est né, et qu'il y a été élevé. On y montre son appartement, qui est un méchant galetas, et son berceau qui est une grande écaille de tortue. Ce que ce bâtiment fait voir, c'est à quel pauvre sort Henri IV étoit destiné avant son titre de roi, et la grandeur de la fortune qu'il fit. C'est aussi ce commencement rigoureux, cette éducation de particulier, cette jeunesse passée dans la pauvreté et au milieu des armes, qui en ont fait un grand roi. Ses descendans naissent dans des palais, leur berceau est le premier trône du monde. Si on les remettoit à l'âge d'homme dans la foule, ils y resteroient à jamais confondus.

Le 7.

De Pau à Lourde, pays riche et riant. Fonds

de vallées extrêmement fertiles. Beaucoup de vignobles sur les côteaux. Cette partie du Béarn, produit d'excellens vins; ceux de Jurançon et de Gan, sont les plus estimés; mais, comme tous les vins capiteux, ils n'ont pas grand débit au-dehors.

A trois lieues de Lourde, le pays se resserre : on entre dans les Pyrennées. Lourde, château et garnison d'invalides. J'y ai dîné et couché. Je connoissois beaucoup le commandant, M. de Magnol, lieutenant-colonel du régiment d'Auvergne, dans le tems que j'y ai servi; homme malheureux et dévoré de chagrin; a manqué sa fortune; a une famille intéressante, une petite fille de cinq ans, d'une figure ravissante et d'un babil charmant, peut-être trop prématuré. Prodiges dans l'enfance, presque toujours en grandissant, plantes épuisées et fruits de serre-chaude. — Horrible exil qu'un château pareil. Le donjon est aussi une prison réelle pour des jeunes gens libertins ou dérangés. Cela ajoute, au malheur de M. de Magnol, la triste condition d'être geolier. Les vallées qui environnent Lourde, quoique extrêmement étroites et serrées par de hautes montagnes décharnées, forment un joli coup-d'œil. Elles sont arrosées par deux Gaves, et couvertes de prairies et d'une riche culture. La terre, ainsi que dans toutes les vallées des Pyrennées, ne repose jamais. J'admirois cette vue, mais en rejetant les yeux sur ce château, sur ce triste donjon, sur de méchantes fortifications, sur ces invalides, sur tout cet appareil intérieur qui ne retracent que des idées d'esclavage, je me rappelois le mot, si profondément triste, d'un chartreux à un homme qui lui faisoit compliment sur la beauté de la position de leur maison. *Oui, monsieur*, répondit le père, *cela est beau*, mais, avec un soupir qui sortit comme du fond d'un tombeau, *transeuntibus : pour les passans*. Ce mot fait frissonner ma pensée toutes les fois que je m'en souviens. Je crois voir le spectre du désespoir, soulevant pesamment ses chaînes et retombant à terre, accablé de leur poids; il n'y a plus ni belle situation, ni vue riante avec la nécessité d'y toujours vivre ou de toujours la voir, et c'est à cela qu'il faut appliquer ce vers de M. de Saint-Lambert :

« Et ce plaisir d'un jour est l'ennui de la vie. »

Le 8.

De Lourde à Luz en voiture. Le pays devient de plus en plus agréable : le vallon s'ouvre et s'élargit. Délicieux, surtout du côté de St. Savin : culture, prairies, habitations sur tous les pendans Renvoyé de Luz ma voiture à Lourde, et pris à cheval le chemin de Gavarnie.

Laissé à droite, en passant, les bains de St. Sauveur, où je reviendrai coucher. On entre presque tout de suite dans les horreurs de la montagne. Il n'y a plus ni prairies, ni culture, ni habitations. Ce n'est plus qu'un très-mauvais chemin taillé dans la corniche, et un ravin immense, dans lequel coule un torrent. C'est celui qui est formé par les cascades de Gavarnie, et la vue de ces cascades étoit le but de ma course. Si je n'avois pas vu les Alpes, ce chemin, ce torrent, toutes ces eaux qui s'échappoient de tous côtés des montagnes, et qui vont le grossir, cet amas de rochers, ce chaos d'un monde en ruines, tout cela m'auroit fait impression, sans doute ; mais j'ai vu en Suisse des horreurs cent fois plus pittoresques et plus majestueuses. Je regarde sans admirer.

En approchant de Gavarnie, le pays s'ouvre en petits vallons; les cascades sont encore à presque une lieue de Gavarnie, qui est lui-même à quatre lieues de Luz. Au moment où l'amphithéâtre de Gavarnie s'offroit à moi, où de loin je voyois les cinq ou six cascades, qui forment le Gave, marquées en grandes bandes d'argent, le long d'une montagne noirâtre et décharnée, le tems s'est couvert, et le sommet des montagnes avec le haut des cascades ont disparu dans les nuages. Je n'ai donc joui qu'imparfaitement de la vue des cascades de Gavarnie; mais j'ai vu en revanche le spectacle superbe d'un orage affreux. Il s'est amoncelé précisément au-dessus des cascades. Le bruit du tonnerre, que les échos prolongeoient et augmentoient encore; les éclairs qui à tout instant déchiroient les nuages, ces nuages pesant et descendant de plus en plus sur les montagnes, et ces cascades qui avoient alors l'air d'être vomies par eux; un déluge de pluie et de grêle, les troupeaux, les bergers se réfugiant de tous côtés dans quelques méchantes cabanes qui sont dans la vallée, tout cela faisoit un ensemble nouveau pour moi, et que le pinceau de Vernet eût saisi avec volupté. Bientôt la pluie est devenue générale, l'heure me pressoit, je n'avois plus que le tems de revenir à Luz, avant la nuit, et j'en ai repris le chemin par un brouillard froid et humide, à travers lequel j'avois de la peine à voir mon chemin et mon guide. Ce chemin étoit affreux; j'en avois fait une partie à pied en venant. La pluie m'a donné le courage que je n'avois pas eu. J'ai laissé aller mon cheval, qui étoit une mauvaise petite rosse du pays, et j'ai vu qu'il y avoit des occasions où la confiance est la meilleure des prudences.

Couché à St. Sauveur-les-Bains. On y dit les eaux plus douces qu'à Barèges, et très-efficaces encore. La rareté des logemens à Barèges, fait qu'on y reflue souvent. La situation est jolie, et le pays est plein de promenades charmantes.

Le 9.

De St. Sauveur à Barèges, à cheval une bonne lieue, délicieuse à faire par le charme d'un petit vallon, dans lequel on suit toujours le cours du Gave de Barèges. Sources et cascades de tous côtés, charmantes prairies, joliment parsemées de bouquets d'aulne et de petits moulins, parties de jardins anglois tout faits. Je les enviois toutes successivement, et je ne savois auxquelles donner la préférence; mais les eaux, les eaux surtout de ce charmant petit vallon, ne sortiront jamais de mon souvenir. Jamais je n'en ai vu de si fraîches, de si animées, et de si limpides. Elles se varioient, se croisoient, se séparoient, se rejoignoient, bouillonnoient, murmuroient, retomboient les unes sur les autres, en tout sens, tandis que le Gave, roulant en écume dans un lit de rochers, faisoit la basse continue de cette harmonie : On eût dit de vrais jeux d'êtres animés, et c'est là sans doute ce qui a donné à l'ingénieuse mythologie des Anciens l'idée de leurs danses de Nayades.

Oh! comme un seul de ces petits effets d'eau, comme la plus inaperçue de ces cascades animeroit mes jardins! Non, je n'en voudrois pas davantage. Je suis pour cela comme pour les richesses : la nature auroit pu me satisfaire à peu de frais; le plus petit bienfait dans ce genre m'auroit fait lui élever un autel.

En approchant de Barèges, les montagnes deviennent âpres et tristes; il n'y a plus de verdure. Barèges est un vilain amas d'habitations en une seule rue, adossée à la montagne. Il n'y a jamais eu tant de monde que cette année : baraques, voitures de tout côté, maisons paroissant regorger ; beaucoup de valets et de femmes, l'air d'un quartier-général ; grand nombre de soldats qui prennent les eaux, tous dans un état de tenue et d'indiscipline pitoyable. Grands abus à ce sujet. Je ne pourrois supporter de prendre les eaux à Barèges ; le lieu, cette foule, la nature du pays aux environs, tout me nuiroit plus qu'elles ne pourroient me guérir. Vu en passant le petit détachement d'invalides de la compagnie de Lourde, qui y est pour la police, et pris sur le champ le chemin de Bagnères par le Tour-Mallet.

Chemin affreux et toujours en montant, pendant deux lieues ; moins mauvais que celui de Gavarnie, mais sans aucun intérêt. Ce ne sont que des horreurs stériles et communes. On descend ensuite pendant une lieue, et on débouche enfin dans le petit vallon de *Grippe*. Les montagnes commencent, en y arrivant, à se boiser de sapins. Avant d'arriver à Grippe, belles cascades, formées par le Gave de Bagnères. Il y en a trois, dont deux remarquables, et qui valent la peine qu'on aille les voir plus à son aise. Elles sont à deux ou trois cents pas du chemin ; elles m'ont même fait plaisir, après celles des Alpes ; elles sont moins hautes que celles de Gavarnie, mais dans une position plus pittoresque ; elles ont surtout l'avantage, sans lequel les eaux ne font jamais sur moi qu'une demi-impression, d'être au milieu de belles masses de bois ; et ces bois sont des sapins et des pins, dont le vert noirâtre contraste merveilleusement avec la couleur des rochers et l'écume argentée de leurs ondes.

A une demi-lieue de ces cascades, et dans les premières maisons du village de Grippe, dîné dans une petite auberge, établie il y a deux ans par un homme du pays, qui a été valet-de-chambre de M. Stanley, qui a couru avec lui, jusqu'à sa mort, l'Europe et l'Amérique, et qui a rapporté dans son pays une pacotille et de l'argent, avec lequel il a fait cet établissement. Propreté de cette petite auberge. On sent en entrant quelque chose d'étranger au pays, et cela est justifié quand on sait que c'est un Français qui a été prendre ce goût en Angleterre.

Excellent

Excellent dîner champêtre de truites, de lait et de beurre. On vient souvent de Bagnères y faire la partie d'en manger et de voir les cascades de Grippe. Causé longtems avec cet homme, m'a raconté sa vie et sa fortune : a préféré s'établir dans sa patrie, quoique ce ne soit qu'un pauvre village au pied de la montagne; y a épousé une jolie paysanne; s'est refait paysan lui-même, en a repris le costume, s'est environné de sa famille, qui étoit misérable, et dont il a fait des paysans aisés; a chez lui son frère et la sœur de sa femme. Je lui ai conseillé de les marier, afin de completter mon petit tableau philosophique. Bonheur, simplicité, honnêteté de cet homme et de tout ce qui l'entoure; me demanda trente sous pour mon dîner. J'aurois parié qu'un homme, ainsi environné et capable d'une conduite pareille, n'étoit pas un juif pour les passans.

Autre spectacle qui m'occupa pendant la halte que je fis dans ce village, des milliers de moutons qui étoient rassemblés autour de la maison avec un nombre infini de gens du pays. J'appris que c'étoit les comptes de tous les bergers de la montagne qui se régloient là. Ils ramènent les troupeaux aux propriétaires, reçoivent le paiement de quatre sous par tête de bétail qui leur est fait pour la conduite et le soin de ces troupeaux.

Beauté singulière de ces troupeaux, ainsi que des béliers et des chiens. Ces derniers sont tous de la grande espèce, appelée *chiens des Pyrennées*, et regardés par M. de Buffon comme le type de l'espèce ; détails appris sur la manière de gouverner ces troupeaux, sur leur produit, sur la vie des bergers, sur toute cette branche d'économie champêtre, qui est la plus grande source de richesse de ces vallées. Espèce des hommes aussi fort belle, et mieux vêtus dans cette partie que dans toutes les autres parties des Pyrennées que j'aie encore vues.

La beauté, la richesse extraordinaire de la vallée de Campan, d'où étoient presque tous ces habitans, m'a expliqué ensuite cet air d'une plus grande aisance. J'ai remonté à cheval, et, de Grippe à Bagnères, traversé la vallée de Campan dans toute sa longueur. J'avois beaucoup entendu parler de cette vallée, et il faut, en effet, que tout lui cède : du moins n'ai-je rien vu dans ma vie d'aussi agréable par le mélange des cultures, par l'industrie des prairies, par le nombre prodigieux d'habitations, par la quantité d'eaux, par la coupe des canaux, et par les sites pittoresques; celui du *Prieuré de St. Paul* m'a surtout frappé. Cette vallée n'a pas moins de trois lieues de long, sur une de large quelquefois, y compris les pentes, qui remontent aussi haut que la végétation peut atteindre.

Le chemin dans toute cette vallée jusqu'à Bagnères, est parfaitement beau. Fait une partie de ce chemin à pied. Entré dans plusieurs habitations. Elles se ressentent un peu de la richesse du sol; elles sont beaucoup mieux bâties et plus propres que dans le reste du pays. Mais qu'elles sont loin encore de celles des belles vallées de la Suisse! Oh! c'est là ce qui fait gémir, mais ce qui se conçoit tout de suite par les inappréciables différences de l'exemption des impôts, et de la liberté.

Faites que la vallée de Campan soit une communauté qui n'appartienne qu'à elle-même; qu'elle n'ait à payer que les dépenses publiques qui lui sont relatives; vous verrez au bout de vingt ans l'élégance champêtre embellir toutes les habitations, l'ardoise remplacer le chaume, le marbre de Campan, qui n'est destiné qu'aux palais des Rois, et qui est une carrière du pays, orner les églises, les fontaines, les lavoirs, les monumens pieux de la vallée. En même tems que naîtra ce petit luxe public, vous verrez l'intérieur de toutes les maisons répondre à l'extérieur, l'espèce des femmes s'embellir par ce bonheur, celle des hommes devenir plus robuste, et l'empreinte du bonheur sur tous les visages. Vous verrez bientôt cette heureuse peuplade, trop à l'étroit dans sa vallée, s'élargir encore sur les montagnes, fertiliser de nouveaux pendans, porter, comme en Suisse, de la terre et de l'engrais sur des rocs décharnés, soutenir ces terrains artificiels par des terrasses, y amener des eaux par des pentes étudiées ou faites avec art. Si j'étois Roi, je voudrois me donner ce plaisir : je voudrois essayer ce que ce régime d'administration libérale, dans un petit coin de mon royaume, pourroit produire. J'y ferois bâtir une maison dont toute cette vallée seroit le jardin, et peut-être un jour, las de régner, ou sentant que les facultés de faire le bien m'échappent, viendrois-je, comme Dioclétien, y cultiver mes légumes, et inscrire, comme lui, sur la porte de ma retraite:

Opes fortunaque valete! inveni portum.

Bagnères assez jolie petite ville, charmante du moins par sa position, par ses eaux, par les promenades champêtres qui l'environnent de tous côtés. Les eaux y sont, dit-on, bien peu efficaces, et c'est plutôt l'agrément du lieu et les plaisirs de la société qui y attirent, que leur salubrité. On m'avoit vanté la propreté des bains : je les ai trouvés bien au-dessous à cet égard de ce qu'ils devroient être. Il y a dans ce moment-ci beaucoup de monde, des ambassadeurs, une foule d'étrangers, beaucoup de femmes de Paris; j'ai manqué l'heure du Vauxhall, où l'on se rassemble trois fois par semaine; je pourrois y aller souper et voir le coup d'œil du bal, mais il faudroit faire une toilette. Je ne suis plus dans cet âge heureux, ou malheureux, où l'on est curieux des personnes, où l'on va cherchant par-tout du mouvement, du plaisir, des sentimens ou des sensations. Tous mes goûts sont arrêtés; je sais ce que j'aime, et ce que je préfère pour ma vie.

L'ambassadeur d'Espagne est ici *incognito*

et sous le nom du baron de Gurm ; il y est avec sa femme, avec son beau père, le duc d'Hirix, et sa belle sœur qui a aussi un autre nom: Pourquoi cet *incognito?* cette comédie de rois est ridicule à voir jouer par leurs envoyés ; je n'irai pas la voir. Je n'irai pas rendre visite à Mme de Caupenne qui est ici, et que j'avois promis à son mari d'aller voir. J'écrirai, je me baignerai, je dormirai, je partirai demain. Un jour de gagné pour moi est un jour de bonheur.

Le 9.

Avant de quitter les Pyrennées, il faut que je résume l'impression qu'elles m'ont faites par la comparaison, avec la partie des Alpes que j'ai visitées en Suisse. Les Alpes sont certainement plus hautes, plus majestueuses; elles ont un plus grand caractère. On m'avoit parlé dans les Pyrennées du Pic du midi ; j'ai passé hier au pied, et quelle différence d'avec le Schreckhorn, le Jungfrauhorn, le Grindelvald, et plusieurs autres montagnes de Suisse, dont la cîme et les flancs, sont couverts de neiges éternelles. Il n'y en a point sur le Pic du midi, et les Pyrennées n'en récèlent que dans quelques plis de rochers qui sont entièrement à l'abri du soleil. Dans les Alpes, les neiges descendent extrêmement bas; des glaciers énormes, aussi hauts que les montagnes mêmes, reposent leurs bases jusques dans les vallons, et bravent tous les feux de la canicule.

C'est dans les Alpes qu'il faut aller chercher les grands phénomènes de la nature, d'abord ces glaciers prodigieux, qui sont le berceau des plus grands fleuves de l'Europe, ensuite tous ces beaux accidens d'ombre, de lumière et de couleur qu'ils produisent. C'est dans les Alpes qu'il faut aller chercher les configurations bizarres, les profils gigantesques, les grands effets d'eau, ces lacs considérables, si variés dans leur forme, qui ont quelquefois en profondeur la hauteur des montagnes qui leur servent de cadres. — C'est dans les Alpes qu'on trouve le plus de productions botaniques, et des espèces d'animaux qui leur sont propres, et qui n'existent point dans les Pyrennées, tels que le chamois, le moufouli, l'aigle et plusieurs autres grands oiseaux de proie. L'espèce d'hommes est aussi en général, dans les Alpes, plus haute et plus forte que dans les Pyrennées. Ils y ont des mœurs plus origipales, des costumes plus tranchans avec celui des habitans des plaines. Il n'y a pas sur le globe, une race d'hommes et de femmes à comparer aux habitans des vallées d'Hasely et de plusieurs autres.

Vous trouverez encore, à l'avantage des habitans des Alpes, toutes les vertus et les qualités qui naissent de la constitution des gouvernemens sous lesquels ils vivent. Plus d'hospitalité, plus de franchise, plus d'énergie, plus de lumières, plus l'air du bonheur, de la sérénité, de l'innocence et de la santé réunies; enfin de plus grandes idées, soit amenées par les souvenirs de l'histoire, soit créées par le local, soit inspirées par les sentimens et les images de liberté qui vous y environnent, disposent l'ame à plus d'enthousiasme, et l'esprit à plus de réflexions. César, Annibal, Rome, tous ces grands noms se lient aux Alpes. En se reportant aux tems modernes, on pense moins pompeusement, mais plus heureusement à Guillaume-Tell, à Morat; on se sent avec joie dans le pays de Gesner, de Haller; on cherche avec émotion les lieux qui ont été peints par Rousseau, sans que cette fois seulement son pinceau ait pu embellir. On se plait à croire que St.-Preux, que Julie, ne sont pas des êtres fantastiques, et que cette passion intéressante a pu exister : en un mot, si l'on est peintre d'histoire, si l'on est peintre dramatique, si l'on veut enfanter de grandes compositions, si l'on veut avoir la mesure de ses facultés et les agrandir encore, c'est dans les Alpes qu'il faut voyager. Attendez-vous rarement dans les Pyrennées, à de fortes secousses, et à un grand essor. La nature n'y fera, ni dresser vos cheveux, ni battre votre cœur d'effroi; Elle ne vous y élèvera jamais au-dessus de vous-même ; mais vous y aurez souvent des émotions agréables; les vallées y sont encore plus riantes et plus fécondes que celles des Alpes, la verdure m'y a paru avoir une nuance de vivacité de plus, les eaux y sont sûrement plus argentées et plus transparentes : elles ne proviennent pas de la fonte des neiges, comme dans les Alpes; elles sortent toutes des rocs, elles appartiennent davantage aux entrailles de la terre.

Les Pyrennées ne tiennent pas une grande place dans les annales du monde : la mort de Roland et de ses Preux aux défilés de Ronceveaux, qui pourroit bien n'être qu'une fable, et qui n'est pas avec cela une fable intéressante, est le seul évènement des Pyrennées. Jamais elles n'ont vu de grandes armées, ni de grands conquérans; jamais on n'y a combattu pour la gloire, ou ce qui est mieux encore, pour la liberté; comme en Suisse, jamais il n'y a vécu, ni grands poëtes, ni grands philosophes. Mais il pourroit s'y former des artistes, des romanciers, des poëtes doux et sensibles. Il y a à chaque pas, des sites de féries, des scènes pastorales, et des études de jardins dans le genre moderne.

Un voyage des Pyrennées suffit pour donner à une femme une idée des pays de montagnes; mais un homme qui veut connoître, un homme qui doit préférer les grandes masses aux détails, et les superbes horreurs aux charmes d'un paysage, un homme que les fatigues et les difficultés ne doivent pas rebuter, doit préférer d'aller contempler et étudier la nature dans les Alpes.

Je ne ferois plus un pas, pour revoir ce que j'ai vu des Pyrennées, et toutes les parties que je ne connois pas, ressemblent sûrement à celles que je connois, tandis que je ferois encore avec transport un troisième voyage dans les Alpes, sûr d'y voir encore des beautés qui me sont inconnues et d'y éprouver des sensations nouvelles.

De Bagnères, par Tarbes, à Miélan. Un tems extrèmement bas et une pluie continuelle m'ont empêché de jouir du pays jusqu'à Tarbes. Les bords du chemin, ce que mes yeux ont pu découvrir par-delà, m'ont paru tout ce qu'il y a au monde de plus fertile et couvert d'habitations. Ces habitations sont même, en général, belles et bien bâties, toutes en pierre et beaucoup couvertes d'ardoises. Le pays participe encore à la fraîcheur des vallées des Pyrennées, quoique ce soit des plaines, parce que l'abondance des eaux et l'art d'en tirer parti continue encore; mais ce n'est plus la peinture de détails. Ce ne sont plus de petits héritages, de petites portions de culture, comme dans la vallée de Campan : c'est l'agriculture en grand, ce sont de vastes champs exploités par de grosses fermes; et des villages plus rassemblés ont pris la place de ces innombrables habitations qui couvrent la vallée de Campan. Cela produit sûrement une plus grande quantité de denrées et de richesses, mais cela nourrit moins de familles, et il y a sûrement une moins grande somme de bonheur.

Le 10.

De Miélan à Auch.

Le pays change de plus en plus de face. Il n'y a plus ni eau ni verdure. Ce sont de grandes cultures riches et tristes. Les habitations redeviennent misérables; elles sont souvent en bois et en torchis avec des toits délabrés. Quand je ne le saurois pas, tout m'annonceroit que ce beau pays de Tarbes, que j'admirois hier, est sous le régime bienfaisant de sa propre administration, et fait partie des Etats de Bigorre, et que celui-ci est sous le sceptre de fer des intendans. Je n'ai plus qu'à fermer les yeux pour tâcher de revoir dans mon imagination ce que j'ai quitté.

Je me décide à prendre à Auch la route de Montauban, au lieu de celle de Toulouse. Cela m'allonge de sept postes. Cela me fait perdre un jour, peut-être deux : c'est un devoir que je remplis. Je céde au souvenir de ce que j'ai aimé; jamais je n'ai su fuir cette douleur. Je verrai aussi *Fontneuve* (1).

_____

(1) Terre de M. Guibert le père.

Brancard cassé par un cheval qui s'est abattu. C'est le premier accident qui arrive à ma voiture. Je la croyois invulnérable. Me voilà tristement averti que je suis mortel. On l'a racommodée; mais ce qui est enté ou resoudé fait trembler à tous les cahots et à tous les faux pas; petite vilaine agitation qui se renouvelle sans cesse.

Après mon accident réparé, été couché à Beaumont.

Le 11.

Arrivé a Montauban.

En approchant de Montauban, le pays s'embellit beaucoup. Grande quantité d'habitations, de fermes, de bastides, de maisons de campagnes, toutes bien bâties, peintes et ayant un air d'élégance et de propreté rare dans les provinces. On sent qu'on touche à une ville considérable et aisée; c'est aussi l'influence d'un commerce de fabrique de laines et de soie, qui y est dans une assez grande activité.

Charme de la position de Montauban toujours nouveau pour moi. Ce Tarn, ce beau pont sur lequel on le passe, ce faubourg de *Ville-Bourbon*, qui forme une grande rue richement bâtie, cet amphithéâtre de maisons, de jardins qui règne le long de la rivière, parmi lesquels beaucoup de maisons à la moderne et agréablement décorées; tout cela compose un des aspects les plus rians et les plus pittoresques qu'il y ait. Je n'ai pas encore vu d'étranger qui n'en fût frappé. Cette idée avantageuse que l'on conçoit de Montauban en y arrivant de ce côté là, se soutient quand on y est. Les avenues de cette ville, ses promenades, ses quais, cette vue imposante qu'on a de ces promenades, et qui se prolongent sur le plus riche pays qu'on puisse voir, n'a, dans les beaux jours, de borne que les Pyrennées qui en sont à trente lieues. L'air le plus pur, et le climat le plus sain rendent Montauban une des plus jolies villes du royaume.

Le 14.

De Castres au château de Ferrières, à cheval. A une lieue de Castres, on entre dans la montagne, et alors pays très-aride et sans aucun intérêt. Je ne connoissois pas cette chaîne de montagnes qui est au milieu du Languedoc, qui n'a point de rapport aux Cévennes, et qu'on appelle la *montagne*

Noire. Elle s'étend dans les diocèses de Castres et d'Albi. Ce fut là le foyer de la guerre des Albigeois ; ce fut aussi en partie celui de la révolte des protestans. Ferrières étoit un château particulier, qui fut acheté après cette dernière époque, par le gouvernement, pour les contenir dans cette partie ; n'est pas militairement à l'abri d'un coup de main ; n'est qu'une prison chèrement entretenue pour des individus de la province, libertins ou dérangés.

Il y a un major-commandant, qui est une espèce de geolier, et une malheureuse compagnie d'invalides qui y vit, ou plutôt qui y meurt de la manière la plus déplorable. Détails à ce sujet. Abus sur abus ; mais ma plume se lasseroit de ce pitoyable recensement. Depuis le commencement de ma tournée, j'en aurois rempli ce journal. C'est bien assez que ma mémoire s'en soit involontairement chargée. Spectacle tour-à-tour, touchant et révoltant, que celui des prisonniers renfermés dans de pareils châteaux. Je l'avois déjà vu à Lourde. Ces prisons sont-elles nécessaires ? Un bon Gouvernement pourroit-il s'en passer ? des lois sages, ou des conseils de famille ne suffiroient-ils pas pour ces malheureux qui ruinent leurs parens, ou qui les déshonorent. Peu de ces prisonniers inspirent de l'intérêt ; beaucoup méritent leur sort ; beaucoup y sont insensibles, c'est ce qui le prouve encore.

Le Commandant de Ferrières, qui étoit capitaine de dragons dans le régiment de Languedoc, et qui, par un enchaînement de circonstances, s'est vu réduit à accepter cette place, me disoit, et plusieurs personnes dans le pays m'ont confirmé sa conduite : « *Quand je suis arrivé ici, je leur ai* « *ouvert ma maison; il y en a que j'ai reçu* « *dans mon sein : ils m'ont presque tous forcé* « *à devenir envers eux juste et rigoureux. Il* « *y en a qui me rendroient féroce, si je ne* « *me tenois sur mes gardes, tant ils font dé-* « *tester et mépriser la nature humaine.* »

Parmi ces prisonniers, j'ai vu un homme que j'avois beaucoup connu autrefois, aide-major dans le régiment de Bourbonnois, un frère du maréchal-de-camp, du président, et de l'abbé de *** : il avoit plus d'esprit qu'eux tous ; il est tombé par son dérangement, d'abîme en abîme, est enfermé là depuis huit ans, vint m'embrasser, comme si aucun événement ne l'avoit séparé de la société

société, comme si j'avois soupé avec lui la veille; n'avoit ni la tristesse de son malheur, ni l'embarras de sa situation; dîna avec nous, parla beaucoup, et, chose étrange, ne me dit rien ni de ses torts, ni de sa justification, ni de ses espérances; flattoit beaucoup le Commandant, et le flattoit à toute outrance; différence des effets que produit le malheur sur les caractères. Le malheur a rendu celui-là bas et rampant. Il y avoit là un autre prisonnier qui m'étoit recommandé. On a été obligé de l'enfermer. Le malheur l'a aigri au point d'en faire un monstre. Il ne parle que de tuer, de brûler et d'empoisonner. Oh! que je plains ce pauvre M. de la Roque! comment peut-il vivre ainsi environné de la lie des passions humaines! Que le pain qu'on mange à ce prix, me paroîtroit amer! je le rejeterois avec horreur, et je préférerois celui que tremperoit ma sueur et qu'arroseroient mes larmes.

Revenu le soir à Castres.

Le 15.

De Castres par la traverse à Revel, et de-là à Castelnaudari, où j'ai repris la poste pour venir coucher à Carcassonne.

J'avois compté, avant d'arriver à Revel où j'allois voir le bassin de *St. Ferréol,* passer par Sorèze, ce fameux collège de Bénédictins, où il y a quatre ou cinq cents élèves, dont cinquante de l'Ecole militaire, et qui est le plus grand établissement d'éducation publique du royaume. Mon guide m'a perdu, et je suis arrivé à Revel au lieu d'arriver à Sorèze. Il auroit fallu me détourner d'une demi-lieue ; il falloit ensuite revenir sur mes pas pour voir St. Ferréol ; il falloit donner à la visite de ce collège au moins une couple d'heures : le jour s'écouloit, le tems me manquoit et j'y ai renoncé avec regret.

D'après ce que m'en ont dit dans le pays quelques gens éclairés, j'en aurois été plus frappé que content. Il y règne peu de propreté, peu de soin pour l'éducation physique ; les élèves y sont surchargés de trop de maîtres et d'objets d'étude. Il n'y a rien qu'on ne leur montre, ou du moins qu'on n'ait l'air de leur montrer. Chaque professeur a quarante-cinq élèves sous lui ; cela n'empêche pas que le collège n'ait beaucoup de vogue. Les Etats de Languedoc le protègent comme un établissement avantageux à la province ; les examens s'y font tous les ans avec beaucoup de solennité ; beaucoup d'étrangers y abondent ; tous les Evêques des environs y sont invités ; ce sont trois jours de fêtes. Il y a jusqu'à des comédies et des ballets exécutés par des élèves : cela ressemble aux anciens concours des collèges des Jésuites, et cela ne vaut pas mieux. Quelques élèves privilégiés, doués d'un peu de mémoire et préparés avec soin pendant toute l'année, y attirent les regards, et chargés de prix et de médailles ne sortent pas moins, du collège, des enfans médiocres. Si j'avois un fils, je serois bien fâché de le jeter au hasard dans ce gouffre.

En attendant qu'on prépare mon dîner, été voir à cheval le bassin de St. Ferréol, à une petite demi-lieue de Revel. C'est le grand réservoir du canal ; il contient à lui seul assez d'eau pour le remplir, et pour le rendre navigable ; est immense, en effet, une lieue et demie de tour, 6 à 700,000 toises cubes d'eau, quand il est plein. C'est une grande pensée que ce réservoir : il rassemble toutes les eaux de la Montagne-Noire, plusieurs petites rivières, toutes les chutes pluviales ; est creusé dans le lit du Landou , et forme un bassin prodigieux entre deux montagnes, fermé par une chaussée de terre et de maçonnerie , qui a dans le milieu jusqu'à cent vingt pieds de haut ; ouvrage digne des Romains, et pour un objet plus utile que ceux de luxe de tous leurs monumens. Ces détails sont par-tout; ainsi je ne les répéterai pas.

Entré dans les souterrains de cette chaussée : on m'avoit parlé de l'effet de trois robinets qui versent l'eau de ce réservoir dans les rigoles qui alimentent le canal, comme d'une chose au-dessus de tout ce que mon imagination pouvoit concevoir dans ce genre. Mon imagination, trop prévenue, n'en a pas été bien frappée : j'avois vu des robinets de ce genre. Le bruit seul étonne un moment : c'est celui de cent tonnerres, à-la-fois, quand les trois robinets sont ouverts. Il fait trembler les longues et épaisses voûtes. Ce bruit est le résultat prodigieux de la pression de cent et tant de pieds d'eau qui sont rassemblés dans cette partie. L'eau sort par conséquent avec un grand fracas ; mais j'ai vu des torrens en Suisse s'échapper, avec une fois plus de bruit, des glaciers qui leur servent d'entrailles; mais ces glaciers sont à hauteur des Alpes ; mais chacun des robinets ne donne ici que neuf pouces d'eau, et ces torrens sont des fleuves ; mais ce grand spectacle est éclairé par le soleil, accompagné de mille phénomènes accumulés. Ici, cela se passe dans une cave à la lueur d'un flambeau. Ce parallèle ne m'a pas empêché d'admirer le bassin de St. Ferréol, comme morceau d'art : car comme spectacle hydraulique, que tout cela est petit à côté des grands effets de la nature, à côté d'une de ces cascades des Pyrennées que je trouvois cependant si inférieures à celles des Alpes !

J'avois autrefois traversé le Languedoc, sans voir aucun des détails de cet ingénieux canal, qui fait autant d'honneur au règne de Louis XIV, qu'au génie persévérant de Paul Riquet, qui employa dix-neuf années de travaux à ouvrir cette grande et utile communication ; je m'y arrêterai cette fois-ci. Je verrai demain le bassin de Carcassonne. Je verrai les écluses de Tresbes, qui en sont à une lieue, l'aquéduc, et les nouveaux travaux qu'on fait dans cette partie. Il y auroit une meilleure manière de voir le

canal : ce seroit d'y naviguer plusieurs jours ;
mais le tems, toujours le tems me manque.
Il faudroit, pour ne rien laisser derrière soi,
ne penser qu'à voir, et n'être pas attendu.
Je le vois de plus en plus, j'ai passé l'âge de
voyager ; je n'ai plus devant moi cette pléni-
tude de jours qui m'en rendoit prodigue.
Mon horizon est plus près de ma tête, et
ce que je consomme, ne peut plus se remplacer.

Tout le pays que j'ai traversé aujourd'hui
de Castres à Castelnaudari, est bon et peuplé, mais sans que rien charme ni étonne.
A Castelnaudari, il devient encore meilleur ;
c'est la capitale du Lauraguais, qui s'étend
jusqu'auprès de Toulouse, et qui est le canton le plus fertile du Languedoc. Castelnaudari rappelle le malheureux *Montmo-
renci*; j'ai cherché avec intérêt le terrain du
combat. Un invincible attrait m'entraîne
toujours vers le foible qui ose s'élever contre le fort qui l'opprime ; et je suis toujours fâché, quand sa cause, fondée sur la
justice, n'est pas couronnée par le succès.

A Castelnaudari, beau bassin, ou pour
mieux dire port du canal. Quelques gabares
qui y étoient rassemblées, beaucoup de

chaloupes, une barque de poste, couverte de passagers, qui remontoit dans ce moment-là, lui donnoient un air de ville de commerce.

Revenu à Castelnaudari pour aller à Carcassonne; toujours beau pays, sans que les maisons, ni les habitans aient l'air de la grande aisance qu'un tel pays devroit donner, et que des pays plus médiocres donnent, quand ils sont mieux administrés.

Beauté, grande beauté de tous les chemins dans le Languedoc : ils s'ouvrent et se percent de plus en plus chaque jour, et ces chemins ne sont pas l'ouvrage des corvées. On pourroit seulement reprocher quelquefois à ces chemins trop de magnificence, des ponts trop multipliés et à trop grands frais, peut-être aussi des chemins inutiles, et que des vues particulières ont fait faire : car dans les assemblées publiques, les vues particulières prédominent aussi quelquefois; et celles des Etats du Languedoc ont d'ailleurs des vices de constitution qui y prêtent.

J'ai vu, par exemple, à Lavaur un pont que M. l'Archévêque d'Aix, alors évêque de cette ville, y a fait faire avec le projet d'un chemin. Ce pont qui a coûté cent mille écus, ne servira peut-être jamais ; l'Evêque de Castres s'opposa à la confection de ce chemin, qui seroit presque en totalité à la charge de son diocèse ; et tout le pays accuse M. de Boisgelin de n'avoir fait faire ce pont et projeter ce chemin, qui est au bout de son jardin, que pour animer la vue de son palais. Ainsi tous les hommes sont rois dans le cœur, et il suffit de leur donner un peu d'autorité ou d'influence, pour qu'ils la fassent servir à leurs fantaisies, ou à leurs passions.

Je vois aussi en Languedoc des doubles chemins qui me paroissent entrepris uniquement pour redresser les anciens. Je n'ai jamais approuvé ce luxe, surtout quand il n'y a que quelques toises à gagner. L'administration des Etats du Languedoc pourroit bien manquer un peu d'économie, et être déjà celle d'un petit royaume.

Carcassonne, grande ville anciennement forte, du moins ce qu'on appelle *la cité*. Elle joua un grand rôle sous les Visigoths, et sous la première race. Depuis, et de nos jours particulièrement, elle étoit devenue importante par ses manufactures de draps qui habilloient une partie du Levant. Ce commerce est sensiblement tombé depuis quelques années : il n'y a plus que trois ou quatre maisons qui fassent quelque chose. Cause de cette décadence : les fabricans ont voulu renchérir les draps et altérer la qualité. Ils se sont discrédités dans les Echelles. On a renvoyé une de leurs cargaisons complètes. Les Anglais en ont profité. Les négocians de Trieste en expédient aussi beaucoup venant de Silésie ou des Etats de l'Empereur, et cette branche de commerce paroît perdue, ou du moins bien affoiblie pour nous. Il n'est donc pas toujours vrai qu'il faille laisser au commerce l'indépendance absolue qu'il réclame. Il n'est donc pas vrai que le Gouvernement ne doive pas éclairer et surveiller ses opérations. Le commerce est souvent comme la finance : trop d'avidité l'égare dans ses spéculations, et, comme elle, il tue la poule aux œufs d'or, en croyant s'enrichir plus promptement.

Au reste, si l'Espagne, comme on le dit, s'occupe de ses manufactures, si elle travaille elle-même ses laines au lieu de nous les laisser exporter pour faire les draps de Languedoc, d'Abbeville, de Louviers, de Sédan, etc., qui ne peuvent s'en passer, ce sera d'elle que nous deviendrons tributaires à notre tour. Il en est ainsi de toutes les fabriques dont on n'a pas les matières premières dans son sein : c'est une richesse précaire, et qui disparoît à mesure que les autres nations acquièrent de l'industrie et quelque connoissance de leur intérêt. C'est par-là que le commerce a délaissé successivement tant de peuples, et fait en quelque sorte le tour du globe.

Je comptois trouver à Carcassonne le vicomte de Toulongeon, il étoit parti il y a quinze jours. Cela me manque. J'avois le projet d'y séjourner un jour au moins. L'amitié plus que le séjour m'eût reposé et rafraîchi. J'y ai seulement dîné le lendemain avec le comte d'Evry, colonel en second de son régiment. Beaux corps à commander, que ces régimens de chasseurs ; sont redevenus les légions de la guerre dernière, avec tous leurs inconvéniens. Je persiste à croire le mélange d'infanterie et de cavalerie très-mauvais. Dîné à côté du lieutenant-colonel de chasseurs à cheval ; j'ai causé avec plusieurs officiers, et le défaut d'union et de concorde entre ces deux armes perce de tous côtés.

Le 16.

De Carcassonne à Narbonne. A une lieue de Carcassonne, au petit bourg de Tresbes, je me suis détourné pour voir un pont aquéduc, qui est sur l'Aude. Ce pont a trois arches ; la rivière de l'Aude passe dessous, et le canal dessus, au moyen de l'aquéduc. Il y a sur ce canal plusieurs ponts aquéducs pareils. Leur objet principal est d'empêcher le lit du canal de se combler par les sables et le limon qu'y meneroient d'autres eaux. Il y en a deux autres à trois arcades l'une sur l'autre, parce que l'aquéduc a besoin d'être plus élevé. Quand on en a vu un simple, on conçoit si bien celui qui est composé, que je ne me détournerai plus pour en voir. Voilà la différence des ouvrages de l'art aux grands effets de la nature. Dans ces premiers, j'ai le type ou l'échelle, vous n'avez ensuite qu'à augmenter ou réduire. Dans les grands effets de la nature, il n'y a ni échelle ni modèle, tous ses procédés sont irréguliers, et comme au hasard. Les plus belles masses des Alpes ne donnent pas l'idée de celles que j'ai vues dans les montagnes de la Dalmatie ; et le saut du Rhin à Schaffhouse ne m'empêcheroit pas d'aller voir la chute de Niagara, si cette grande scène n'étoit qu'à cent lieues de moi.

De cet aquéduc, on m'a fait aller, à pied, voir de très-beaux travaux, me disoit-on, qu'on fait à un quart de lieue plus loin, pour contenir la rivière. C'est en effet une fort belle chaussée circulaire, d'une centaine de toises de long, et d'une superbe maçonnerie ; mais qu'est-ce que c'est auprès de la jetée commencée à St. Jean-de-Luz ? J'ai regretté mes pas, et je me suis bien promis de ne plus aller opposer ainsi de misérables petites constructions à d'immenses souvenirs.

Narbonne, grande et vilaine ville. *Busching* me vantoit sa cathédrale, les antiquités de l'évêché et un mausolée de Philippe-le-Hardi, fils de St. Louis, qui mourut à Perpignan, et qui y fut transporté. Tout cela est médiocre à l'excès. Il n'y a pas un livre de géographie, à commencer par celui-là, qui est le meilleur, qui ne soit à refaire. Mais je remarque que c'est toujours par l'exagération que pèchent les détails. C'est que les auteurs de ces ouvrages n'écrivent que d'après des voyageurs, et que la manie de tous les voyageurs est d'agrandir et d'embellir : ils semblent par-là donner du prix à leurs pas et de la valeur à leurs peines.

Passé la matinée à Narbonne à me reposer, à écrire, à jouir du plaisir d'être seul et inconnu dans une auberge. Je me donnerois davantage des journées pareilles, si le tems et ma pensée souvent ne me pressoient pas. Mais je choisirois de préférence, à une ville, un village riant et au milieu d'une jolie campagne pour y avoir, au bord d'un ruisseau, ou à l'ombre d'un bois, et avec un paysage agreste devant moi, une matinée ou une soirée heureuse.

Le 17.

De Narbonne à Perpignan. Jusqu'à Salces, le plus vilain pays de la nature. Des montagnes arides et décharnées. Ce sont les Basses-Pyrennées qui séparent au nord le Roussillon du Languedoc. A gauche, une triste mer borde de même des rochers stériles et de grands étangs. Avec cela, le chemin est toujours superbe. Tout le pays ne le vaut pas.

Le 20.

Bellegarde, petite ville de guerre, ou plutôt grand château, au débouché du col de Pertus, qui est le principal du Roussillon, en Catalogne. Il conduit à la Jonquières, et de-là dans la plaine du Lampourdan. Excellente position, une hauteur très-escarpée avec un plateau qui domine tout, et qui n'est dominé par rien : bonnes fortifications et en très-bon état. Les fossés et les glacis sont dans le roc. C'est encore M. de Vauban qui a choisi l'emplacement de Bellegarde, et qui l'a fortifié. Garnison actuelle de trois compagnies d'invalides ; on y mettoit autrefois un bataillon. Citernes excellentes, puits superbe et un chef-d'œuvre dans son genre. De la grande route à Bellegarde, on monte par un mauvais sentier très-roide, ce qui rend le transport des munitions de guerre et de bouche, dans la Place, cher et difficile : il faudroit faire la dépense d'un chemin, et cela seroit aisé, car il ne s'agiroit que d'un embranchement de 4 à 500 toises. Les ingénieurs des Ponts et Chaussées de la province ont fait pour cela un devis de 16 mille francs : un homme du pays a offert de s'en charger pour 4, et je le crois très-possible. Voilà la millième fois, soit en petit, soit en grand, que je vois des preuves de l'horrible cherté des travaux conduits par les Ponts et Chaussées. M. de la Millière ne s'occupe pas assez, je crois, de remédier à cette cherté, qui tient à de grandes malversations.

Logé, soupé, et dîné chez l'aide-major de la Place, pauvre officier de fortune, chevalier de St.-Louis, qui a cinq enfans ; je n'ai pas pu faire autrement, il n'y avoit ni commandant, ni major, et il n'y a aucune ressource d'auberge. Tout le fardeau de l'hospitalité retombe sur ce malheureux homme ; il m'avoit conté la veille, avant souper, sa triste position, sa mince fortune ; je voyois sa nombreuse famille ; j'ai mangé avec amertume, j'ai tâché de convertir le souper en collation, le dîner en déjeûner ; chaque morceau pesoit sur mon cœur ; j'aurois voulu trouver un moyen honnête.... Je me suis du moins débarrassé de mes chevaux ; et j'ai dit à mes gens de chercher à vivre où ils pourroient ; enfin je n'ai jamais tant souffert. J'aurai peut-être encore plusieurs fois ce supplice dans ma pénible tournée.

Causé beaucoup avec M. de la Grave, sur le pays qui environne Bellegarde, et dont il a une parfaite connoissance. Je me suis fait montrer la Jonquière qui est à l'entrée de la plaine du Lampourdan, à une lieue de Bellegarde, et Figuières qui est à 4 lieues. Je regrette de ne pas pouvoir aller voir cette Place, que les Espagnols se sont obstinés à bâtir avec des dépenses inouies. Elle n'est pas finie et n'a pas de garnison. On dit que les fortifications, les souterreins, les écuries, les casemates, les bâtimens sont d'une beauté achevée, mais la place est inutile; elle n'empêcheroit pas une armée française d'entrer dans le Lampourdan. Les bastions en sont trop étroits, les ouvrages sont dominés. J'ai sur cette Place un excellent mémoire qui m'a été donné, il y a plusieurs années, et c'est à regret que je n'en vais pas juger par moi-même. Mais je cède au tems qui me manque : mes jours sont marqués; on m'attend au Fort des Bains, à Prat de Moilloux. Cette tournée du Roussillon, qui dans mon itinéraire, ne devoit m'occuper que cinq ou six jours, en durera huit.

On me fait craindre aussi que le tems, qui est à la pluie, n'abîme les chemins du Prat de de Moilloux, et n'en interrompe la communication ; cela arrive souvent : il y a quelque tems que l'intendant s'y trouva arrêté pendant 4 ou 5 jours. Je mourrois d'impatience d'un pareil retard ; je supporte déjà à peine ce qui est indispensable. Des accidens m'accableroient.

C'est l'inimitié de M. L..... pour la France qui a fait bâtir Figuières. Cette Place ne défend rien, ne menace rien : une armée passeroit sans obstacle entre Roses et elle. On l'a opposée à Bellegarde, comme nous avons opposé le Neuf-Brisach au Vieux-Brisach.

Le 25.

Je quitte enfin le Roussillon : c'est une pénible et ennuyeuse partie de ma tournée laissée derrière moi : c'est un pays où j'espère que jamais rien ne me ramènera. J'y reviendrois avec tristesse ; je me trouverois malheureux d'y vivre, même pour y faire le bien et pour y commander. J'y ai passé huit jours ; j'y ai voyagé à cheval six grandes journées, et je n'y ai pas vu un visage auquel j'aie pu sourire ; pas un paysage, dont le souvenir me soit resté ; pas une habitation, pas un site que j'aie envié ; et il ne s'en est fallu de rien que ce pays n'ait été la retraite et le tombeau de mon père ! Peut-être une partie de ma famille s'y seroit fixée, peut-être m'y serois-je établi moi-même ; je n'étois pas marié alors ; à quoi tiennent les destinées ! Nous sommes dans la carrière de la vie, comme ces voyageurs qui marchent au hasard dans des pays inconnus. Un chemin, pris au lieu d'un autre, les jette tout-à-coup dans les diversions les plus opposées à leur projet ou à leur but.

De Perpignan à Salces. Je me suis arrêté deux heures au château pour y voir la compagnie d'invalides qui y est en garnison. Vieille forteresse, bâtie par Charles-Quint, voilà tout ce quelle a de remarquable. Elle a eu aussi l'honneur d'être assiégée et prise par le grand Condé. Ce n'est aujourd'hui qu'une bicoque dominée, qui n'est bonne a rien militairement (surtout depuis que le Roussillon est à la France) et qu'il faudroit démolir ou plutôt abandonner ; car cette démolition seroit fort chère, à cause de l'épaisseur prodigieuse des tours et des murs. On trouveroit des familles dans le pays, qui s'y établiroient et auxquelles on pourroit l'amodier.

Horrible insalubrité de cette détestable garnison, à cause des marais de Salces, qui sont voisins. Il y a toujours la moitié des invalides à l'hopital de Perpignan; quinze capitaines y sont morts depuis seize ans, entre autres cinq dans la même année; et voilà l'asile que le Roi donne à de vieux militaires qu'il veut récompenser! Il y a beaucoup de garnisons d'invalides qui ne sont pas meilleures, et j'aurai peut-être de la peine à les faire abandonner par le ministre de la guerre, tant la routine a d'empire en France sur l'administration publique.

Le commandant de ce Fort est en même tems seigneur de la terre et du village voisin; c'est un M. de la Houlière, brigadier des armées du Roi, neveu de Voltaire, homme qui ne manque ni d'esprit ni de connoissances, mais qui s'est ruiné à des spéculations d'entreprise de forge et à des dessèchemens de marais de Salces. Il est aussi beau-père de Mme de Gléon, qui est fille de sa femme. J'ai déjeuné chez lui. Bonne conversation, beaucoup d'anecdotes et de détails sur ceux avec qui il a été en correspondance toute sa vie. Voltaire, avoit eu la pensée de venir s'établir avec lui, et avoit fait louer à M. de la Houlière une campagne aux environs de Béziers pour s'y retirer. Voltaire a été pendant un tems de sa vie, ne sachant où il vouloit finir, et n'étant bien qu'où il n'étoit pas; effet de la prodigieuse mobilité de son esprit. J'ai su dans ce pays que c'étoit Voltaire qui avoit fait faire M. de la Houlière brigadier. Il avoit été major de Lyonnois, et grièvement blessé; mais il étoit retiré depuis long-tems. Voltaire écrivit à M. de Choiseul, qu'il vouloit lui devoir le plaisir d'avoir l'honneur d'appeler son neveu brigadier. Cela fut une raison suffisante pour M. de Choiseul, à qui beaucoup d'esprit donnoit souvent aussi beaucoup de légèreté et d'inconséquence.

De Salces à Narbonne; ce que j'avois déjà vu, le plus mauvais pays du monde. Il ne s'améliore qu'en approchant de Narbonne.

De Narbonne à Béziers, il devient de plus en plus riant et fertile. Environs de Béziers surtout remarquables par leur beauté. Cette belle partie du Languedoc manque cependant de deux choses, sans lesquelles un paysage n'a jamais le charme qui m'arrête : il n'y a ni bois ni eau; c'est toujours le mûrier noir et le triste olivier. Il y a çà et là quelques peupliers et des arbres fruitiers; mais on n'y voit point de bois en bouquets, ni en grandes masses. Il passe une rivière à Béziers, mais l'été elle est réduite à rien, et son courant est encaissé. Malgré la réputation de cette ville, ce n'est donc jamais là que j'habiterai.

Avant d'arriver à Béziers, je me suis détourné pour aller voir la montagne *Malpas*, que le canal traverse sous une voûte énorme, et qu'on appelle *la Montagne percée*. C'est une voûte d'environ deux cents toises de longueur. J'ai été de même voir, auprès de Béziers, les *sept écluses* accolées, au moyen desquelles des barques chargées de deux à trois mille quintaux montent ou descendent la montagne de Foncenanes en peu de tems, et par des manœuvres très-faciles. Cela n'est intéressant que quand elles s'ouvrent, et alors cela fait certainement un très-bel effet d'eau; mais dans ce moment-ci, le canal est sans eau, et sa navigation est interrompue pendant six semaines, pour faire les réparations. On m'avoit beaucoup vanté cette Montagne percée. J'ai trouvé cela un ouvrage assez ordinaire, et qui, contre l'expression reçue, n'a rien de *romain*. J'ai presque regretté mes pas, mais on ne veut rien laisser derrière soi. Que de choses on fait ainsi dans la vie, pour pouvoir dire qu'on les a faites !

Le 26.

La vue de Béziers me rappelle que c'étoit la patrie de *Riquet* et du *père Vanière*, et je me souviens que ce poëte a consacré de très-beaux vers latins à la mémoire et aux travaux de son illustre compatriote ; ainsi rien n'a manqué à la gloire de Riquet ; mais on ne peut songer, sans un vif regret, qu'il a manqué à son bonheur de pouvoir jouir de son ouvrage, puisqu'il termina son utile et honorable carrière le 1.er octobre 1680, et que le premier essai de navigation, sur son canal, n'eut lieu que le 15 mai de l'année, suivante.

De Béziers à Agde.

Agde ville assez considérable sur l'Hérault qui y forme un superbe canal et un beau port. Ce canal a douze ou quinze pieds de profondeur. Il est revêtu de beaux quais pendant une demi-lieue jusqu'à la mer où la rivière va se jeter. Ce seroit la plus belle rivière et le plus beau port naturel pour le commerce, si sa profondeur ne se réduisoit pas à quatre ou cinq pieds seulement, ce qui ne permet le passage que pour des bâtimens de cabotage ou de petites tartanes. Les Etats de Languedoc font faire actuellement des travaux assez considérables, et ils y dépensent jusqu'à deux cent mille francs par an, pour creuser l'entrée de la rivière; ils y avoient employé M. Grognard, qui y avoit fait usage de ses caisses. On dit que la première de ces caisses a mal réussi, et en conséquence les Etats ont renoncé à se servir de lui, et ont remis les travaux aux ingénieurs de la province qui font actuellement des jetées. On m'a dit qu'il s'étoit mêlé à cela de l'intrigue, comme il s'en mêle à tout; ce qu'il y a de sûr, c'est que les jetées sont en général un moyen bien insuffisant, et qu'elles ne font ordinairement que reculer les barres et les faire fermer plus loin. Je ne reste pas assez à Agde ni pour aller voir ces travaux, ni pour me faire une opinion à cet égard.

Descendu chez M. Bernard qui est en même tems commandant de la ville d'Agde, et commandant du fort Brescou, qui en est à 5 quarts de lieue, dont une demi-lieue en mer. Il y a à ce Fort 50 invalides détachés des deux compagnies qui sont à Agde, ce qui forme presque la totalité de ces deux malheureuses compagnies. Monté tout de suite à cheval avec le commandant pour y aller ; ce Fort est un carré, avec quatre petits bastions, qui a été fait sous Louis XIII, et qui occupe en entier le rocher sur lequel il est assis ; devroit être le côté d'une jetée qui pourroit être prolongée jusqu'à lui, pour former une rade dans cette partie, et cette jettée fut commencée en effet, sous le ministère du cardinal de Richelieu dont elle porte le nom ; n'a pas été achevée au tiers ; est aujourd'hui presque entièrement dégradée et même coupée en quelques endroits par la mer ; la partie du mur qui devoit fermer la rade, est aussi aujourd'hui presque comblée par des sables et des atterrissemens.

Horrible habitation que ce Fort : il sert de prison à des individus de tout état que le Gouvernement y fait enfermer ; et je ne sais qui plaindre le plus, ou de ces infortunés, ou des invalides qui les gardent : ceux-ci sans doute, puisqu'ils ne sont pas criminels, et que cette retraite leur est donnée pour récompense. Désespoir des invalides, égal à celui des prisonniers. Détails pitoyables et attendrissans tant sur eux que sur leurs prisonniers ; ces derniers sont dans ce moment-ci 40 ou 50.

Des jeunes gens de la province, libertins ou dérangés, un curé, un carme, des officiers ; il y avoit, il y a six mois, M.*** capitaine de dragons que son colonel a fait enfermer pour insubordination, et pour lui avoir proposé le cartel. On y voit des maris enfermés par le crédit de leurs femmes, des fils enfermés par leurs pères, des pères par leurs fils. Tous ces malheureux y sont par des lettres de cachet. M. Bernard est le geolier, le juge, l'arbitre du sort et du traitement de ces malheureux. Il n'y a dans toute la province qu'un cri sur sa dureté, sur ses vexations et sur ses monopoles. Je n'étois là ni pour m'en informer, ni pour le vérifier.

Tous les prisonniers ont voulu me parler, ont voulu me remettre des mémoires, des lettres : je me suis refusé à tout. Un seul a insisté avec tant d'ardeur : il étoit de Montauban, il se réclamoit de mon père ; il se nommoit B...... et ce nom, d'une bonne famille de bourgeoisie, ne m'étoit pas inconnu. Il étoit là depuis huit ans, enfermé par le crédit de son fils et par l'entremise de M. l'évêque de Montauban. J'ai demandé à M. Bernard la permission de le voir; M. Bernard y a consenti, mais est resté témoin. Scène de désespoir et d'horreur qui ne sortira jamais de ma mémoire. Ce vieillard désespéré de ne pouvoir me parler seul, articulant avec rage les mots d'*oppression*, de *tyrannie*, de *vexation*, regardant M. Bernard avec des yeux enflammés, est enfin tombé dans un délire de fureur, au milieu duquel, il a accablé M. Bernard d'imprécations, appelé à témoin de ses concussions et de ses vexations, tous les prisonniers et les invalides de la garnison.

Rage de M. Bernard à son tour; ces deux hommes, que je ne sais comment nommer, d'injures en injures se sont alors élancés l'un sur l'autre : le vieillard captif étoit le plus foible. La garde appelée au secours; le geolier, le cantinier, tous les suppôts de M. Bernard ont enfermé ce malheureux, et l'ont traîné dans un cachot, où j'ai entendu qu'on le chargeoit de chaînes. Je vois encore ce vieillard, ses cheveux blancs, son habit déchiré au milieu des efforts qu'il faisoit pour se débattre, l'écume et le sang qui ruisseloient de sa bouche et de son nez; il étendoit les bras vers le ciel; il maudissoit son fils, il maudissoit, disoit-il, M. Bernard encore plus que son fils; il m'appeloit son compatriote, son ange tutélaire, et au milieu de ces cris, la porte du cachot s'est refermée sur lui, et je n'ai plus entendu qu'un murmure de gémissemens et de fers. Heureusement mon travail étoit fini: je me suis sauvé de ce lieu de désespoir, et je me suis précipité dans la chaloupe pour regagner la terre.

Revenu à Agde: il m'a fallu dîner chez M. Bernard. J'avois le cœur serré. Dînois-je avec un homme? Etois-je dans l'antre d'une bête féroce? Les cris de cet infortuné retentissoient à mes oreilles. M. Bernard m'a pressé pour coucher chez lui. Sa femme, qui est aimable et qui fait fort bien les honneurs de chez elle, m'en a pressé de même. Il étoit presque nuit. J'ai refusé obstinément, et j'ai mieux aimé aller coucher par la traverse à Mèze, qui est à trois lieues de-là, où j'ai rejoint la route de Montpellier.

M. Bernard mérite-t-il tout ce qu'on dit de lui? Je n'en sais rien. Ce qu'il y a de sûr, c'est que c'est le bruit général; c'est qu'il a la physionomie dure et cruelle; c'est que c'est à mes yeux un violent préjugé que de conserver une pareille place; c'est que tous les prisonniers que j'ai vus à Brescou, me disoient tout bas, quand je passois devant eux : Monsieur, *secourez-nous*, *délivrez-nous*; c'est que la place de ce M. Bernard, vaut à proportion du nombre des prisonniers qu'il a sous sa garde, et de la longueur de leur détention. La cantine qui les nourrit est un de ses émolumens. Il est chargé de leur fournir des lits, et ces lits sont payés par les prisonniers à raison de 4 liv. par mois; et ces lits ne sont qu'un misérable pliant avec un seul matelas, un seul drap et une couverture; c'est qu'il est le maître absolu de ces prisonniers. Une fois qu'il sont entre ses mains, c'est lui qui adoucit ou aggrave le traitement, c'est lui qui les met à son gré dans une chambre, et dans telle ou telle chambre, en prison ou au cachot, et même aux fers; c'est lui qui dispose, à son gré, du jour et de l'air, et qui le leur donne à tel degré qu'il lui plaît. Jamais ces prisons ne sont ni visitées ni inspectées par personne; jamais ni commandant de province, ni magistrat, ni préposé de l'administration n'y entre; et c'est un ancien officier, un chevalier de St. Louis, qui remplit cette honteuse place ! c'est une garnison d'invalides qui sert de garde, et qu'on associe à ces malheureuses victimes ! Je trouve et le grade de lieutenant de roi, et l'ordre de St. Louis, et l'état d'officier et de gentilhomme dégradés par cet odieux emploi ! Si j'étois Ministre de la guerre, j'abolirois sûrement ce spectacle de scandale, et ce seroit un officier de Maréchaussée qui rempliroit cette place.

Le 27.

De Mèze à Montpellier. Le pays est en général beau et habité ; mais il n'y a, je le répète, jamais rien de frais ni de boccager; jamais de prairies, jamais de belles eaux. Toute la partie droite, en allant sur la mer, est remplie de grands étangs, qui communiquent avec elle. Ces grandes masses d'eau, qui ressemblent à des lacs, n'en ont ni la salubrité ni la transparence. Les bords en sont souvent marécageux. Aussi, faut-il en fuir le voisinage, autant qu'en Suisse on recherche celui de ces beaux lacs qui la baignent.

Usage des habitans de se servir, pour

faire monter l'eau des puits pour les arrosemens, de grandes roues à chapelets et à godets, mues par un cheval. C'est une machine hydraulique, fort simple, fort peu coûteuse, et qui élève beaucoup d'eau ; mais il faut que l'eau ne soit guères qu'à sept ou huit pieds, afin que le tour à godets puisse y plonger. Au lieu de godets réguliers, ils y emploient des poteries souvent en très-mauvais état, ce qui fait qu'une partie de l'eau se perd avant d'arriver dans le réservoir. Cette machine seroit particulièrement très-bonne pour élever l'eau des ruisseaux un peu encaissés, et pour servir à l'arrosage des prairies.

Je connois Montpellier; M. le comte de Cambis, commandant en second de la province, n'y est pas, et c'est un devoir, un souper, un dîner, un demi-jour perdu de moins. Pendant qu'on mettra mes chevaux pour aller coucher à Lunel, j'ai la curiosité d'aller revoir la place du Peyrou, dont le souvenir m'a laissé une impression que je veux renouveler.

Je n'ai pu revoir la place du Peyrou qu'à la nuit tombante. Ainsi tous les détails m'ont échappé. Des officiers qui sont venus me découvrir dans mon auberge, une procession de 150 captifs, revenus de Barbarie, et qu'on m'a entraîné à voir passer, comme le spectacle du moment, ont dérangé mes projets. Je ne résiste jamais à la tentation de voir une procession, je les aime ; c'est tout ce qui nous reste du paganisme, auquel ma raison répugne, mais dont les cérémonies ont toujours vivement frappé mon esprit et mes sens.

Cette procession étoit assez curieuse par la foule immense qui l'accompagnoit, par la vue touchante de tous ces infortunés arrachés à l'esclavage, et par toutes les idées accessoires qui s'y joignoient, pour moi, de tout ce qu'ils avoient souffert. Il y en avoit qui étoient accablés de vieillesse ; il y en avoit dans l'enfance la plus tendre : ceux-là avoient peut-être vieilli dans les chaînes, ceux-ci étoient destinés à y vivre : tous étoient Français ; ils ont été rachetés au nombre de 500. Les autres ont pris, en deux colonnes, la route de Lyon et celle de Paris. Ceux-ci sont des provinces de Guienne, de Languedoc, et des côtes d'une partie de l'Océan. Tous les corps religieux, toutes les confrairies de pénitens (et à Montpellier presque tous les bourgeois en font partie), tout le corps municipal, des détachemens de la garnison assistoient à cette procession, qui étoit terminée par les deux religieux de la Congrégation de la Merci, qui avoient racheté et ramassé ces esclaves. Ces religieux, à cheveux blancs, le visage brûlé par le soleil, avec chacun une palme à la main, me paroissoient avoir un caractère respectable : si, en effet, c'est la religion et l'humanité qui les inspirent; eh! quels autres motifs pourroient les dévouer à un métier si pénible ? Ces pères de la Rédemption, ces missionnaires étrangers, les sœurs qui se consacrent au service des malades, voilà trois classes de *Saints enthousiastes* qui doivent rattacher à la religion et la faire respecter, comme la plus belle institution des hommes.

Parti le soir même pour Lunel. Je n'ai donc rien vu, ou plutôt rien revu de Montpellier à Lunel : car c'est une route qui ne m'est pas étrangère.

Couché à Lunel, au Cheval blanc. Auberges du Languedoc sont, en général, meilleures et plus propres que dans le reste du royaume : je suis dans une chambre telle qu'on me la donneroit chez un particulier aisé.

aisé. Les tapisseries de toile, peinte en paysages et en personnages, fort en usage dans le pays, sont préférables à nos papiers et à nos minces indiennes; cheminées de marbre à la moderne, meubles de soie et recouverts; presque toutes les chambres de la maison sont aussi bien meublées ; rideaux de lits pour l'été, des *cousinières* en toile de canevas, bordées de rubans. Cette recherche, que le climat du pays rend précieuse, n'est pas chère, et seroit bonne à imiter par-tout.

Comme je m'endormois, un coup de fusil est tiré presque sous mes fenêtres. Grands cris, parmi lesquels on distinguoit ceux d'un malheureux qui étoit blessé. C'en étoit un, en effet ; mais heureusement le coup l'avoit manqué, et il n'avoit que deux ou trois grains de plomb dans le bras. Ce n'étoit pas un amant assassiné par un mari jaloux, c'étoit un pauvre mari méchamment assassiné par l'amant de sa femme. Quinze jours auparavant, on l'avoit empoisonné sans succès. Dans cette occasion-ci, il n'y avoit ni preuves, ni témoins. L'homme dans son trouble ne savoit pas seulement d'où le coup de fusil étoit parti. Il répétoit seulement sans cesse : *C'est ce gueux qui vit avec ma femme. Je l'ai surpris l'autre jour, et il m'a dit avec fureur que je ne le surprendrois plus à l'avenir.* Dans les provinces méridionales l'amour produit souvent de semblables tragédies. La veille de mon départ de Perpignan, on y avoit roué un employé des Fermes qui avoit assassiné une femme qu'il n'avoit pas pu séduire. Il faut étudier, dans les crimes, les mœurs et les effets du climat. Rien n'est vide ni isolé aux yeux d'un observateur.

Le 28.

De Lunel à Aigues-Mortes. Pays plat, devient, aux approches d'Aigues-Mortes, humide et marécageux. Il seroit très-possible de le déssécher : les travaux des Etats du Languedoc ont déjà commencé cette grande amélioration ; mais ils n'y mettent ni assez de suite ni assez de vigilance. Il y a eu beaucoup de fausses mesures prises, à cet égard, par les ingénieurs de la province.

Aigues-Mortes, mauvaise garnison d'une malheureuse compagnie d'invalides. Ville bâtie et fortifiée par St. Louis, et par son fils Philippe-le-Hardi ; étoit alors un point intéressant et le seul port que nos rois eussent sur la Méditerranée. *Cette* et *Agde* n'existoient pas ; le Roussillon et la Provence n'étoient pas à la France. Ce fut donc par nécessité que St. Louis s'y embarqua pour ses expéditions. Fausse opinion généralement répandue que la mer s'est retirée d'Aigues-Mortes. Elle n'en a jamais été plus près. Il paroît positif, par le gisement de la côte, et par plusieurs circonstances réunies, qu'elle s'est au contraire approchée dans toute cette partie, et que cette tendance continue. Ainsi, par exemple, c'est Maguelone, dans l'étang de Thau, qui étoit autrefois la métropole de Montpellier : n'est plus qu'un petit rocher où cette église subsiste encore. Ainsi une redoute qui avoit été faite, il y a quarante ans, sur le bord de la mer, à l'entrée de la rivière d'Aigues-Mortes, au lieu appelé *la Grace du Roi*, est presque toute entière dans la mer. Curieuse et intéressante conversation à ce sujet, (la carte à la main, et au haut du mur d'Aigues-Mortes, d'où l'on découvre parfaitement tout le pays), avec un capitaine du corps du génie, qui est en résidence à Aigues-Mortes, et qui est frère du curé de St. Sulpice; homme simple et froid, qui ne m'a pas paru sans lumières : il est bien rare que les officiers de ce corps en manquent ; et les yeux fermés, on peut-être sûr qu'il n'y en a aucun dont la conversation ne vaille mieux que celle de tous nos officiers-généraux, même en les choisissant un peu.

Il m'a expliqué le pays et tous les travaux faits ou projetés, tant pour la navigation, que pour le dessèchement. Ce sera un grand bien que ce nouveau canal de *Beaucaire* à *Cette;* mais on y travaille avec lenteur. On a fait beaucoup de fautes de détail dans l'exécution. Il y en a une, par exemple, qui me frappe sensiblement : c'est que, pour dessécher une grande partie de pays, on a détourné une rivière nommée la *Vidourle*, qui le traversoit, c'est-à-dire qu'on s'est ôté le seul vrai moyen d'assainissement, qui est un grand cours d'eau-vive, au moyen duquel toutes les eaux des marées peuvent trouver une issue. Il falloit approfondir et agrandir son lit, et saigner des deux côtés le pays, pour que tout vînt y aboutir. Les Hollandois, par des digues et par des écluses de chasse, augmentent encore la force de pente, ou la chute de leurs eaux-vives ; et voilà par quel art ils ont assaini à Surinam des marais que la mer nourrissoit continuellement, et au-dessus desquels elle étoit placée. Je l'ai déjà dit, et tout me le confirme, le Languedoc a l'inconvénient des trop grandes administrations.

L'opinion de M. de Tersac, (c'est le nom de cet ingénieur), est que le Languedoc, auroit dû s'attacher à faire un port à Aigues-Mortes, plutôt qu'à Cette, que la nature n'a point favorisé, et qui sera toujours un grand objet de dépense pour la province, sans qu'elle y parvienne à un grand succès. Il y avoit moins de difficultés à vaincre à Aigues-Mortes; la position de la côte étoit plus favorable; elle y forme une espèce de rade naturelle, au lieu que Cette est à une pointe beaucoup plus exposée. Je suis loin d'avoir un avis à moi, d'après un aperçu aussi superficiel que celui que me donne M. de Tersac, mais cela me laisse toujours à penser.

Ce qui me paroît bien démontré, d'après l'idée rapide que je prends du pays, et d'après l'inspection des cartes détaillées que j'ai sous les yeux, c'est que toute cette côte du Languedoc, et tout le pays qui la borde, seroient susceptibles d'une grande amélioration, soit relativement à la navigation intérieure et extérieure, soit relativement à l'agriculture. Tout ce qu'on a desséché avec quelque succès, est un fonds de terre excellent et qui produit immensément; et en allant vers la Provence, tout ce beau pays aux embouchures du Rhône qui forme là plusieurs branches, cette *Camargue*, tous ces marais et étangs qui ont plutôt l'air d'appartenir à un continent nouvellement découvert qu'à une terre anciennement peuplée; qu'il y auroit là de superbes entreprises à exécuter, et de belles conquêtes à faire pour le Gouvernement! Que l'ancienne Egypte, que ce fameux Delta, que de nos jours la Hollande, que la Guyane hollandoise nous donnent sur cela de grandes leçons! mais le Gouvernement semble dédaigner tout ce qu'il a dans ses mains; il semble mieux aimer errer dans des spéculations vagues et lointaines, que de féconder ce qui est sous ses yeux.

On a dépensé des millions à Cayenne, et l'on n'aidera, on n'éclairera jamais le Languedoc et la Provence sur des projets d'amélioration, parce que ce sont *des pays d'Etats*, et que les ministres les regardent comme étrangers à la France, parce qu'ils ne sont pas immédiatement dépendans d'eux. Ajoutons-le enfin, quand nous formons l'idée de pareils projets, il faut, pour les accomplir, que les volontés soient actives, constantes, et les moyens d'exécution intelligens et surveillés; peut-être n'appartient-il qu'à l'indépendance et à l'industrie d'une nation d'entreprendre et de conduire à leur fin de semblables travaux; je doute que les rois d'Espagne eussent jamais fait jouer à la Hollande le rôle qu'elle a joué.

Aigues-Mortes, ancienne fortification; c'est ce qui reste de plus parfait peut-être en Europe de l'architecture militaire du siècle de St.-Louis, et qui est encore (aux fossés près qui se sont comblés) parfaitement en état. C'est un carré long, flanqué de distance en distance par seize grosses tours à deux rangs de voûtes qui forment dans ces tours des chambres et des souterrains. Les murs de l'enceinte ont huit ou dix pieds d'épaisseur, tous en pierre de taille, et les tours 17 ou 18. Les pierres des paremens sont toutes taillées en bossage ou en pointe de diamant. Il y a une dix-septième tour plus considérable que toutes les autres et qui les dominoit. Cette tour s'appelle *la tour de Cons-*

tance; et les voûtes du dedans, ainsi que l'escalier, sont travaillés avec luxe. On dit que Philippe-le-Hardi fit faire cette enceinte à l'imitation de celle de Damiette, soit pour en conserver le triste souvenir, soit parce que ce modèle de fortification lui parut avantageux à imiter. Le nom de *Constance*, donné à cette tour, a sans doute aussi un fondement. On entretient aujourd'hui assez bien Aigues-Mortes, et je n'ai pas été fâché de ce culte rendu, sans que le ministère s'en doute sûrement, à un vieux monument. Tel qu'il est, il seroit à l'abri d'un coup de main, et il est un point de dépôt et de magasin sur la côte du Languedoc qu'il faut conserver.

Aigues-Mortes m'a intéressé relativement à une anecdote plus moderne. C'est dans une de ces tours que fût enfermé pendant quatre ans le marquis de Vardes. Il étoit gouverneur d'Aigues-Mortes, et Louis XIV lui permit ensuite d'habiter le Gouvernement sans y commander; il y resta encore 16 ans; le bâtiment du Gouvernement, qu'il fit considérablement augmenter, est encore aujourd'hui en assez bon état. On y voit l'appartement qu'il fit faire; cet appartement ne manque ni de commodité, ni de grandeur. Le chiffre

de l'infortuné Vardes est sur plusieurs cheminées ; 14 ans dans une pareille tour, précédés de 4 ans de captivité dans une noire prison, c'est payer cher une légère intrigue ! Quand il revint à la Cour, et qu'il parut la première fois devant le roi, il trouva tout changé : ses habits n'étoient plus de mode ; les jeunes gens l'entouroient en riant. Vardes, dont le malheur n'avoit pas relevé l'ame, en prit occasion de dire ingénieusement, mais avec le sentiment d'un esclave encore meurtri de ses chaînes : « Sire, *quand on a eu le mal-*
« *heur de vous déplaire, on vit malheureux*
« *et l'on devient ridicule.* »

Revenu à Lunel, et parti tout de suite pour Sommières, où j'ai encore à voir une garnison d'invalides.

Le 29

Sommières, petite ville considérablement peuplée ; 5 ou 6,000 ames, des manufactures considérables de moletons. Environs riches et fort habités. Bracville, château antique, appartenant à M. de Bracville que je connois. Sa famille a eu, pendant plusieurs générations, la lieutenance de roi de Sommières. La Vidourle passe à Sommières, et il y a un magnifique pont. Le château, aujourd'hui en ruines, et qu'on feroit bien d'abandonner, sous le rapport militaire, occupoit autrefois toute la montagne; a soutenu plusieurs sièges, a été l'asile et le foyer des protestans dans les troubles. Inutile état-major, un gouverneur, un lieutenant de roi, un major, un ingénieur. Dîné chez le lieutenant de roi, jadis garde-du-corps. Il se loge actuellement dans ce château aux dépens du roi, et en y prenant quelques chambres de soldats. L'ingénieur, qui est l'ami de la maison, y applique tous les fonds destinés à l'entretien du château; il a même obtenu pour cela un supplément, et voilà comme l'argent du Roi se dissipe scandaleusement dans tous ces petits forts, éloignés de l'œil du Gouvernement. Il ne s'emploie guères plus utilement dans les grandes places. Mais j'avois dit mille fois que je ne voulois plus parler d'abus, que j'en étois las, pourquoi y reviens-je encore ? L'amour de l'ordre et du bien public est-il donc une passion dont je ne puisse guérir ?

De Sommières à Nismes.

Le 31.

De Villeneuve-d'Avignon, par Avignon à

Lille. Grande beauté de la plaine d'Avignon. On la sent encore mieux par le contraste du Languedoc qu'on vient de quitter. Richesse et variété de culture; beaucoup d'eaux, et par conséquent des arrosages, des prairies et de la fraîcheur. Le pays est couvert de beaucoup d'habitations. Le Rhône d'un côté, et la Durance de l'autre, embellissent encore ce superbe paysage. A deux lieues d'Avignon, on entre dans le Venaissin, et le pays change sensiblement. L'âpreté des montagnes de Provence dont on approche, se fait déjà sentir au bout de cette plaine du Venaissin, qui est sèche et triste. Plaisir inattendu de trouver la contrée où est située la petite ville de Lille. C'est un des pays les plus riants et les plus fertiles que j'aie vus. La ville est entourée par la Sorgue, qui s'y partage en une infinité de bras et de petits canaux. Cette Sorgue est formée par la *fontaine de Vaucluse*, qui n'est qu'à une petite lieue. Ainsi, on est déjà favorablement prévenu pour elle, et on en jouit d'avance par ses bienfaits.

Continué mon chemin pour aller lui rendre hommage de plus près. On voit de loin, dans la chaîne de montagnes où elle prend naissance, l'enfoncement qui lui sert de grotte. Le pays par lequel on y arrive, est agréable et bien cultivé. A un quart de lieue environ, on entre dans la petite vallée de la Sorgue qui y conduit. Cette petite vallée, ou pour mieux dire cette gorge, est très-pittoresque, et la rivière y serpente agréablement en plusieurs bras, à travers des prairies. Jolies habitations, à la gauche du chemin, taillées dans le roc. Village de Vaucluse, avant d'arriver à la fontaine, plusieurs sites très-piquans, quoique solitaires et sauvages. A mesure qu'on avance vers la fontaine, les montagnes se hérissent, deviennent plus âpres et plus élevées, et semblent placer le palais de la Nayade à l'extrémité de l'univers.

Il y a deux époques dans l'année très-différentes pour voir la fontaine, et qui changent totalement son état et son aspect : l'une est celle de l'abondance des eaux, comme au printems, et après la fonte des neiges ; l'autre est celle de la sécheresse. J'arrive à cette dernière. Dans le tems de l'abondance, l'effet d'eau, la chute, le fracas doivent être très-considérables. On en peut juger par le niveau qu'a la fontaine alors, et par les rochers énormes à travers lesquels elle doit se précipiter. Quand l'eau est basse, ces rochers sont tous à sec, et il n'y a presque point de chute et de jeu; mais aussi à basse-eau, on peut mieux juger les abords et les alentours de la fontaine. On peut descendre jusqu'à son ouverture, on peut mesurer de loin une partie de l'abîme que forme sa source.

On a sondé plusieurs fois cet abîme, sans en trouver le fond; on y jette une pierre, et on en suit fort long-tems la chute, sans en entendre jamais le bruit. Un naturaliste aimeroit mieux voir la fontaine dans le tems de la sécheresse; un poëte ou un peintre, dans celui de l'abondance des eaux. Telle que je l'ai vue, et elle n'est jamais plus basse, elle forme encore une rivière considérable, et qui suffiroit à une petite navigation; cette rivière se ressent de son origine : elle est d'une limpidité, d'une transparence, d'une vivacité de cours charmantes. Une fois qu'elle a passé ces grandes masses de rochers qui lui servent à-la-fois d'issue et d'obstacle, c'est un lit de cailloux, de mousse et de limon qui la reçoit, et qui invite sans cesse l'œil à la parcourir et le corps à s'y plonger.

Mais ce qui manque au bassin de la fontaine, ce qui manque au mouvement de sa chute et aux grands effets qui en doivent résulter, c'est de l'ombre et du gazon. Tout est à l'entour frappé de stérilité. Deux seuls figuiers noirs, placés immédiatement au détour du bassin, ont crû, comme par prodige, dans les fentes du rocher, et le pied de ces figuiers est le niveau de la plus grande crue des eaux. Enfin les rochers qui composent la montagne, et qui servent d'enveloppe à la fontaine, n'ont ni une belle couleur, ni une forme très-pittoresque, et leur sommet n'est couronné d'aucune végétation.

J'ai donc vu dans les Alpes, dans les Pyrennées même, cent effets d'eau plus beaux, plus curieux, et mieux accompagnés; mais leurs environs n'ont point été la scène d'un amour célèbre, et il leur a manqué un *Pétrarque*. Beaucoup de voyageurs se plaisent, dans leur récit, à exagérer les charmes de la fontaine de Vaucluse : ils sont comme ces peintres qui ne rendent jamais la vérité de la nature, et qui y ajoutent toujours des accessoires plus riches qu'elle. Je ne passe cette exagération qu'à Pétrarque; il aima, sur les bords de cette fontaine, la plus belle et la plus sensible des femmes. La passion est la baguette d'Armide, et malheur aux amans pour qui l'amour n'embellit pas la nature !

Attendu à la fontaine le coucher du soleil, pour jouir du plaisir de revenir lentement sur mes pas, revoyant le paysage que j'avois vu plus doucement colorié; car on ne sait point, quand on n'a pas observé en amateur, combien la hauteur du soleil varie les aspects. Il y a, dans la petite vallée de la Sorgue, vingt positions où Pétrarque et Laure ont dû s'asseoir et s'aimer de préférence. Mon cœur a pris plaisir à les y deviner.

Ruines du château de Vaucluse sur une pointe de rocher, d'où l'on devoit découvrir la fontaine et ses cascades. La maison du seigneur actuel, qui est M. le marquis de Caumont, est à l'entrée du village, et au bord de la Sorgue, dans une position qui me la feroit habiter, du moins quelquefois, si elle m'appartenoit. Elle paroît abandonnée. Il n'y a rien de si commun que ces outrages faits à la nature : si peu de gens savent la sentir ! Il y a à Vaucluse une papeterie. C'est le premier usage utile auquel le cours de la fontaine soit employé. Pétrarque devoit l'approuver.

Promené encore à mon retour une demi-heure dans les environs de Lille : ils sont embellis par de charmantes plantations. Un vice-Légat en a fait faire une avec un beau pont sur le chemin qui conduit à la fontaine. Une inscription sur marbre annonce que c'est pour l'agrément des voyageurs qui vont visiter la fontaine et rendre hommage à la mémoire de Pétrarque. La fontaine de Vaucluse est, en effet, prodigieusement fréquentée. Les Anglais et les Italiens y viennent plus que nous.

Il y a une très-bonne auberge à Lille, où l'on mange d'excellent poisson, venant aussi de la fontaine. Les chambres sont tapissées des noms de mille voyageurs et de beaucoup d'inscriptions de tout genre. Souvent Pétrarque y est nommé, et toujours Laure y est regrettée. Heureuse puissance du talent ! On ignore en quel lieu le grand César repose, et l'on sait à jamais où Pétrarque a aimé ! Plusieurs Anglais sont établis aux environs de Lille. Ils y louent quelquefois des maisons pour plusieurs années. Je connois leur passion pour ce charmant séjour. Ils y trouvent la liberté et des prairies aussi vertes qu'en Angleterre, et, de plus, un beau soleil, des excellens vignobles, et un cadre

de

de montagnes qui leur rappellent le magnifique horizon de la Suisse. Si je disposois de moi, je ferois comme eux, et *Lille* sera à jamais placée dans mes chimères d'habitation avec la *vallée de Campan*, et quelques autres coins privilégiés des pays que j'ai parcourus.

Le 1.er septembre.

De Lille à Forcalquier, par Apt. Pays sans intérêt : il n'y manque pas d'industrie. Ce sont des montagnes pierreuses et sans verdure ; ces montagnes sont toutes étagées en terrasses, et les terres y sont soutenues par des murs de pierres sèches ; mais l'industrie n'est agréable à voir en action, que quand les produits surpassent les efforts. Ici la conquête ne vaut pas le travail : quelque maigres oliviers et des vignes assez médiocres en sont le résultat.

Je suis descendu à la Sorgue ; j'aime mieux l'appeler la rivière de Vaucluse : je me suis retourné avec regret deux ou trois fois vers elle. J'éprouve quelquefois un retour de sentiment pour les choses inanimées. Cette rivière de Vaucluse, dont la source est si belle et si pure, n'a ni une longue, ni une brillante destinée. Elle n'arrive pas aux honneurs du fleuve : elle va se jeter dans la Durance, qui est elle-même, à son tour, engloutie par le Rhône. C'est l'image de quelques hommes, qui, avec une noble origine, ou de brillans débuts, vivent sans gloire et meurent sans éclat. Ces comparaisons du cours des eaux aux destinées des hommes, ont quelque chose qui m'ont toujours frappé. Fontenelle, voulant peindre les évènemens de la vie de Newton et de son éducation dont on ignoroit les détails, le compare au Nil dont on ne connoît pas la source. On parloit un jour devant moi d'une de ces grandes maisons, et l'on disoit que c'étoit un nom qui se perdoit, parce qu'il y avoit eu des mésalliances, et parce que depuis long-tems il étoit porté par des hommes médiocres ou corrompus : *Il en est*, répondis-je, *de ce nom là, comme du Rhône; il traverse le lac de Genève, sans mêler ses eaux; il entre dans les entrailles de la terre, et il en ressort tout entier.*

Du 1.er au 2.

Détestable nuit. A peine au lit, je me suis senti une fièvre violente, de la toux, de l'oppression ; elle m'a duré toute la nuit, il s'y est joint du délire : car jamais ces fièvres n'en sont exemptes, quand elles sont vives. Heureusement une transpiration abondante m'a dégagé. Je suis mieux ce matin ; je passerai ici la moitié de la journée ; mais quelle horreur que de tomber malade au milieu d'une course comme la mienne, ici, par exemple, loin de tout secours ! J'ai renvoyé ma voiture à Antibes. Je n'ai avec moi qu'un laquais et un petit porte-manteau. Je manquerois de tout. Cette pensée me tourmentoit dans mon délire, et l'augmentoit peut-être. Je pensois à me faire transporter à Aix, à faire revenir ma voiture, à renoncer au reste de ma tournée pour cette année. Il y a des positions où l'on est sans courage ; et cet appui artificiel, ce piédestal de la nature, mais qui n'est pas elle, se brise aisément sous nos pieds.

Le 2.

De Forcalquier à Sisteron (6 lieues, c'est-à-dire, sept heures de marche) : car voilà comme il faut compter les lieues en Provence. Ce sont les plus grandes du royaume. Soutenu assez bien la journée, quoique la chaleur ait été excessive. Il faut voir si la fièvre me reviendra cette nuit ; c'est une triste attente dans ma position.

Rien à remarquer dans le pays : toujours des montagnes âpres et grisâtres. Çà et là quelques parties de vallée assez bonnes. Il y a cependant de la population et de l'industrie, par-tout où il y a de l'eau ; mais elle est très-rare, on en tire parti pour des arrosages. A une lieue et demie de Forcalquier, on rejoint la grande route de Marseille et d'Aix à Sisteron. On me moutroit de loin cette grande route, et je la voyois indiquée sur la carte, comme une des principales de la province. C'est un mauvais grand chemin très-mal tenu, et où les voitures ont beaucoup de mauvais pas. Le chemin a été meilleur autrefois, et c'est faute d'entretien journalier, et même de réparations annuelles qu'il est dans cet état. Voilà déjà une note sur le défaut de vigilance de l'administration de la province.

On suit pendant deux lieues le cours de la Durance. Rapidité de cette rivière, quoiqu'elle soit extrêmement basse ; elle remplit en vingt bras épars une vallée fort large, et qu'elle a dévastée. On a bien eu raison de comparer les conquérans à des torrens : on ne leur fait point leur part ; on ne leur oppose point d'obstacles, et ils n'ont jamais rien fécondé sur leur passage.

Que la solitude si douce, quand l'ame est heureuse, ou paisible, ou livrée à quelque travail, est vide et cruelle quand on est triste ! Je calculois aujourd'hui que, soit dans mes affections, soit dans mes affaires, j'avois quatorze ou quinze sujets d'inquiétude, dont un seul venant à se réaliser, seroit une véritable peine pour moi, et dont quelques-uns pourroient être des malheurs du premier genre. Je n'y pensois pas, il y a quelques jours ; j'avançois dans ma course, plein de sécurité et d'espérance. Cette fièvre m'avertit que tout ce qui m'est cher peut l'avoir aussi. La possibilité d'un accident réveille en moi le sentiment de toutes les craintes qui m'environnent. O fragile destinée de l'homme ! un nuage a passé sur ma tête, et ma tête n'est plus qu'un laboratoire de pressentimens fâcheux et même lugubres.

Oh ! comment peut-on voyager ! quelle est vaine et insensée cette curiosité qui, quelquefois, me dévore ! Si je n'étois pas absent, si je n'étois pas à deux cents lieues, toutes les chances de malheurs que je puis éprouver existeroient de même pour moi ; mais elles me frapperoient moins. Je verrois, je sentirois vivre ce qui m'est cher. La présence et la santé réunies donnent presque l'illusion de l'immortalité.

Le 3.

Séjourné à Sisteron. Je trouve les séjours bien plus pénibles que les jours de fatigue. Devoirs, visites, grand dîner à essuyer ; honnêteté et ennuyeuse hospitalité d'un de mes anciens camarades, capitaine au régiment d'Auvergne. Il m'avoit écrit long-tems à l'avance pour me l'offrir ; mais il y avoit une vue personnelle, et une demande au bout. L'hospitalité est rarement pure, et je l'ai souvent remarqué. Les aubergistes sont encore ceux qui l'exercent à meilleur compte. Ce que ces dîners qu'on donne à un étranger ont de commode seulement, c'est qu'il y apprend bientôt, quand il sait faire causer, et les histoires, et les usages, et les abus du pays. Anecdote sur un M. le comte et madame la comtesse de C....., qui sont lieutenans de roi à Sisteron, et qui ont été placés par M. de Montbarey, dont elle a été la maîtresse. J'ai raison de dire qu'ils sont *lieutenans de roi*; car c'est elle qui l'est, et M. de C..... n'a servi que deux ans. On ne lui a pas moins donné cette place avec la croix de St. Louis. Hauteur, vexations de cette femme envers les habitans et envers nos pauvres invalides. Elle a délogé les officiers pour agrandir son appartement, elle joue la grande dame; elle est, en effet, fille de condition. M. de Thiard la reconnoît pour sa cousine, et elle a été passer quelques jours chez lui à Aix. Un reste de figure et de bonne mine appuie cette parenté. Delà elle se sent soutenue, et elle en abuse. Les plaintes qu'on a portées n'ont pas été entendues. J'en parlerai au comte de Thiard, et il me répondra à son ordinaire avec esprit et avec insouciance.

J'ai trouvé à dîner deux hommes de bonne conversation : l'un d'eux est le capitaine du génie, détaché à Sisteron, un M. de la Tourmile. J'ai concerté avec lui ma marche; il a fait à-peu-près toute cette tournée : il est très au fait de la question de la vallée de Barcelonette; il m'a prêté encore à ce sujet plusieurs mémoires que je n'avois pas; il m'a indiqué la cause de presque tous les mémoires contre l'ouverture de la vallée. M. de la Peyrouse, lieutenant-colonel du génie, qui est à Embrun, je l'y verrai en passant, et je m'y instruirai encore : officiers du génie, je ne puis assez le répéter, par-tout bons à rencontrer.

Château ou citadelle de Sisteron, bonne dans le tems où tout l'étoit, a soutenu un siége important sous M. de Lesdiguières ; est aujourd'hui seulement à l'abri d'un coup de main ; est dominé, n'a pas de souterrains et point d'établissemens capables de recevoir des magasins. La ville n'a qu'une enceinte en ruines. Dans un plan général, ce seroit sûrement un poste à abandonner, et un lieutenant de roi à supprimer. Mais, comme il n'y a point de plan général, comme en l'abandonnant aucune autre partie de la frontière n'y gagneroit, j'ajoute que jusqu'à ce qu'il y en ait un, autant vaut-il conserver le château puisqu'il existe.

Je n'ai point eu de fièvre : j'espère que j'en serai quitte pour ces deux jours de malaise. C'est l'horrible chaleur qui m'a éprouvé. Il n'a pas fait chaud de l'été ; et tous les feux de la canicule reprennent leurs droits.

Le 4.

De Sisteron à Gap, grande route mal entretenue dans beaucoup de parties; c'est celle qui va à Grenoble par Embrun. Il y a beaucoup de ponts qui ne sont pas achevés, d'autres qui ne sont pas commencés. Je suis bien scandalisé de la mauvaise tenue des chemins en Provence. Je croyois que l'archevêque d'Aix se mêloit beaucoup de l'administration de cette province, qu'il y mettoit du zèle et du talent; mais il n'y réside que comme malgré lui, et pour le tems des Etats seulement. Il n'y a pas l'influence dont il a la prétention : elle appartient à M. de la Tour, qui est à la fois intendant et premier président, et qui y réside habituellement. Approches et vallon de Gap, assez agréables, et qui m'ont rappelé la vue de plusieurs villes de Suisse.

Le 5.

De Gap à Embrun; à Chorges, qui est à moitié chemin, on retrouve la Durance. J'ai examiné le point où l'on propose de faire embrancher la route qui viendroit de la vallée de Barcelonnette sur Gap et sur Embrun, et où l'on jetteroit pour cet effet un pont sur la Durance : grand problême militaire et politique sur ce chemin. Il y a sur cela beaucoup de division dans les opinions, et le ministère ne sait encore quel parti prendre. M. le maréchal de Beauvau et M. le comte de Thiard m'ont remis toutes les pièces de ce procès, et je vais me le résoudre à moi-même. Cela va jeter quelque intérêt sur ma course dans la vallée de Barcellonnette. J'aime d'ailleurs à exercer ma pensée sur des problêmes qui ne sont pas résolus, et à essayer mon opinion contre d'autres opinions.

Le 6.

De Barcelonnette à Sème par St. Vincent. J'ai été accompagné j'usqu'au Fort St. Vincent, par M. Yons, procureur du roi à Barcelonnette, ami de M. de Rignac, et que celui-ci m'avoit donné pour m'expliquer le pays, et surtout le projet de chemin jusqu'à la Durance. Bonne conversation de ce M. Yons, sur la vallée, sur sa population, sur son commerce, sur son agriculture, sur le chemin projeté; horreur du chemin actuel jusqu'à St. Vincent; presque toujours sur des corniches et des précipices. L'hiver, quand la neige et les glaces le couvrent, il y arrive beaucoup d'accidens ; l'été, dans les tems d'orage, il y en arrive encore ; et en toute saison, il y a des passages qui effrayent. Il est constant qu'il faut un chemin à cette vallée, pour la faire communiquer avec la Provence et le Dauphiné; mais je ne pense pas avec M. de Rignac qu'il faille un chemin de voiture ; je pense qu'un bon chemin de mulet suffiroit. Abondance et variété des raisons sur lesquelles je m'appuye, à rassembler dans un mémoire particulier. J'ai ramené à mon avis M. Yons : je lui ai démontré que, même pour le plus grand avantage de la vallée, il ne falloit pas penser à une autre espèce de chemin, dans les circonstances actuelles. Quant aux raisons militaires, elles ne sont pas moins évidentes. Ce problème est maintenant bien résolu pour moi ; et je pense qu'il le sera de même pour tout homme qui lira mon Mémoire sur cet objet.

Fort St. Vincent inutile ; est trop haut, et trop loin pour commander la vallée. Triste et barbare prison, pour la malheureuse garnison, qui est composée d'une douzaine d'invalides. Désespoir de ces infortunés. Il y en avoit qui étoient désolés ; le sort des exilés de Sibérie n'est pas comparable au leur.

Le 11.

De Digne à Colmars par Drais, (onze heures de marche). Traverse affreuse. Désert de six lieues à travers des montagnes et des précipices. J'aurois pu éviter cette traverse, mais en faisant un détour de plusieurs lieues, et en perdant un jour. Je suis devenu aussi hardi que les gens du pays, et après la combe de Queyras et le tourniquet de St. Vincent, il me semble que je puis tout braver. Mon domestique fait presque tout le chemin à pied. Il est monté sur un grand diable de cheval de la plaine d'Avignon, qui tombe à chaque instant. J'ai heureusement un cheval plus petit, que la nature a doué d'un pied tant soit peu montagnard; mais il a une bouche de fer; et, obligé de le tenir dans la main pour assurer davantage sa marche, j'ai les reins, et les bras rompus. Je demande pardon de ces détails munitieux à ceux qui liront ce journal ; mais ce cheval, auquel ma vie est confiée depuis douze jours et le sera encore jusqu'à ce que je sois hors des montagnes de la Provence, y mérite bien quelque place.

Horreur de ce désert de Drais (1). J'ai beaucoup voyagé, et je n'ai rien vu qui y soit comparable. C'est le chaos avant qu'il ait reçu aucun principe de vie; c'est un amas de montagnes amoncelées les unes derrière les autres, toutes grisâtres et sans aucune empreinte de végétation. Quand on parvient au sommet d'une de ces montagnes, et qu'on regarde autour de soi, on croit qu'on a eu

---

(1) Nous rappellerons ici un événement qui arriva à M. de Guibert dans cet horrible pays, qu'il voulut traverser à cheval, seul avec son domestique, quoiqu'on l'eût prévenu des attaques que faisoient souvent sur les voyageurs, les déserteurs cachés dans les montagnes; il ne dut sa vie qu'à un acte de fermeté et à une présence d'esprit admirable. A peine arrivé sur un pont isolé, au milieu des montagnes, il entendit des coups de sifflets qui firent paroître aux deux bouts du pont plusieurs brigands; dans cette position, M. de Guibert ne fit que jeter en arrière les deux pans de son manteau, et tirer un grand sabre prussien; il ne rallentit ni n'accéléra sa marche, et ce sang-froid en imposa tellement aux voleurs, qu'ils disparurent aussitôt, et M. de Guibert continua tranquillement sa route. (*Note de l'Editeur.*)

le malheur de survivre au bouleversement de la nature, et l'on se sent le cœur serré de tristesse et d'effroi. Il n'y a dans ce désert que des sentiers que le vent ou la pluie efface. Malheur à qui y seroit surpris par un violent orage! il n'y trouveroit ni asile ni indication, et il courroit risque d'être enseveli sous des lavanges de terre ou entraîné par des torrens. On ne s'y engage qu'avec un ciel serein et avec un tems sûr.

L'hiver, toutes ces montagnes sont couvertes de neige, et elles ne composent plus qu'un immense abîme. Il y a cependant, dans cet affreux pays, un village, et on ne peut concevoir comment des hommes ont pu se déterminer à y établir leur habitation. On découvre çà et là autour du village, dans quelques plis de rocher, dans quelques petits fonds, exposés au midi, des portions de culture plantées de noyers; et ces espaces verds, étroits, irréguliers, semés comme de petites îles au milieu de ce chaos sombre et grisâtre, me donnoient l'idée de quelques coins de terre, qui avoient échapé au bouleversement général.

Je me suis arrêté un moment dans ce village; j'en ai questionné plusieurs habitans.

Ils sont pendant six mois entiers ensevelis dans les neiges et sans aucune communication avec le reste du pays. Avec cela, ils n'ont l'air ni mécontens ni misérables. Leurs maisons sont bien bâties et bien couvertes; ils sont eux-mêmes bien vêtus et bien nourris. L'hiver, les hommes vont travailler dans la Basse-Provence, et il n'en reste qu'un par ménage; enfin, aux rigueurs du climat près, qui n'a pas pour eux les mêmes horreurs, parce qu'ils y sont accoutumés, ils sont plus heureux que beaucoup de paysans dans plusieurs de nos belles provinces du royaume. Du moins, le peu qu'ils ont leur appartient, et n'est pas dévoré par les impôts; beaucoup d'espace leur procure des ressources, et leur état approchant presque de la liberté, en a une partie des biens.

Le 15.

Arrivé ce matin de Grasse en droiture jusqu'à Cannes. — Passé tout de suite aux îles S.te Marguerite, pour continuer mon inspection.

Ma petite promenade sur mer a été fort douce; j'aime cent fois mieux cette manière de voyager que celle d'être à cheval, au milieu des précipices de la Haute-Provence. Enfin, j'en suis quitte, après avoir fait encore hier six ou sept lieues à pied, à cause des descentes affreuses que j'y ai trouvées.

A la suite de ma tournée dans ces montagnes arides, je m'attendois, en débarquant, à un grand bonheur, celui de recevoir mes lettres; j'avois envoyé chercher ma voiture, et le domestique qui m'attendoit à Antibes; il étoit sur le rivage quand je suis débarqué, et mon premier cri a été de lui demander mes lettres. — *Il n'y en a point*, m'a-t-il dit :—*pas une!*.... Et mon cœur s'est serré de tristesse. C'étoit ce qui devoit me reposer de toutes mes fatigues; on m'a dit que c'étoit faute de courrier; il n'y a dans la plupart des villes de cette province qu'un courrier par semaine; et l'on est plus loin *pour les lettres*, d'Antibes à Toulon, que de Paris à Bordeaux.

Parti pour St. Tropez, et quoiqu'il n'y ait que dix huit lieues, j'ai mis deux grands jours, parce qu'il y a encore des chemins de traverse.

Le 20.

De Toulon, passé aux îles d'Hières; ces îles

îles si vantées, ne sont que des terres désertes, et nos pauvres invalides y meurent de faim et de misère. Mais la position de la ville d'Hières est ravissante; dans la saison des fleurs, ces bois d'orangers doivent être une féerie. Cependant, à la longue, je préfére nos bois de chênes, sous lesquels il y a du gazon, et où l'on peut se promener, s'asseoir, aimer et causer. — Ah! le coin du monde où je retrouverai ce que j'aime, est, et sera toujours pour moi le plus beau lieu de l'univers. — Je donne à regret deux jours ici à mon repos; je cède surtout aux instances de M. Malouet, d'autant plus que l'abbé Raynal est logé chez lui. Je ne l'ai pas trouvé vieilli en aucune manière; il m'a dit que ses jours se finiroient, soit ici, soit à Marseille. Le climat lui est bon; le soleil est le premier ami des vieillards. Nous avons parlé de toute l'Europe; il m'a mis au courant de tout.

Le 28.

De Marseille, où je n'ai fait que passer, arrivé à Valence. Couché le lendemain au pont de Beauvoisin, pour aller visiter la *Grande Chartreuse* qui n'est qu'à trois lieues.

Il faut voir cette belle et horrible solitude. J'avoue que j'aime aussi un peu les excès; ils portent avec eux un caractère. Des religieux détachés de toute la nature, recueillis dans le silence et macérés par le jeûne, me donnent une grande idée du pouvoir de la religion.

A Vienne, visité la dernière compagnie des invalides. C'est encore un chemin de traverse et un assez grand détour; ensuite il ne me restera qu'à me laisser rouler sur de beaux chemins jusqu'à Lyon, pour arriver enfin dans mes champs.

F I N.

DIVISION DE CET OUVRAGE.

Avertissement. . . . . Page 1
Voyage a Libourne et a Bordeaux. . 5
———— a Brest. 35
———— en Lorraine, Alsace, Franche-Comté, Suisse. 87
———— Weissembourg. 229
———— dans les parties méridionales de la France. 253

TABLE

DES MATIERES

Contenues dans ce volume, et par ordre alphabétique.

A.

A.... (le duc d'), 98, 99 etc., 105.
Aar (rivière de l'), 190, vallée 191, 201, 225.
Aarberg. Route de ce pays à Berne 187.
Abraham (frère). *V.* Abbaye d'Orval.
Adour (l'), 274, 283, 299, 303.
Agde. Pont et Canal, 358 et suiv. Fort, 360.
Aigues-Mortes. Marais,

370. Fausse opinion sur ce pays, 371, 373. Fortifications, 375, 376.
Alezens (M. d'), 305, 307.
Alpes. 157, 169, 171, 212, 214, 215. Comparées aux montagnes de Gavarnie, 320, aux Pyrennées, 326 et suiv. 347, 382.
Alsace, 91, 150. Plaine, 157, 168, 239, 242.
Amérique septentrionale. Avantages de ceux qui

s'y établissent, 134. Plantations, 272.

Amphion (l'), rentrée de ce vaisseau à Brest, 65, 66.

Anabaptistes allemands, 89, 97.

Andaye. Bourg, 287. Compagnie d'invalides, 288.

André (fort St.), 176.

Angleterre. Manière de renfermer les troupeaux, 274, 320, 384.

Angoulême. Route jusqu'à Limoges, 254 et suiv. Avantage que l'on pourroit tirer de cette province, 260, 261.

Antilles. Opinion de Montesquieu sur ces colonies, 268.

Antonin (l'empereur). Conjectures sur Pontarlier, 179.

Anville (le duc d'), 255, 256.

Apollon du Belvédère, 247, 248.

Appenzel (canton d') 221.

Apt, 385.

Arcachon (bassin d'). Projet d'un port, 23.

Arcambal (M. d') V. Blaye.

Arcis. Route de Nogent-sur-Seine, 249.

Archevêque d'Aix, 393.

Ardennes. Rochers, montagnes et bois, 131.

Argent, 6, 253.

Argonne, 91.

Arlon. V. Abbaye d'Orval.

Armstadt. V. Landgrave.

Arnaut (M. d'), 22,

Aroin de Baliser (M.) Expériences sur le Mingaud, 80.

Artillerie, 85.

Artois (le comte d'), 259.

Aspar (bourg d'), révolte du Labour, 302, 303.

Auberges. Tenue des auberges Suisses, 180, 181, — de la France, 182 et suiv.

Aubigny, 6. Clôture des champs, 7, 253.

Auch (intendance d'), 309. Culture, etc., 332.

Aude (l'), 347.

Aunis, 260.

Auvergne (régiment d'), 45, 46. A Nancy, 141, 313.

Auxonne (régiment d'), 85.

Avignon. Plaine et environs, 379.

Ayauges. Fers coulés qui en proviennent, 84.

B.

Bagnères. Cascades, 319, 320. Ville, promenades, eaux et bains, 325.

Baigorri (vallée de), 306.

Ballon (montagne du), 117, 163 et suiv. Fontaine, 170 et suiv. Inscription, 173, 175, 306,

Barcelonnette (vallée de), 391. Projet d'une route, 393, 394.

Barbe (rocher de Ste.), 285, 294, 295.

DES MATIERES.

Barèges. Eaux, 275, 311, 317 et suiv.
Basquaises, 291, 292.
Basque (réponse hardie d'un), 29.
Basse-Perce. *V*. Villars.
Bayonne, 27 et suiv. Chaussée, 275, 276. Citadelle, 282. Environs, 283, 284, 288. Vente de Sardines, 298, 299.
Béarn, 312. Ses vins, 313.
Beaucaire. Canal, 272.
Beauce. Plaines, 245,
Beauveau (le maréchal de), 394.
Beauvoisin, 401.
Bellegarde. Château et fortifications, 350 et suiv.
Belle Isle (le maréchal de), *V*. Bitche.
Béobi. Pas et Bac, 288, 289.
Bernard (M.), *V*. Agde.
Berne. Politique de ce canton, 183. Chemins, 189 et suiv., 202. Ecole d'artillerie, 236. Fortifications, 227.
Béziers. Environs, 356. Ecluses, 357, 358.
Bidassoa (rivière de), 287 et suiv.
Bilbao. Port, 28.
Bing, 66.
Biscaye, 290.
Bitche, 87, 95. Château fortifié, 96, 97. Chemins, 100.
Blanc - Champagne. Ferme, 119.

Blaye, 13. Marais, 21.
Boisgelin (M.), 343, 344.
Bonne fortune sentimentale. *V*. Sainte-Marie-aux-Mines, 153.
Bordeaux. Rivières, 11, 12. Landes, 22, 270, 271 et suiv. Salle de spectacle, 30, 31, 264 et suiv. Chemins, 261, 262. Environs, 269.
Borde (M. de la), 196.
Boucault. Travaux de ce port, 299.
Bouflers (M. de), 61.
Bouguer (M.), 81.
Bouillon (duché de), 131 et suiv.
Boulaye (M. de la), 152.
Bracville (château de), 377, 378.
Brandebourg (village de), 250.
Brest, 35 et suiv. Port, 38 et suiv., 50. Garnison, 46. Rade, 74, 75. Fortifications, 83.
Bretagne (vaisseau la), 80, 81.
Brienne (comte de), 245 et suiv.
Brisgaw, 157.
Broglie (comte de). Eloge, 144 et suiv.
Broglie (le maréchal de), 36, 37, 94. Paroles à ses soldats, 160.
Buc (M. du), 267, 268.
Buffon. Opinion sur les glaciers, 208. Chiens des Pyrennées, 322.

Busching, 348.
Bussy (M. de), 267.
Byron, 57 58.

C.

Cabarets de la Suisse, 194.
Caisse de religion, 127.
Caldroven. *V.* Villars.
Camaret, 78.
Cambis (le comte de), 366.
Campan (vallée de), 323, 324, 331, 385.
Canal du Languedoc, 341.
Captifs (procession des), 367, 368.
Capucins (montagne des), 42.
Carabiniers. 138 et suiv.
Carcassonne. Bassin, 341. Alentours, 343. Ville, 344 et suiv.
Carignan. Environs, 131.
Caro (chevalier de). *V.* Traité des limites.
Castelnaudari, 342, 343.
Castillan, 69.
Castres, 334. Environs, 342. Evêque, 344.
Castries (M. de), 256, 268.
Caupenne (M. de), 277 et suiv., 299, 300, 301.
Caux (M. de), 77, 78.
Champagne, 244.
Charente (la), 40.
Charlemagne, 304.
Chartres (le duc de). Un mot sur sa personne, 45, 60, 65, 80.
Chartreuse (la grande), 401, 402.

Chartreux. Mot d'un père de cet ordre, 314.
Châteaufin, ou Laudeveneck, 74, 75.
Châteauroux, 8.
Château-Salins, 146.
Château-Thierry, 89.
Cherbourg, 285, 286, 294, 297.
Chiens des Pyrennées, 322.
Chier (le), bord de cette rivière, 131.
Choiseul (M. de), 56, 57, 74, 291, 356.
Clermont, 91, 92.
Clochetterie (M. de la), 88, 89. Honneurs qui lui sont rendus, 66, 67.
Colbert, 72.
Collège militaire de Brienne, 248.
Collioure. Marais, 21.
Colonies (opinion sur les), 268, 269.
Commission d'économie, 128.
Condé (le prince de), 91, 92.
Connétable de Bourbon, tragédie de Guibert 132.
Coromandière (roche de la), 79.
Courcelles (la terre de), 6. Jardins, 178, 203, 253.
Coutras, 18.
Coxe, 203.
Croix de St.-Louis, 11.
Custine (M. de), 117.

D.

Dajot (M.), projet sur Brest, 78, 79.

Danube, 263.
Daubenton. Méthode pour les bergeries, 274.
Dauphiné, 280, 307.
Dax. Marchés, 23, 27, 29. Landes, 269, 270. Bergers, 273. Fontaine, 274, 275.
Delille (M.), 151.
Désaudouin (M.), 299.
Descolins (M.), 285, 286. 295, 296.
Décret (terres en), 15, 16.
Désertion. Réflexions, 137.
Diadème (le), 65.
Diez (St.) Vallée, 150.
Dioclétien, 325.
Dordogne (la), 12, 18.
Doubs (le), 179, 180.
Drais. Déserts, 396 et suiv.
Dubuat (M.), 7.
Duchafant (M.), 69.
Dunettes. V. Sartines.
Du Puy Guillery, 19.
Durance, 379, 386, 388, 393. Pont projeté, 394.

E.

Ecluses. V. Tresbes.
Ecole de grande guerre. Plan, 115.
Ecole militaire, 42.
Economistes, 16.
Elie de Beaumont (M.), 259.
Embrun, 392, 393.
Espagne, 274. Idée de ce royaume, 289 et suiv. 345, 346.

Espagnols (Pointe des), 76 et suiv.
Etats de Béarn 14, 311, 312.
Etigny (M. d'), 309.
Evry (le comte d'), 346.
Expilly (l'abbé), 88.

F.

Fabry (M. de), 63.
Faisans (îles des), 288, 289.
Faucigny. Glaciers, 215.
Fecht (la). Habitations et plantations sur ses bords 158.
Fenestrange, 243.
Ferrari (M. de), 144, 145.
Ferréol (bassin de St.), 338 et suiv.
Ferrières. Château, 235, 236.
Figuier (pointe du), 298.
Figuières. Place forte, 352, 353.
Fischer (M.), 200.
Foncenanes (montagnes de) 357.
Fontainebleau. Château et parc, 115, 251, 252.
Fontarabie, 287, 288.
Fontenelle. Comparaisons, 286.
Forcalquier, 385 et suiv.
Forges et formes, 52, 53.
Fort-Rhin, 175, 176.
France, 187 et suiv., 227 306.
Franche-Comté, 91, 17
Francs-Comtois, 186.
Frédéric (le grand), 168

Friérange, 117.
Fronsac (duché de), 9.

G.

Galériens de Brest, 53 et suiv., de Toulon, 137, 400.
Galien (Palais), 33, 34,
Galliani (l'abbé), 16.
Gan (vins de), 313.
Gap, 393.
Garat (M.), 302.
Garonne, 262, 263.
Gavarnie. Chemins et cascades, 315 et suiv
Gave, 311.
Génie (corps du), officiers, 372, 393.
Géromani. Mines, 163 et suiv.
Gléon (madame de), 355.
Goderville (M. de), 18, 19.
Grace du roi. Redoute 371.
Grasse, 399.
Grave (M. de la), 352.
Grèce (colonies de l'ancienne), 269.
Gribeauval (M. de), 84, 256.
Grindelvald. Glaciers, 191, 202, 206 et suiv. Inscriptions, 220 et suiv.
Grippe (vallon de), 319, 320.
Grognard (M.) 359.
Guéménée (prince de), 135, 136.
Guichen (M. de), 68.
Guipuscoa, 290.

H.

Hasely (vallon d'), 202, 203, 219, 238.
Havre, 42, 296, 297.
Henry IV. Inscription, 88, son berceau, 312.
Hermitage, 92, 93.
Hérouville (M. d'), 79.
Hières (îles d'), 400, 401.
Hollandais, 273.
Houllière (M. de la), 355, 356.

I.

Inscriptions françaises, 88, 312, — suisses, 220, 221.
Isle (l'), 9, 11, 18, 24.
Ingénieurs des Ponts et Chaussées, 350, 351.
Invalides. Mot sensible d'un vieil aveugle invalide, 162, 163.
Iverdun, 180, 186.

J.

Jean (St.) de Luz. Port, 284 et suiv., 294. Bateaux de sardines, 298, 348.
Jean (St.) Pied-de-Port, 301, 303.
Joinville, 244, 245.
Jonquières (la) 350, 351.
Jougne (village de) 180.
Joux. Château et fort, 185, 186.
Jubos (forêt de), 306.

DES MATIERES.

K.

Keppel, 38, 57, 58, 67.
Kersaint (M. de), 48. Reproches qu'on lui fait, 57, 58.
Kundel. Torrent, 197, etc.

L.

Labour, 25 et suiv. Franchises, 277. Révolte, 302, 303.
Lacardonie (M. de) 65.
La Mothe Piquet (M.), 71.
Lampourdan, 352.
Landernau. 35, 75.
Landes. *V.* Bordeaux.
Landgrave de Hesse, etc., 100, 102 et suiv. Troupes, 104 et suiv.
Landou (le), 340.
Langeron (M. de), 37, 44, 77, 84.
Languedoc, 28, 93. Canal, 341, 342 et suiv. 373, 374.
Larochefoucauld (château de), 255, 256.
Laudeveneck (rivière de), 42, 75.
Laugerten, 144.
Laure. *V.* Vaucluse.
Laurens (M. du), 13.
Lauterbrunn. Chemins, 202, 203.
Lavaur, 343.
Lettres helvétiennes. *V.* Pesay.
Liancourt (le duc de), 140.

Libourne. Ville et port, 9, 11, 18, 20.
Lièpvre, 151.
Lille, 379. Environs, 384, 385.
Limites (traité des) 280, 281. 300, 301, 306.
Limosin, 93, 255.
Linanges (comtesse de), 95.
Lohuc. *V.* Broglie.
Lorraine, 150, 171, 242, 243.
Louis (architecte), 31, 32.
Louis XIV, 41, 42, 72. Paroles d'un paysan à ce monarque, 78. 81, 180, 185, 186. Fort d'Andaye, 287, 288, 341, 376.
Lourdes. Château, 312. Vallée, 313, 315.
Lunel, 366. Auberges, 368, et suiv., 377.
Luxembourg. *V.* Villars.
Luxembourg français, 117, 118. Maisons religieuses, 117.
Luz, 315 et suiv.

M.

Magnol (M. de), 313.
Maguelone, 371.
Maladie épizootique, 23.
Malborough. *V.* Villars.
Malingue. *V.* Villars.
Malouet (M.), 401.
Malpas (montagne), 357.
Manche (la), 44. Rade, 286.
Manson (M.), 256.
Marc-Aurèle. *V.* Inscriptions de la Suisse.

Marguerite (îles Ste.), 290.
Marie (Ste.) aux-Mines, 150 et suiv.
Marienthal. Abbaye, 127.
Marine anglaise et française, 62.
Marne (la), 89, 245.
Marsal, 145. Intempérie, 146, 243.
Marseille, 401.
Matelots à bord. 49.
Maurice (M. le comte de St.), 179.
Maurice (village de St.), 175.
Meaux, 88.
Méditerranée. Ports de cette mer, 40.
Médoc. Landes, 21, 22.
Menehould (Ste.), 92.
Métrich. *V.* Villars.
Metz. Chemins 93, 94, 137.
Mèze, 363. Environs, 365.
Millière (M. de la), 286, 295, 297, 307, 351.
Mingaud (roche du), 79.
Montagne noire du Languedoc, 335.
Montauban, 332. Environs, 333, 334.
Montbarey (M. de), 179, 390.
Mont-Dor, 171, 218.
Monteil (le chevalier de), 48.
Montereau, 250.
Montesquieu, 138. Opinions sur les colonies, 268.
Montmorency (le duc de), 342.

Montpellier, 363 et suiv. 371.
Morlaix, 35.
Morterolles, 8.
Mortier (fort), 161.
Moselle (la) 94, 110 et suiv.
Mouchi (le maréchal de), 267.
Moyenvic, 146, 243.
Mulhausen. *V.* Turenne.
Mungutcher. Glacier de la Suisse, 213.
Mussidan (vallée de), 8.
Muy (M. le maréchal du), 278.

N.

Nancy. Environs, 141.
Narbonne, Evêché, 348, 349, 356.
Navarreins. Fortifications, 309, 310.
Navarrois (chevaux), 307.
Neker (M.), réponse à son livre, 16.
Neuf-Brisach. Fortifications, 162, 353.
Neufchâtel (lac de), 186. Comté, 188, 197.
Neuvi, village et château, 7.
Newton, 386.
Nied (rivière de la), *V.* Villars.
Nive (la), 283.
Nogent-sur-Seine, 249.
Nord (le comte et la comtesse du Nord), 296, 202, 214.

DES MATIERES.

O.

Orient (l'), 42, 43.
Orval (Abbaye d') 117 et suiv. Manufacture, 121, 122 et suiv.
Orvilliers (M. d'), 37, 38. Manœuvres, 44, 47, 64, 65, 68, 70, 80.
Ouessant (combat d'), 66 et suiv.
Oyarsun. Bourg d'Espagne, 290, 293.

P.

Palais (St.), 308, 309.
Paris. Environs, 200, 219.
Pardouse (St.), *V.* Dordogne.
Passage (port du), 284, Bourg, 291.
Pau, 310. Place royale, 311, 312.
Pavillon (chevalier du), 64. Théorie des signaux, 82, 83.
Penfel (la), 38, 42, 43, 55, 74.
Perpignan, 348. Environs, 349, 354, 355.
Pesay (M. de), 89 et suiv. Ses exagérations, 171, 172, 218, 219.
Pétrarque. *V.* Vaucluse.
Peyrou (place du), 366.
Peyrouse (M. de la), 392.
Phalsbourg, 242, 243.
Philippe-le-Hardi, 348, 370, Tour de Constance, 376.

Phlégéton, 275.
Piert (M. de) Maison de campagne, 283.
Piganiol, 88.
Pignadas, ou forêts de pins, 22, 270.
Pirmzens, 100, 101, 108.
Plawen (camp de), 109.
Poitou. Chevaux, 307.
Pont-à-Mousson, 140.
Pontarlier. Bois, 177. Ville et bassin, 178, 179.
Porte (M. de la), 44, 52, 70.
Porzick (batteries de), 79.
Postdam, 102.
Pour et contre de M. de Bussy, 267.
Poyanne (M. de), 139, 275.
Prat de Moilloux, 352, 353.
Provence, 280. Chemins, 393, 395. Montagnes, 397.
Prusse. Troupes, 106, 108. Cavalerie, 150.
Pujet d'Orval (M. du), 257.
Putelange, 95.
Pyrennées, 201, 302, 304. Haras, 306, 308. Vallée, 313, 314. Parallèle entre ces montagnes et les Alpes, 326, 327 et suiv., 341, 382.
Pythagore (table de), appliquée aux signaux de marine, 82.

Q.

Quelerne. Rade, retranchemens et Fortifications, 74, 76, 77 et suiv.

Queyras (combe de), 396.

R.

Raynal (l'abbé), 401.
Réal, canons que l'on tire de cette ville, 52.
Religion, 223. Ce qui la fait respecter, 368, 402.
Rétel. *V.* Villars.
Revel, 337, 338, 339.
Rêve philosophique, 233, 234, 235.
Rhône, 379.
Richelieu. Casernes de Libourne, 9, 24. Fort d'Agde, 360.
Riquet (Paul), 342, 358.
Ristaut (M.), 264.
Rochefoucault (le duc de), 50.
Rochefort, 13, 14. Durée des vaisseaux dans ce port, 40 et suiv., 260.
Rochelle (la), 14, 260.
Rodemack, 109. Château fortifié, 116.
Rohan (cardinal de). Palais, 235, 247.
Rohan (le duc de). Retraite à Bouillon, 135, 136.
Roi de Prusse, 113, 143.
Roland. *V.* Ronceveaux.
Ronceveaux. *V.* Charlemagne.
Roque (M. de la), 336, 337.
Rosière (M. de la), 37, 38. Idée sur Brest, 43, 44, 56. Rade de Laudeveneck, 75 et suiv. Embellissement du port de Brest, 83.
Rostaing (M. le comte de), 85.
Rousseau (J. J.), 224.
Roussi, 117.
Roussillon, 350, 352. Idée de ce pays, 353, 354.
Ruiss (M. de), 53.

S.

Saint Germain (M. de), 134.
Salces. Environs, 349. Château-fort, 354. Insalubrité, 355, 356.
Salins, forts et magasins, 176, 180.
Salle de spectacle. *V.* Bordeaux.
Salm Salm (le prince Emmanuel), 156, 157. Voyage à la montagne du Ballon, 163 et suiv., 173, 175.
Sardaigne (le roi de), 381.
Sarre-Louis. *V.* Villars.
Sartines (M. de) Marine, 60, 64, 73, 74.
Saverne, 166. Parc, 235. Alentours, 242, 247.
Savin (St.) Vallons, 315.
Sauneck (colonel), 228.
Sauveur (St.)-les-Bains, 317.
Schélestadt, 150, 156, 157.
Schreckhorn (le), 211, 223.
Sébastien (St.), 284, 288.
Sème. Chemins, 395.

DES MATIERES. 413

Semoi (la). Vallons sur ses bords, 131.
Seudre (le), 15.
Sierck (château de). V. Villars.
Sisteron. Environs, 388, 390, 391. Citadelle, 392, 393.
Socoa, 285. Fort, 287. Rochers, 294, 295.
Sommières, 377, 378.
Sorèze. Collége, 338, 339.
Sorgue (la), 379. Vallée, 380, 383, 385.
Stainville (M. de), 97, 141, 142.
Stanley (M. de), 320.
Statue pédestre élevée à Louis XIV. V. États de Béarn.
Sterne, 86, 91.
Strasbourg, 83. Evêché, 235.
Stritz. Chemins, 197.
Suisse, 87, 91, 185. Eaux, 187 et suiv. Opinion des voyageurs sur ce pays, 199, 200. Lacs, 201, 202 et suiv., 207, 220, 221. Toits des maisons, 225. Arsenal, 227. Rochers, 315. Torrens, 340, 341, 385.
Surinam. V. Hollandais.

T.

Tamise (la), 43.
Tarbes. Environs, 331, 332.
Tarn (le), 333.

Tersac (M. de). V. Aigues-Mortes, 373.
Thiard (le comte de), 394.
Thionville. V. Villars.
Thunn (vallée de), 191. Site et culture, 192, 193. Habitans, 194 et suiv., 223. Environs, 225, 226.
Toulon. Rade et port, 36, 37, 40, 42. Galériens, 137, 400.
Toulongeon (le vicomte de), 346.
Toulouse (archevêque de), 246. Un mot sur sa personne, 249.
Tour (M. de la), 393.
Tourmille (M. de la), 391.
Tourmallet (le), 319.
Tourville (M. de). Opinion sur les combats, 63.
Traité des limites. V. Limites.
Tresbes. Ecluses, 341. Bourg, 347.
Trèves (suffragant de), 127.
Trianon (petit), 42.
Trompette (château), 263.
Trône (M. le), 16.
Tropez (St.), 400.
Turckheim. Champ de bataille, 158, 159 et suiv.
Turenne. V. Turckheim.
Turgot (M. de), 182 et suiv. 256.

U.

Ustaritz, 302.

Unterseven, 197, 198, 201, 202, 222.

V.

Valdeck (bataillons de), 117.
Vanière (le P.), 358.
Vardes (le marquis de). Captivité, 376. Retour à la cour, 377.
Vauban. Travaux de Quelerne, 76, 77, 79, 282, 287, 304, 305, 350.
Vaucluse (fontaine de), 379. Village, 380, 381, et suiv. Château, 383 et suiv.
Verdun. Fortifications, 93. 132.
Vernet, 283, 316, 317.
Versailles, 153, 247.
Verthamont (M. de), 13, 16.
Vicq-d'Azir (M.), 25, 26.
Vidourle (la), 373, 377.
Vienne en Dauphiné, 402.
Vienne. Régie impériale, 129, 144.

Vierson. Forêt, 8, 253, 254.
Vieux-Brisach, 162.
Villars (maréchal de). Camp de Sierck, 109, 110 et suiv.
Ville-Bourbon, 338.
Ville de Paris (la), vaisseau, 38, 68, 69.
Ville-Vieille (M. de), 305.
Vincent (fort St.), 394 et suiv.
Voltaire, 60, 305, 355, 356.
Vosges (les), 157, 163, 175, 242.

W.

Weissembourg, 98, 229. 335, 339. Vignobles, 241.
Westphalie, 250.

Y.

Yons (M.), 394, 395.
Yrahita. Forêts, 306.
Yrun. Bourg d'Espagne, 290.

Fin de la Table des Matières.

DE L'IMPRIMERIE DE Ch. POUGENS.